New 아는 만큼 당첨되는 청약의 기술

아는 만큼 당첨되는 청약의 기술

초판 발행 · 2020년 9월 2일
초판 9쇄 발행 · 2022년 2월 8일
개정1판 2쇄 발행 · 2022년 5월 20일
개정2판 1쇄 발행 · 2024년 4월 26일

지은이 · 열정로즈(정숙희)
발행인 · 이종원
발행처 · (주)도서출판 길벗
출판사 등록일 · 1990년 12월 24일
주소 · 서울시 마포구 월드컵로 10길 56(서교동)
대표 전화 · 02)332-0931 | **팩스** · 02)323-0586
홈페이지 · www.gilbut.co.kr | **이메일** · gilbut@gilbut.co.kr

기획 및 책임편집 · 이재인(jlee@gilbut.co.kr)
제작 · 이준호, 손일순, 이진혁 | **마케팅** · 정경원, 김진영, 김선영, 최명주, 이지현, 류효정
유통혁신 · 한준희 | **영업관리** · 김명자, 심선숙, 정경화 | **독자지원** · 윤정아

교정교열 · 김동화 | **디자인** · 섬세한곰김미성 | **전산편집** · 김정미
CTP 출력 및 인쇄 · 금강인쇄 | **제본** · 금강제본

ISBN 979-11-407-0930-4 03320
(길벗도서번호 070529)

정가 25,000원

독자의 1초까지 아껴주는 정성 길벗출판사

(주)도서출판 길벗 | IT교육서, IT단행본, 경제경영, 교양, 성인어학, 자녀교육, 취미실용
www.gilbut.co.kr
길벗스쿨 | 국어학습, 수학학습, 어린이교양, 주니어 어학학습, 학습단행본
www.gilbutschool.co.kr

New 아는 만큼 당첨되는 청약의 기술

열정로즈 정숙희 지음

5년간 4,500명!
당첨률로
확실하게 증명하는
청약 공략 바이블

길벗

지금은 무주택자 전성시대, 청약으로 내 집 마련하자!

부동산 규제 완화는 청약에 불리할까? 유리할까?

윤석열 정부가 들어선 뒤 부동산 규제가 완화되었습니다. 국토교통부는 2023년 1월 3일 강남 3구(서초·강남 · 송파)와 용산구를 제외한 전 지역을 규제지역과 분양가상한제 지역에서 해제했습니다. 기존에는 공공택지(신도시, 택지지구)에만 분양가상한제를 적용했으나 문재인 정부가 들어선 이후 지속적인 집값 상승이 사회적으로 문제가 되자 민간택지(서울은 재건축·재개발 물량이 대부분을 차지)에도 분양가상한제를 적용하면서 재건축·재개발 사업이 위축되고 장기적으로는 주택 공급마저 축소되었습니다.

분양가상한제는 양날의 검입니다. 당첨된 소수는 로또 분양에 당첨되어 행복하겠지만 공급 축소라는 필연적인 결과를 가져왔습니다.

2023년 1월 3일 부동산 규제 완화 이후 그동안 일반분양을 미루었던 서울의 정비사업지들에서 일반분양이 역대급으로 많이 쏟아졌습니다. 하지만 분양가상한제가 해지된 이후 전국적으로 분양가가 상승하고 있습니다. 로또 분양은 이제 강남 3구와 용산, 공공택지밖에 남지 않았습니다. 그 외 지역은 시세대로 분양을 받아야 합니다. 이것은 과연 위기일까요, 기회일까요?

저는 오히려 저가점자들에게 기회가 왔다고 생각합니다. 분양가상한제 시절 저가점자는 인기 단지에 당첨되기가 하늘의 별 따기였습니다. 최소 60점은 넘어야 당첨될 수 있었죠. 규제 완화 이후 공급은 물론, 추첨 물량이 늘어나고 있습니다(규제지역 추첨제 부활). 게다가 2022년부터 이어진 집값 하락과 조정장으로 사람들의 관심이 부동산에서 멀어져 청약에 당첨되기가 더욱 쉬워졌습니다.

이는 대안도 많다는 뜻입니다. 청약은 내 집 마련의 방법 중 하나입니다. 무주택자분들은 '청약'에만 함몰되지 않으셨으면 합니다. 가용자금만 된다면 전고점 대비 충분히 가격이 조정된 아파트를 매수하는 것도 방법입니다.

가용자금이 부족할수록 청약을 추천합니다!

하지만 가용자금이 부족하다면 '청약'은 큰 무기가 될 수 있습니다. 저는 수강생분들에게 돈이 없을수록 청약을 하라고 권합니다. 이게 무슨 소리인가 싶죠?

일반 매매를 할 때 총매가에서 대출금을 뺀 나머지 금액이 필요합니다(대출 없이 집을 매수하는 경우는 흔치 않죠). 무주택자 기준 생애최초로 비규제지역 주택을 구매할 때는 LTV 80%까지 대출을 받을 수 있습니다. 물론 DSR 40% 이하 조건은 갖추어야 하죠(DSR을 보지 않는 정책자금대출을 활용할 수도 있습니다). 생애최초가 아니라면 LTV 70%까지 대출을 받을 수 있습니다.

그렇다면 내가 필요한 자금은 20~30%가 됩니다. 이 자금이 있어야 주택을 매수할 수 있습니다. 물론 신용대출과 기타 대출, 정책자금대출을 복합적으로 사용해 내 돈을 거의 들이지 않고 주택을 매수하는 방법도 있지만, 여기서는 보편적으로 주택을 매수할 때 필요한 자금을 계산했습니다. 가령 10억 원짜리 서울 아파트를 매수한다면 3억 원의 현금이 필요한 거죠. 가용자금이 된다면 지금 시장에서는 가격이 조정된 일반 매매, 재개발 등 선택지가 충분히 많습니다.

하지만 신축으로 내 집 마련을 하고 싶은데 가용자금이 1억 원뿐이라면 어떨까요? 지금 당장은 모아둔 돈이 1억 원밖에 없지만 3년 뒤에는 잔금을 모을 수 있는 여력이 있다면 '청약'이 최선이라고 말씀드리고 싶습니다.

청약이 가진 최고의 장점은 '시간'입니다. 내가 돈을 모으고 불릴 수 있는 '시간'이 주어진다는 것이 가장 강력한 무기입니다. 10%의 자금으로 100%의 권리를 가질 수 있다는 점, 계약금 10%로 내 집을 마련하고 잔금 30%는 3년(일반적인 공사 기간) 뒤인 입주 시에 납부해도 된다는 점은 엄청난 장점이죠(중도금은 대출 60%를 받고 잔금 시에는 잔금대출로 대환합니다).

가용자금이 적다면 청약이라는 제도를 잘 활용해보세요. 시세대로 분양가가 나와 당장은 안전마진이 없다 해도, 미래가치가 있고 신축의 희소성이 있는 지역이라면 청약으로 내 집 마련에 도전해보시기 바랍니다. 동일 입지에서 구축과 신축이 있다면 신축이 더 비싼 게 정상이 아닐까요? '청약은 무조건 로또 분양이 답이지'라는 고정관념에서 벗어나면 선택지는 많아집니다.

2024년 서울과 수도권에 정말 좋은 단지들이 많이 분양합니다. 그리고 2024년은 청약제도가 획기적으로 바뀌는 해입니다. 이는 저가점자들도 얼마든지 청약으로 내 집을 마련할 수 있는 엄청난 기회가 기다리고 있다는 뜻입니다. 정부는 청약 대상이 되는 소득 기준을 완화하고, 혼인과 출산 가정, 생애최초로 주택을 구입하는 사람들을 위한 제도를 확대하는 등 청약의 기회를 넓히고 있습니다.

무주택자들을 위한 청약 혜택이 쏟아지는 지금, 이 기회를 놓치지 말아야 합니다.

내 집 마련이 간절하다면 청약을 공부하세요!

지인들과 대화를 나누다 보면 '내 집 마련'이라는 키워드가 자주 등장합니다. 하지만 막상 집을 사려고 하면 이 가격에 사는 것이 맞는지, 혹시 잘못된 집을 고르는 것은 아닌지 걱정이 마구 밀려옵니다. 그러다 부동산을 공부할 시간도 없고, 어떻게 해야 할지 몰라 지레 포기하는 경우가 많죠. 게다가 재개발·재건축에 투자하자니 용어와 절차도 어렵고, 무엇보다 공사비가 인상되면 추가 분담금 인상으로 이어질 가능성이 크기에 싸게 구매한다 해도 추가 분담금 폭탄을 맞을 수도 있습니다.

이런 고민을 하고 계신 분들에게는 청약이 답입니다. 일반 분양자는 확정된 분양가로 분양받기 때문입니다. 새 아파트는 많은 사람의 로망입니다. 깨끗한 환경, 잘 빠진 구조, 최신 유행을 반영한 다양한 커뮤니티 시설 등이 마음을 사로잡죠. 이렇듯 실거주는 물론 투자하는 입장에서도 청약만큼 매력적인 것이 없습니다.

청약, 운이 아닌 '전략'입니다!

청약은 운이 아닌 '전략'입니다. 그리고 저는 그 전략을 '기획'하는 일을 하고 있습니다. 전략적인 청약을 통해 경쟁률이 낮은 타입을 고르고, 가점이 낮다면 추첨제를 찾고, 통장 돌리기 혹은 시간차 청약 등을 통해 당첨 확률을 높일 수 있습니다.

어떤 단지에서는 70점이 당첨 가점이 될 수 있고, 어떤 단지에서는 20점이 당첨 가점이 될 수 있습니다. 즉, 가점이 낮아도 어느 단지에 어떻게 청약하느냐에 따라 당첨 확률이 올라갑니다.

저는 부동산 공부에 매진하던 2016년, 동생의 청약 당첨을 도운 것을 시작으로 주변 사람들의 청약 멘토로 활동하며 열정로즈의 내꿈사(내 집 마련을 꿈꾸는 사람들) 블로그(blog.naver.com/passion_rose)를 열었습니다. 이곳에서 청약에 대한 지식과 정보를 나누고, 강연을 진행하며 지금은 청약 전문 강사로 활동하고 있습니다.

저를 찾아오는 사람들은 대부분 가용자금이 부족하고, 가점이 낮고, 청약에 대해 잘 알지 못합니다. 저는 이들에게 청약 지식과 함께 당첨 전략을 전수하여 5년 만에 4,500명이 넘는 당첨자를 배출했습니다. 싱글도, 저가점자도, 유주택자도 모두 가능합니다. 이 책을 꼼꼼하게 읽는다면 여러분도 청약을 통해 내 집 마련의 꿈을 이룰 수 있습니다.

열정로즈가 당신의 내 집 마련을 돕겠습니다!

열정로즈

차례

프롤로그

지금은 무주택자 전성시대, 청약으로 내 집 마련하자! … 4

PART 1 생애 한 번은 꼭 청약을 공부하자

01 | 울고 웃었던 나의 부동산 입문기 … 17

02 | 열정로즈의 첫 번째 청약 당첨자 탄생! … 23

생생 청약 당첨 후기 청약으로 평생 꿈꾸던 서울 새 아파트 입성! … 28

03 | 새 아파트를 갖는 두 가지 방법 … 31

04 | 청약은 운이 아니라 전략이다! … 34

생생 청약 당첨 후기 둔촌주공과 철산자이에 당첨된 신혼부부 후기 … 41

05 | 2023년 1·3대책으로 확 바뀐 청약제도 … 45

전략을 세우기 전에 꼭 알아야 할 청약 기초 상식

06 | 청약어를 익히면 청약 말문이 트인다 … 57

07 | 청약 초보라면 '이것'만은 절대 금물! … 60

08 | 주택 종류부터 구분하자! 국민주택과 민영주택 … 66

09 | 내가 사는 지역에 따라 예치금이 달라진다 … 71

10 | 청약 세상 주택 소유 기준 … 75

11 | 당해 여부가 핵심! 민영주택 1순위 조건 … 81

12 | 무주택 여부가 핵심! 국민주택 1순위 조건 … 86

생생 청약 당첨 후기 가점 8점, 20대도 청약에 당첨될 수 있어요! … 93

13 | 지피지기면 백전백승, 내 청약가점은 몇 점? … 96

14 | 가점과 추첨 비율로 보는 청약 게임의 법칙 … 107

15 | 청약을 하려면 얼마가 필요할까? … 111

16 | 빅데이터를 쉽고 빠르게! 즐겨찾기 추천 홈페이지 … 119

17 | 모르고 청약했다 낭패 보는 재당첨 제한 … 127

18 | 부적격은 NO! 무효는 OK! 헷갈리는 중복 당첨 … 135

19 | 청약 진행 과정에서 숨은 기회를 찾자! … 137

생생 청약 당첨 후기 부적격 소명, 끝날 때까지 끝난 게 아니다! … 141

20 | 입주자모집공고문에 모든 정보가 있다 … 143

21 | 모델하우스 관람에도 법칙이 있다 … 149

PART 3 4단계로 끝내는 청약 당첨 전략

22 | 아파트를 분양받으려면 얼마가 있어야 할까?…159

23 | 청약 당첨 전 실전 자금 계획 짜기…164

24 | 2024년 달라지는 청약제도…169

25 | 새로운 청약통장의 등장! 청년주택드림청약통장…179

26 | 청약 경쟁이 덜한 특별공급…187

27 | 국가 혜택을 받는 기관 추천 전형…190

생생 청약 당첨 후기 중소기업 특공으로 남매 모두 세대주…200

28 | 한 번은 도전해볼 만한 신혼부부 특별공급…203

생생 청약 당첨 후기 1자녀, 신혼특공에 성공하다…209

29 | 무자녀 신혼부부라면 생애최초 특별공급…212

생생 청약 당첨 후기 30대 초반 21점, 서울에 내 집 마련 성공…218

30 | 두 자녀 이상이라면 다자녀 특별공급…221

생생 청약 당첨 후기 강남에 등기를 치는 꿈이 이루어졌어요…224

31 | 만 65세 이상 부모님과 함께라면 노부모 부양 특별공급…228

생생 청약 당첨 후기 노부모 부양 특별공급, 최저 가점으로 당첨되다!…230

32 | 한눈에 보는 특별공급 총정리…232

33 | 비규제지역의 추첨 청약을 노려라…237

34 | 틈새 공략! 비선호 타입을 노려라…239

생생 청약 당첨 후기 나는 남들과 다르게 간다…251

35 | 버거킹 전략, 비인기 단지에 청약하라…254

36 | 분산청약은 절호의 기회…258

37 | 예비당첨은 무조건 가라…262

38 | 당해 미달을 노려라…265

39 | 신도시, 구도심 첫 분양을 노려라…267

40 | 특별공급을 적절하게 활용하라 … 270
41 | 눈여겨봐야 할 보류지 입찰 … 275
42 | 대출까지 나오는 잔여 세대 추첨, '줍줍' … 279
생생 청약 당첨 후기 13점 저가점자 줍줍 후기 … 282
생생 청약 당첨 후기 역사에 남을 둔촌 줍줍! 예비 800대가? … 285
43 | 입주 전 분양권 매수 … 287
44 | 꼭 알아두어야 할 분양권 전매제한 … 292
45 | 공공분양주택 50만 호의 새로운 이름 뉴:홈 … 301
46 | 신생아 특례 구입 및 전세자금 대출 도입 … 314
47 | 청약할 때 반드시 알아야 할 세금 지식 … 317
48 | 청약은 미인대회가 아니다 … 325
49 | 내 집 마련 전에 스스로 진단하자! … 327
50 | 청약통장 증여 기술 … 329

시야가 넓은 투자자로 거듭나자

51 | 빅데이터를 활용하면 부동산 투자가 쉬워진다 … 335
52 | 200% 지도 활용법 … 347
53 | 신축 아파트 사전점검 꿀팁 … 353
54 | 교통망을 보면 투자 유망지역이 보인다 … 365

권말부록
2024년 수도권&지방 광역시 분양 예정 단지 … 378

에필로그
한 통의 편지를 받았습니다 … 399

01 울고 웃었던 나의 부동산 입문기
02 열정로즈의 첫 번째 청약 당첨자 탄생!
03 새 아파트를 갖는 두 가지 방법
04 청약은 운이 아니라 전략이다!
05 2023년 1·3 대책으로 확 바뀐 청약제도

PART 1

생애 한 번은 꼭 청약을 공부하자

열정로즈의 한마디

우후죽순 보이는 새 아파트를 보며 '왜 내 집은 없는 거지?'라고 한탄하는 분들 많으시죠? 저도 가족이 함께 살 수 있는 집 한 채만을 꿈꾸던 시절이 있었습니다. 부동산에 눈을 뜨고, 청약 강사로 활동하기까지 참 많은 일이 있었죠. 하지만 저는 부동산 투자로 경제적 자유를 얻고, 직업을 바꿨고, 보물과 같은 사람들을 얻었습니다.
여러분도 저처럼 부동산 투자를 통해 꿈을 이루고, 내 집 마련도 성공하길 진심으로 기원합니다.
이 장에서는 제가 청약 강사가 되기까지의 과정과 2023년 1·3 대책으로 달라진 청약제도를 간략하게 담았습니다.

01

울고 웃었던 나의 부동산 입문기

대구에서 서울로, 월세에서 전세로

2015년 8월 15일. 저는 이날을 잊을 수가 없습니다. 세상에서 가장 존경하고 사랑하는 어머니를 하늘나라로 떠나보낸 날이기 때문입니다. 어머니의 죽음을 겪으면서 제 인생에는 가장 큰 변화가 생겼습니다. 바로 부동산 투자를 시작하게 되었죠. 모든 일에는 이유가 있다고 하죠. 저도 마찬가지였습니다. 부동산 이야기를 시작하기에 앞서 어머니와 제 이야기를 하려는 것도 그 때문입니다.

저는 5살 때부터 피아노를 배웠습니다. 거제도에 살았을 때 부모님을 따라간 작은 교회에서 피아노 소리를 듣고 마음을 빼앗겨 매일매일 어머니에게 피아노를 배우고 싶다고 졸랐습니다. 한글도 모르던 꼬마 아이가 피아노를 배우겠다고 매일같이 조르니 어머니는 교회 집사님에게 저에게 피아노를 가르쳐 달라고 부탁하셨습니다. 그게 저와 피아노의 운명적인 만남이었습니다.

그 후 대구에 살던 저는 피아노를 전공하는 대학생이 되어 수도권으로 올라오게 되었습니다. 당시 IMF로 가세가 기울어 스스로 학비를 벌어야만 했죠. 추운 겨울 미니스커트를 입고 길거리에서 휴대폰을 파는 내레이터 모델부터 야간 유흥업소에서 피아노를 연주하는 일까지 해보지 않은 일이 없습니다. 그때는 힘들게 살아야만 하는 저의 처지와 부모님을 많이 원망했습니다. 하지만 아무리 힘들어도 아버지 사업 부도 후 대구에서 이리저리 뛰며 열심히 일하는 어머니를 생각하면 신세 한탄만 하고 있을 수 없었습니다. 그때부터 제 소원은 반드시 성공해 부모님께 서울의 새 아파트를 사드리는 것이었습니다. 그 간절한 꿈과 희망을 품고 매일매일 고된 아르바이트를 하며 악착같이 돈을 벌고 모았습니다.

동생 학비를 대주면서도 밤낮으로 일한 돈을 모아 신도림 오피스텔 전세금을 마련했습니다. 그렇게 30평대 오피스텔로 이사한 뒤 부모님을 서울로 모셨습니다. 드디어 부모님과 서울에서 함께 살게 된 것입니다. 그리고 부모님이 가지고 올라온 보증금으로 피아노 학원을 차렸습니다. 저는 아이들을 가르쳤고, 어머니는 학원 차량 운전을 맡아주셨습니다. 그렇게 어머니의 도움으로 학원은 날로 번창했습니다. 어머니와 함께 살며 일할 수 있다는 게 너무나 감사하고 행복했습니다.

하지만 행복도 잠시였습니다. 2010년 무렵, 어머니의 거동이 갑자기 불편해졌습니다. 오래 걷지 못하고 자주 넘어지셨죠. 병원에 가서 뇌 MRI를 찍어보았는데, 믿기지 않는 결과를 듣게 되었습니다. 파킨슨, 그것도 슈퍼 파킨슨이라는 진단을 받았습니다. 정말 청천벽력과도 같은 순간이었죠. 매일 밤 그 상황이 믿기지 않아 하염없이 울었습니다.

인생 최대의 실수, 신도시 아파트와 상가 분양!

새 아파트에 살고 싶었고, 부모님께 내 집 마련을 해드리고 싶었던 저는 2009년 어느 신도시 아파트의 잔여 세대를 덜컥 계약했습니다. 부동산의 '부' 자도 모르던 시절이었습니다. 오로지 잘 꾸며진 모델하우스 내부(유닛)만 보고 한눈에 반해 저지른 실수였죠.

그렇게 새 아파트를 분양받고 어머니와 그곳에서 행복하게 살 날만을 꿈꾸며 열심히 일했습니다. 어머니의 병을 알게 된 것도 그즈음이었습니다. 마음이 아팠지만 공기도 좋지 않고, 지상철 소음도 심한 신도림을 떠나 쾌적한 신도시에서 살면 어머니 병도 나을 것이라는 희망을 품었습니다. 어머니의 병세는 점점 악화되었지만, 새 아파트 입주일만을 기다리며 그 시간을 버텼습니다.

그런데 어떻게 된 일일까요. 모델하우스 오픈 당시 사람들에게 홍보했던 수많은 호재는 시간이 갈수록 실현 불가능하거나 실행이 불투명해졌습니다. 이에 이미 분양을 받은 사람들 중 저를 포함한 몇몇이 모여 소송을 진행하게 되었습니다.

아파트에 입주하지 못한 채 소송을 준비하던 중 상가를 분양받았습니다. 입지가 좋은 상가였습니다. 임대로 들어가기에는 순번이 밀렸지만, 분양을 받으면 바로 음악 학원을 열 수 있다고 해 덜컥 상가를 계약했습니다. 상가를 분양받아 항소할 수 없었기에 소송도 접게 되었죠. 그렇게 겁 없이 신도시 상가를 분양받아 음악 학원을 열었습니다. 어머니와 그토록 들어가 살고 싶었던 새 아파트는 패소 후 엄청난 연체이자를 물고 세입자를 들여 잔금을 치렀습니다.

그때는 '내 상가'가 있다는 사실이 너무나 기쁘고 좋아 미친 듯이 일했습니다. 하지만 그사이 어머니의 병세는 더욱 악화되었고, 결국 집에서는 어머니를 안전하게 모시는 게 힘들다고 판단해 요양병원으로 모시게 되었습니다. 어머니를 요양병원에 입원시키고 온 날을 잊을 수가 없습니다. 집에 돌아와 어머니의 빈 침대를 보는데 마치 고려장을 하고 온 것만 같아 말로 표현할 수 없을 정도로 가슴이 아팠습니다. 그리고 2년 뒤 어머니는 하늘나라로 떠나셨습니다.

어머니 장례를 치르고 3일 만에 저는 다시 학원으로 복귀해야 했습니다. 학원은 수업 일수가 정해져 있어 원장이어도 마음대로 쉴 수가 없었습니다. 마음을 추스를 시간도 없이 학원으로 출근해 웃으며 아이들을 가르치고 학부모와 상담해야 했죠. 그런 제 처지가 기가 막혔습니다. 아마도 그때 가면성 우울증이 온 것 같습니다. '더는 이렇게 살면 안 되겠다', '내 노동이 없어도 돌아가는 시스템을 만들어야겠다'라는 생각이 들었습니다.

부동산에 눈을 뜨다

어머니와 살아보지 못한 생애 첫 집의 매도 잔금을 어머니 장례식 다음 날에 받았습니다. 어머니와 함께 첫 집을 눈물로 떠나보낸 뒤 부동산에 대해 무지하면 안 되겠다는 생각이 들었고, 그때 기적적으로 제 인생을 바꿔놓을 책을 만나게 되었습니다. 바로 로버트 기요사키의 《부자 아빠 가난한 아빠》였습니다. 이 책은 제게 커다란 충격을 주었습니다. 노동으로 돈을 버는 방법만이 전부인 줄만 알았던 제 인생에 신세계가 열리는 기분이 들었죠. 특히 부동산은 소액으로도 투자할 수 있고, 일명 '월세 시스템'을 만들어놓으면 일하지 않아도 돈이 들어오는 파이프라인을 만들 수 있다는 사실이 제겐 엄청난 충격이었습니다. 제 인생의 터닝포인트는 바로 그때였습니다.

그때부터 미친 듯이 부동산 공부를 했습니다. 매일 10시간 이상 부동산에 매달렸죠. 눈 떠서 잠드는 순간까지 부동산만 생각하고 살았다는 표현이 더 정확할 것입니다. 부동산에 관한 책이라면 모조리 사서 읽고, 부동산 재테크 카페에 가입해 모든 글을 읽고, 유명하다는 강의는 거의 다 수강했습니다. 책과 강의료에 족히 수천만 원을 썼습니다. 배우는 데 돈을 아끼지 않았죠.

부동산 재테크의 매력을 알게 되면서 당장 투자를 하고 싶었지만, 수중에 돈이 없었습니다. 가진 거라곤 상가 하나뿐이었죠. 그것을 처분해야 투자를 할 수 있었습니다. 어머니에게 새 아파트를 마련해드리겠다는 인생의 목표가 사라지자 더는 학원이 중요하게 느껴지지 않았습니다. 그러다 보니 더욱 부동산 공부에 빠져 지냈습니다. 새로운 사람을 만나 교류하고, 새로운 정보를 얻는 일이 큰 활력이 되었습니다. 결국, 부동산 투자를 위해 상가를 내놓기로 결정했습니다.

신도시 상가는 팔기 어렵다는 사실을 그때 처음 알았습니다. 200여 군데 부동산에 매물을 내놓고 일주일 간격으로 문자와 전화를 돌렸습니다. 하지만 상가는 어머니가 돌아가시고 무려 1년이 지난 후에야 겨우 팔 수 있었습니다.

그런데 지금 생각해보면 정말 다행이라는 생각이 듭니다. 만약 부동산 공부를 시작한 지 얼마 되지 않았을 때 수중에 큰돈이 있었다면 제대로 된 투자를 하지 못했을 테니까요. 그저 부동산 재테크 카페에서 만난 동기들을 따라 갭이 작은 아파트만 여러 채 샀을지도 모릅니다. 하지만 상가가 팔리지 않아 돈이 없던 저는 1년간 무작정 임장만 다녔습니다. 당시 서울과 수도권의 '유망 투자처'라 불리는 곳은 모두 임장을 다니며 소위 말하는 '지역 뽀개기'를 했습니다. 매주 임장을 다녀온 뒤 아무리

피곤해도 임장 보고서를 쓰고 잘 만큼 열정적이었습니다. 그렇게 여러 지역을 돌아다니며 부동산을 분석하는 훈련을 하고 나니 저평가된 지역이 눈에 들어오기 시작했고, 각 지역의 아파트 가격을 비교할 수 있게 되었습니다. 스스로 투자처를 찾을 수 있는 눈을 갖게 된 것이죠.

그렇게 팔리지 않던 상가가, 매일 울면서 제발 팔리게 해달라고 기도했던 상가가 결국 1년 만에 팔렸습니다. 상가 매도 계약을 하고 계약금이 들어오자마자 저는 서울 부동산으로 달려가 아파트 두 채를 계약했습니다. 약 1년간 임장만 다녔던 제 머릿속엔 서울 아파트의 모든 정보가 들어 있었습니다. 준비되어 있었던 만큼 자신 있게 아파트를 살 수 있었습니다.

그날 이후 저는 서울 아파트만 샀고, 꿈인 줄만 알았던 무한대 수익률을 달성했습니다. 모두 저의 실력이라고 자만하지는 않습니다. 초심자의 행운도 따랐다고 생각합니다. 당시 서울 아파트는 전세 레버리지 투자를 하기에 시장이 좋았고, 좋은 스승님을 만났으며, 때마침 상가가 팔려 자금이 생겼습니다. 하지만 모든 타이밍이 좋았다 해도 투자하는 것이 두려워 아무것도 시도하지 않았다면 아무 일도 일어나지 않았을 것입니다. 상가가 팔리지 않아 공부만 했던 1년은 부동산에 눈을 뜨고, 투자에 대한 용기를 갖게 된 값진 시간이었습니다.

내 집 마련에 '너무 늦은 때'란 없습니다. 준비된 자에게는 반드시 기회가 찾아옵니다. 그러니 초조해하지 마세요. 기회가 왔을 때 잡을 수 있도록 지치지 말고 공부해나가길 바랍니다. 열정로즈가 여러분의 내 집 마련과 부동산 투자를 응원합니다.

02

열정로즈의 첫 번째 청약 당첨자 탄생!

동생에게 청약의 신세계를 보여주다

제가 세상에서 가장 잘한 일이라고 생각하는 것 중 하나는 제 동생의 내 집 마련을 도와준 일입니다. 세상에 하나뿐인 제 동생 가족은 내 집 하나 없이 일에 치여 사는 맞벌이 부부였습니다. 두 사람은 대부분의 신혼부부가 그렇듯 결혼 후 신혼집으로 전세를 택했습니다. 직장은 서울이었지만, 아픈 엄마를 자주 보기 위해 신도시의 새 아파트에 저렴한 전세로 신혼집을 장만했죠.

그러나 신도시에서 서울 도심으로의 출퇴근길은 그리 수월하지 않았습니다. 두 사람은 교통지옥을 맛보며 2년을 버티다 전세 계약 기간이 끝난 후 뒤도 돌아보지 않고 신도시를 떠났습니다. 직주근접의 중요성을 온몸으로 체득한 것이죠. 이후 서울 빌라에 전세로 살며 아이도 가졌지만 여전히 서울 새 아파트 내 집 마련은 꿈조차 꾸지 못했습니다. 너무 비쌌기 때문이죠.

그러나 제가 부동산에 눈을 뜨고, 특히 청약과 분양권에 관심을 두게 되면서 동생에게 이를 권하게 되었습니다. 알고 보니 동생의 시어머니께서는 일찌감치 청약통장을 만들어놓아 제부에겐 1순위 청약통장이 있었습니다.

그러나 문제는 청약통장이 아니었습니다. 제부는 부동산에는 관심이 없었고, 대출받아 집을 사면 큰일 나는 줄 아는 사람 중 하나였습니다. 서울 아파트 가격이 얼마나 올랐는지도 관심 밖이었습니다. 늘 새 아파트를 꿈꾸던 동생을 설득하기는 쉬웠지만, 제부는 그렇지 않았습니다. 저는 다른 방법을 썼습니다. 그 통장을 쓰지 않을 거라면 제게 달라고 했죠. 만약 제가 청약에 당첨되면 그 수익을 나눠주겠다고요.

그제야 제부는 자신이 가진 통장의 가치를 깨달았습니다. 소득이 제법 높아 신혼부부 특별공급에 도전할 수 없었던 동생 부부는 일반분양 1순위로만 청약할 수 있었지만, 또래 신혼부부들과 비교했을 때 가점이 높은 편이었습니다. 결국, 긴 설득 끝에 제부는 청약을 결심했고, 청약통장을 제 동생에게 맡겼습니다.

세 번의 도전 끝에 당첨! 엉엉 울고만 동생 부부

동생 부부는 직장과 가까운 신길뉴타운에 청약하기로 마음을 먹었습니다. 물론 처음부터 쉽게 당첨되지는 않았습니다. 보라매 SK뷰에 떨어졌을 때는 잔여 세대 현장 추첨까지 가보았습니다. 제부는 생전 처음 잔여 세대 현장 추첨에 가 어마어마하게 모인 사람들을 보고 서울 새 아파트에 대한 사람들의 관심이 뜨겁다는 사실을 알게 되었습니다. 처음 가본 예쁜 모델하우스도 좋아하게 되었죠.

첫 번째 실패 후 두 번째 도전은 신길 센트럴자이였습니다. 역시나 고배를 마셨고, 현장 잔여 세대 추첨에도 낙첨되고 말았죠. 저와 동생, 제부까지 3명이 출동했는데도 다 떨어지자 동생은 울음을 터트렸습니다. 더군다나 잔여 세대 추첨일은 어머니의 두 번째 기일 전날이었습니다. 우리 자매는 둘 다 당첨되어 계약서를 쓰고 어머니 산소를 찾아갈 부푼 꿈을 갖고 있었는데, 꿈이 물거품이 되어버리자 서러움이 밀려왔습니다.

이때부터 오기가 생겼습니다. 동생 부부는 포기하지 않고 세 번째 청약에 도전했습니다. 그리고 드디어 신길 힐스테이트클래시안 당첨 소식을 듣게 되었죠. 그토록 원하던 서울 새 아파트에 당첨된 것입니다. 정말 감격스러운 순간이었습니다. 동생 부부는 당첨이 된 뒤 부부 금실도 좋아져 그해 겨울 둘째까지 임신했습니다.

이제 제부는 부동산 하락론자가 아닙니다. 비관주의자도 아니고요. 아내와 두 자식에게 한없이 다정한 남편, 아빠가 되었고, 회사 일과 자기계발까지 잘하는 늠름한 가장이 되었습니다. 재미있는 사실은 무주택자 중에는 부동산 하락론자가 많지만, 유주택자 중에는 부동산 상승론자가 많다는 것입니다. 저는 이 말을 굳게 믿습니다.

"낙관주의자에게는 많은 문이 열리고
비관주의자에게는 모든 문이 닫힌다."

내 집 마련을 꿈꾸는 사람들의 멘토가 되다!

동생의 내 집 마련을 도운 것을 시작으로 '열정로즈'라는 닉네임으로 주변 사람들에게 청약 상담을 해주기 시작했습니다. 상담을 해보니 새 아파트에 살고 싶고, 내 집을 갖고 싶은 욕망은 있으나 실천하는 방법을 몰라 어려워하는 사람들이 많더라고요. 그러던 중 어떤 분이 "상담 내용을 저만 알고 있기 너무 아쉬워요. 내 집 마련을 꿈꾸는 많은 사람에게 이 내용을 알려주시면 어떨까요?" 하고 제안했습니다. 이것이 '내꿈사'의 시작이었죠.

부동산 투자에 입문한 지 3년 만인 2018년 6월, 청약과 분양권에 대한 정보를 모아 '내꿈사' 오픈채팅방을 열었습니다. 이후 매달 정규 강의 및 원데이클래스를 통해 많은 사람을 만났고, 그들의 내 집 마련을 상담하며 청약에 관한 지식과 당첨 전략을 전수했습니다.

2019년 9월에는 더 많은 사람을 만나고자 강남 교대역 인근에 '로즈라운지' 강의실을 마련했고, 2022년 7월엔 강남 사옥으로 이전하게 되었습니다. 2024년 1월 기준으로 4,500여 명이 내꿈사에서 청약 강의를 듣고 내 집 마련의 꿈을 이루었습니다. 내꿈사의 노하우를 꽉꽉 담은 이 책을 통해 여러분도 청약으로 내 집 마련을 할 수 있습니다.

무주택자들은 대부분 도전을 두려워합니다. 한 번도 집을 사본 경험이 없어 집을 산 뒤 혹시 집값이 떨어지는 건 아닌지, 대출금은 언제 어떻게 갚아야 하는지 막막해하죠. 실패가 두려워 아무것도 시도하지 않습니다. 그러나 이 말을 기억하세요.

"아무것도 하지 않으면 아무 일도 일어나지 않는다."

두려워서 아무 시도도 하지 않으면 아무 변화도 일어나지 않습니다. 그러니 용기를 내 시작하세요. 저는 아직도 내 집 마련을 두려워하는 사람들에게 이렇게 조언합니다.

① 대출을 두려워 마세요

자본주의 사회를 살아가면서 대출을 무서워하면 아무것도 하지 못합니다. 감당할 만큼의 대출을 잘 활용해 하루라도 빨리 내 집 마련을 하세요. 내 월급보다 집값이 훨씬 빨리 오른다는 것을 아셔야 합니다.

② 돈의 가치는 우리가 생각하는 것보다 훨씬 빠르게 하락합니다

인플레이션은 돈의 가치가 그만큼 빠르게 하락한다는 이야기입니다. 자본주의 사회에서는 하루라도 빨리 자산에 대한 소유권을 갖는 게 중요합니다. 돈이 일하게 하세요. 근로소득만으로는 부자가 되지 못합니다. 그리고 부동산은 장기적으로 우상향한다는 것을 잊지 마세요.

③ 내 집 마련이 주는 심리적인 안정감을 맛보세요

집은 소유 아니면 임대, 단 두 가지밖에 선택 사항이 없습니다. 2년마다 전세금을 올려주며 집 없는 설움에 속상해하지 말고, 나와 내 가족의 미래를 위해서라도 내 집 마련에 일찌감치 눈을 뜨시기 바랍니다. 사랑하는 가족과 함께 지낼 따뜻한 보금자리, 부자가 되는 첫걸음은 바로 내 집 마련부터입니다.

청약으로 평생 꿈꾸던 서울 새 아파트 입성!

신길 힐스테이트클래시안 당첨 / 닉네임: 라니아

내 집 마련, 이상과 현실은 천지 차이

안녕하세요. 저는 열정로즈님의 동생 라니아입니다. 제 이야기를 직접 들려드릴게요.

누구나 안정적인 내 집에서 가족과 행복하게 사는 것을 꿈꾸지 않을까요? 저도 그랬습니다. 남편을 처음 만났을 때 둘 다 어엿한 대기업을 다니고 있었지만 막상 결혼의 문턱에 서니 신혼집 마련부터 힘들더라고요.

아픈 어머니께 모아둔 돈을 드려 집을 마련할 돈이 부족했지만 우여곡절 끝에 결혼을 하고 25평 새 아파트 전세를 구하게 되었어요. 새 아파트에 살고 싶어 하는 저를 위해 남편은 직장과 아주 먼 곳에 신혼집을 얻는 것에 동의해주었습니다. 하지만 출퇴근으로 쌓이는 피로감이 상당했습니다. 결국 2년 후 저희는 서울에 집을 알아보러 다녔고, 그사이 상당히 오른 집값에 당황하지 않을 수 없었습니다. 저희 부부는 눈물을 머금고 신림동 빌라 전세로 이사를 가게 되었죠.

바라고 바라면 이루어진다! 눈물의 새 아파트 당첨 소식!

2015년 첫 딸이 태어난 이후 새 아파트에 대한 목마름이 더해갔어요. 빌라가 아닌 새 아파트에서, 남의 집이 아닌 내 집에서 안정적으로 살고 싶었죠. 빚을 내서라도 아파트로 이사하자고 남편을 설득했지만 돌아오는 대답은 NO! 현재 있는 빚을 모두 갚기 전까진 이사를 가지 않겠다며 요지부동이었죠.

하지만 저는 내 집 마련을 하겠다는 열정 하나로 언니와 함께 임장을 다니며 부채를 갚았고, 계약금을 마련하기 위해 저축도 게을리하지 않았습니다. 모두 내 집을 갖겠다는 목표 하나로 할 수 있었던 일이죠.

'e편한세상 서울대입구' 청약을 시작으로 모델하우스부터 잔여 세대 추첨 현장까지 열심히 뛰어다녔습니다. 하지만 청약을 넣는 족족 떨어지는데, 얼마나 허무하던지요. 언니는 이제 시작이라며 절대 포기하지 말라고 조언해주었고, 저는 마지막이라는 마음으로 2017년 11월 '신길 힐스테이트클래시안'에 청약을 넣었습니다. 그리고 결과는 예비당첨 30번! 언니는 가능성이 있는 번호이니 꼭 예비당첨에 가보라고 말해주었습니다. 남편은 괜히 기대하지 말자고 했지만 결국 저희는 당첨이 되었고, 그 자리에서 아파트를 계약했습니다.

자금 출처 계획은 확실히! 그래야 내 집이 된다

이때 남편과 계약 문제로 크게 싸웠습니다. 7억 원 초반대 분양가는 2억 원대 빌라 전세로 살고 있던 저희 부부에게 큰 무리였죠. 이미 계약금 일부도 신용대출을 받은 상태였고요. 남편은 왜 이렇게 무리를 해야 하냐며 저를 원망했고, 저 역시 자금을 어떻게 마련해야 할지 걱정에 잠을 이루지 못했습니다.

언니는 자금 계획 엑셀표를 만들어보라고 조언하면서, 신길의 미래가치를 설명해주었습니다. 지금 분양가는 7억 원대이지만 입주할 때는 10억 원대가 될 거라는, 당시에는 믿지 못할 놀라운 이야기도 함께 해주었죠. 엑셀로 차근차근 자금 계획을 세우고 나니 마음이 한결 편해졌고, 그제야 내 집을 마련했다는 행복을 느낄 수 있었습니다.

2020년 10월, 드디어 새 아파트로 이사를 했습니다. 그리고 그때 언니의 말처럼 현재 신길 힐스테이트클래시안의 시세는 14억 원대를 훌쩍 넘었습니다(2024년 3월 기준). 정말 놀라울 따름입니다.

내 집 마련의 꿈과 희망을 전달하고, 오랜 시간 공들여 얻은 지식을 아낌없이 나눠준 언니에게 고마운 마음을 전하고 싶어요. 우리 가족이 새로운 집에서 더 행복하게 살아가기를 그리고 이 행복을 모두가 얻을 수 있기를 진심으로 기원합니다.

03

새 아파트를 갖는 두 가지 방법

로열동과 로열층을 선점하는 조합원 입주권

새 아파트를 내 것으로 만드는 방법에는 크게 두 가지가 있습니다. 하나는 재개발·재건축 조합원 입주권을 사는 것이고, 또 하나는 청약을 넣어 당첨이 되는 것입니다.

먼저 조합원 입주권은 로열동, 로열층을 가질 수 있는 절호의 기회입니다. 조합원들이 우선적으로 동·호수 추첨을 하므로 로열동과 로열층은 대부분 조합원이 가져갑니다. 일반분양은 조합원들이 선택하고 남은 동·호수여서 사실상 로열동, 로열층이 거의 없습니다.

하지만 조합원 입주권은 실제 투자금이 분양권보다 많이 들어 가용자금이 부족한 사람은 쉽게 넘볼 수 없습니다. 물론 재개발·재건축 사업이 아닌 도시개발구역이나 공공택지 등 신도시에서 분양하는 단지는 조합원이 없어 일반분양 물량이 많지만, 현재 서울의 신축 아파트는 고덕 강일지구 이후 대규모 택지 개발이 중단되어 대부분 재개발·재건축 정비 사업입니다.

조건을 갖추면 가점에 따라 당첨되는 청약

두 번째는 바로 청약입니다. 이는 아파트 또는 오피스텔 신규 분양자를 모집할 때 사용하는 방법입니다. 해당 단지의 사업을 진행하는 시행사가 청약통장을 가지고 있는 사람 또는 그렇지 않은 사람을 대상으로 부동산 신규분양 물량을 판매할 때 사람들이 분양을 신청하는 것을 '청약'이라고 합니다.

청약은 여러 가지 게임 규칙이 존재하지만, 기본적으로 무주택 기간, 부양가족 수, 청약통장 가입 기간 등에 따라 매겨진 점수가 높은 순으로 당첨 확률이 높아집니다. 이때 책정된 점수를 '가점'이라고 합니다. 높은 가점을 갖기란 매우 어려운 데다 분양가가 저렴한 새 아파트를 원하는 수요가 엄청나 청약을 어렵게 생각하는 사람이 많습니다.

저를 찾아오는 사람들은 가용자금이 부족하고 가점이 낮은 경우가 많습니다. 그렇지만 누구보다 간절하게 내 집 마련을 꿈꾸고 있죠. 이런 분들을 위해 가용자금이 적고, 가점이 낮아도 청약으로 새 아파트를 가질 수 있는 방법을 뒤에서 차근차근 설명하도록 하겠습니다.

청약 공부가 꼭 필요한 이유

여러분은 오래된 구축과 깔끔한 새집 중 어느 곳에서 살고 싶은가요? 당연히 새집이겠죠. 청약은 곧 새 아파트입니다.

실거주는 당연하고, 투자하는 입장에서도 청약만큼 매력적인 것이 없습니다. 청약에 당첨되면 계약금만 있어도 일단 시작할 수 있습니다. 뒤에서 자세히 설명하겠지만 분양받은 아파트는 소득증빙만 되면 중도금대출이 잘 나옵니다(중도금대출은 DSR의 규제를 받지 않음). 또 입주(잔금) 전에는 취득세와 재산세, 종합부동산세 등 부동산 보유로 인해 내야 하는 다양한 세금에서 벗어날 수 있습니다.

청약은 10%의 계약금으로 새 아파트의 소유권을 100% 가질 수 있는 엄청난 매력을 갖고 있습니다. 또 공사 기간이 길수록 잔금을 모으고 벌 수 있는 '시간'을 확보할 수 있다는 점이 가장 큰 장점입니다. 입주 시기는 보통 분양 시기로부터 3년 뒤쯤이므로 3년 전의 시세로 미래의 새 아파트를 가질 수 있는 최고의 방법입니다. 그리고 청약은 분양가가 확정된 금액이기에 조합원들처럼 공사비 인상으로 인한 조합원 분양가 인상, 비례율 하락, 추가 분담금 폭탄에서 자유로울 수 있습니다.

04

청약은 운이 아니라 전략이다!

로또 청약은 남의 일

"청약은 로또잖아."
"청약이 과연 되겠어?"

이런 대화 많이 해보셨나요? 대부분의 사람은 청약을 복권과 같이 운에 좌우되는 것이라고 생각합니다. 물론 반은 맞습니다. 추첨제의 경우 청약에 당첨되려면 운도 필요합니다.

하지만 자세히 생각해보면 청약은 복권과 전혀 다릅니다. 청약은 엄연히 가점을 기반으로 당첨을 결정하고, 가점 기준은 정해져 있고, 가점을 높일 수 있는 방법이 있습니다.

그리고 가점의 영향을 받지 않는 청약도 있습니다. 일정 조건만 충족하면 그 안에서 추첨을 통해 청약 당첨자가 결정되는 경우도 있습니다. 이 확률을 높일 수 있는 방법도 물론 존재합니다.

즉, 청약이라는 게임에도 엄연한 규칙과 법칙이 있습니다. 주사위를 던져 놓고 신의 뜻에 맡기는 도박이나 복권이 아니라는 것이죠. 그리고 게임에서 이기기 위해서는 그 규칙을 알고, 이용해야 합니다. 그 규칙은 관심을 갖고 공부하는 바로 여러분에게만 보일 것입니다.

대한민국 청약통장 가입 현황

게임을 잘하려면 적을 알아야 합니다. 전국 청약통장 가입 현황을 보려고 하는 것도 그런 맥락에서입니다. 내 잠재적 경쟁자 수를 파악하기 위해서죠.

청약통장 가입 현황은 청약홈 홈페이지(www.applyhome.co.kr)에 들어가면 누구나 볼 수 있습니다. 청약홈 메뉴에서 '청약일정 및 통계 → 청약통장 통계 → 통장별 현황'에 들어가보세요.

── 전국 청약종합저축 가입 현황

지역	계	1순위	2순위
서울	5,979,505개	3,807,913개	2,171,592개
인천·경기	8,412,774개	6,038,867개	2,373,907개
5대 광역시	4,913,774개	3,005,605개	1,908,169개
기타 지역	6,257,046개	4,004,255개	2,252,791개
계	25,563,099개	16,856,640개	8,706,459개

출처: 청약홈(2024년 2월 29일 기준)

먼저, 전국 청약종합저축 1순위 가입 현황입니다. 서울의 인구는 약 940만 명이며, 2024년 2월 29일 기준 1순위 통장만 약 380만 개입니다. 대단하지 않나요? 전국 모든 사람이 원하는 곳이 서울이기에 청약통장 수도 어마어마합니다. 인천과 경기도의 1순위 통장은 약 603만 개입니다. 단, 경기도는 시, 군, 구로 나뉘기 때문에 따로 떼어 살펴봐야 합니다. 경기도를 살펴볼까요?

경기도에서 인구가 가장 많은 곳은 수원으로, 약 120만 명입니다. 1순위 통장도 약 50만 개로 가장 많습니다. 하지만 수도권에서 인구와 1순위 통장이 가장 많은 수원도 서울에 비하면 8분의 1 수준입니다.

따라서 가점이 낮다면 1순위 통장 수가 많은 지역보다는 적은 지역으로 전입해 청약에 도전해야 당첨 확률이 높아집니다.

— 경기도 시·군별 청약종합저축 가입 현황

시·도별	계	1순위	2순위
가평	20,868개	14,548개	6,320개
고양	565,193개	418,176개	147,017개
과천	43,462개	32,720개	10,742개
광명	184,820개	139,139개	45,681개
광주시	167,482개	119,090개	48,392개
구리	105,127개	80,030개	25,097개
군포	154,571개	116,348개	38,223개
김포	219,993개	152,013개	67,980개
남양주	331,631개	242,045개	89,586개
동두천	37,008개	26,139개	10,869개
부천	444,858개	326,044개	118,814개

성남	551,331개	410,511개	140,820개
수원	691,582개	505,476개	186,106개
시흥	243,976개	171,641개	72,335개
안산	371,581개	255,548개	116,033개
안성	71,646개	46,548개	25,098개
안양	332,827개	246,216개	86,611개
양주	99,508개	66,407개	33,101개
양평	31,762개	22,011개	9,751개
여주	40,784개	28,119개	12,665개
연천	14,006개	9,872개	4,134개
오산	118,679개	83,841개	34,838개
용인	555,135개	391,489개	163,646개
의왕	89,331개	67,243개	22,088개
의정부	228,181개	162,012개	66,169개
이천	94,572개	67,094개	27,478개
파주	220,798개	158,801개	61,997개
평택	253,156개	175,265개	77,891개
포천	60,255개	40,474개	19,781개
하남	149,258개	113,463개	35,795개
화성	444,714개	319,192개	125,522개
계	6,938,095개	5,007,515개	1,930,580개

출처: 청약홈(2024년 2월 29일 기준)

— 청약예금 면적별 통장 수 현황

면적	지역	계	1순위	2순위
$85m^2$ 이하	서울	124,341개	124,341개	0
	인천·경기	40,420개	40,420개	0
	5대 광역시	44,050개	44,050개	0
	기타 지역	11,134개	11,134개	0
	계	219,945개	219,945개	0
$102m^2$ 이하	서울	114,336개	114,336개	0
	인천·경기	153,173개	153,173개	0
	5대 광역시	38,871개	38,871개	0
	기타 지역	31,474개	31,474개	0
	계	337,854개	337,854개	0
$135m^2$ 이하	서울	87,312개	87,312개	0
	인천·경기	88,762개	88,762개	0
	5대 광역시	17,029개	17,029개	0
	기타 지역	14,550개	14,550개	0
	계	207,653개	207,653개	0
모든 면적	서울	38,982개	38,982개	0
	인천·경기	74,024개	74,024개	0
	5대 광역시	10,962개	10,962개	0
	기타 지역	21,642개	21,642개	0
	계	145,610개	145,610개	0
계		911,062개	911,062개	0

출처: 청약홈(2024년 2월 29일 기준)

이번에는 청약예금의 면적별 통장 수 현황을 살펴보겠습니다. 청약예금은 민영주택에 청약할 수 있는 통장으로, 현재는 가입이 불가합니다. 청약예금은 예치금에 따라 청약 가능 면적이 달라지는데, 이때 면적별 가입자 현황을 통해 잠재적인 경쟁률을 파악한 뒤 전략을 세울 수 있습니다. 서울은 85m² 이하 가입자가 압도적으로 많습니다. 85m² 초과 통장 수가 적은 것은 서울 분양단지의 85m² 초과 일반분양 물량이 적고, 분양가의 절대 금액 자체가 높아 수요가 85m² 이하보다 적기 때문이죠.

인천과 경기는 어떨까요. 반대로 102m² 이하 통장 수가 가장 많습니다. 85m² 초과는 추첨제 비율이 높아 저가점자들이 85m² 초과~102m² 이하에 예치금을 많이 넣어둔 것이죠. 경기도 역시 85m² 초과 통장 수가 가장 많습니다.

통장 수만 보더라도 사람의 심리를 알 수 있습니다. 따라서 당해 조건을 갖추기 위해 전입을 생각한다면 반드시 통장 수를 고려하세요.

열정로즈의 무조건 당첨되는 청약 전략

주소지가 포천이고, 가점이 74점인 청약통장을 가진 사람이 있었습니다. 74점이라니! 청약에서는 정말 높은 점수죠. 그런데 이분은 의정부의 인기 단지였던 탑석 센트럴자이 청약에서 떨어졌습니다. 왜일까요? 당해가 아니었기 때문입니다. '당해'란 해당 주택 건설 지역에 거주하시는 분들을 말합니다. 탑석 센트럴자이의 우선공급 대상은 의정부 당해 100%였고, 워낙 인기가 많았던 단지라 당해 마감으로 다른 지역에 사는 사람들에게는 청약의 기회조차 없었습니다. 이분은 당해라는 기본적인 사실을 몰라 74점이라는 높은 가점에도 떨어졌습니다. 점수만 높으면 천하무적이라고 생각한 것이죠. 만약 의정부로 전입했다면 한 번에 당첨되었을 텐데 그러한 사실을 전혀 알지 못했습니다.

점수가 높은 사람 중 의외로 청약을 공부하지 않는 사람이 많습니다. 하지만 그런 사람일수록 전문가를 만나 상담을 받고 청약에 도전해야 합니다. 74점이라는 가점으로 최고의 입지를 노려야죠. 아무리 점수가 높아도 전문가를 만나 전략을 세워야 빛을 발할 수 있습니다. 점수가 낮은 사람이라면 더 말할 것도 없겠죠?

저는 이 책을 통해 청약이라는 게임의 규칙을 설명하고, 그 규칙을 잘 이용하는 방법들을 소개하려고 합니다. 특히 청약 당첨 확률이 낮은 저가점자는 물론 1주택자와 다주택자를 위한 다양한 전략을 알려드릴 예정입니다.

둔촌주공과 철산자이에 당첨된 신혼부부 후기

올림픽파크포레온, 철산자이더헤리티지 당첨 / 닉네임: 백도복숭아

저와 남편은 결혼 준비를 하던 2022년 여름, 로즈님의 정규 강의를 함께 들었습니다. 그리고 그해 겨울 남편은 14점으로 둔촌주공(올림픽파크포레온)에, 저는 미혼생초로 철산자이더헤리티지에 각각 당첨이 되었습니다. 당시 시장 분위기가 좋지 않아 남편은 10.4:1로, 저는 미달로 무혈입성했습니다. 결혼 직전에 잭팟이 터진 거 있죠! 처음엔 두 곳 모두 거주 의무가 있었기에 둔촌주공만 계약하려고 했는데, 1·3 대책으로 말도 안 되게 규제가 풀려 2개의 분양권을 보유한 상태가 되었습니다. 제 당첨 비결은 바로 로즈님의 강의입니다.

첫째, 자본가 마인드

로즈님의 정규 강의를 듣고 가장 크게 변한 건 마인드예요. 생각이 바뀌지 않으면 아무리 주옥같은 강의를 들어도 실천하지 못할 테니까요. 그런 점에서 당시 예랑이었던 남편과 함께 강의를 들은 건 정말 잘한 일이라고 생각합니다. 부동산 투자를 매우 부정적으로 생각했던 남편은 "자본주의 사회에서는 소작농 아니면 자본가입니다. 평생 소작농으로 살고 싶나요?", "투자와 실거주는 분리해야 합니다", "대출은 결국 최종 매수자가 갚습니다", "첫 집에서 평생 살 생각을 하지 마세요" 등 로즈님의 말에 설득되어 자본가 마인드를 갖게 되었습니다.

둘째, 메타인지

로즈님이 매번 강조하시는 메타인지를 하고 나니 저희가 정규 강의를 듣기 전에 왜 계속해서 청약에 떨어졌는지 그 이유를 알게 되었습니다. 저희는 비루한 점수를 가지고 있으면서도 경쟁률이 제일 높은 타입에만 청약을 넣었고, 로또 청약, 무순위 줍줍만 노렸어요. 게다가 신혼희망타운 위주로만 엄청 넣으면서 '1년 안에 혼인신고를 해야 한다던데 되면 어쩌지?'라는 걱정만 했답니다. 정규 강의를 듣고 나면 어느 정도 메타인지가 생기지만, 막상 모델하우스를 다녀오면 84A 뽕을 맞게 됩니다. 그래서 저희는 멤버십에 가입해 주말마다 라방을 들었어요. 멤버십에서 로즈님이 경쟁률이 제일 낮을 것 같은 타입을 다 알려주시기 때문에 둔촌주공에 넣기 전에도 라방을 듣고 힌트를 얻어 바로 당첨될 수 있었습니다. 얼마 전에 남편이 그러더라고요.
"만약 내가 로즈님을 만나지 않았다면 39타입은 절대 넣지 않았을 거야. 나중에 아기를 키우려면 최소 59는 되어야지 하면서 말이야. 그랬다면 지금까지 아무것도 당첨되지 않았겠지?"
이게 바로 메타인지의 힘입니다. 남들이 하지 않는 걸 할 수 있는 힘! 남들이 찾지 않는 것에서 찾아낼 줄 아는 힘!

셋째, 복습 또 복습

저희는 로즈님의 정규 강의를 비롯해 내꿈사에서 세금, 대출, 전세, 분양권 매도 특강 등 여러 강의를 들었는데요. 꼭 2번씩 들었습니다. 2번째 들을 때는 필기를 했는데, 이때 중요한 내용은 녹취도 해두었어요. 강사님의 억양이 그대로 떠오르도록 토씨 하나 빠뜨리지 않고 꼼꼼하게 적은 뒤 파일에 꽂아두고 필요할 때마다 수시로 꺼내 읽으며 복습을 하고 또 했습니다.

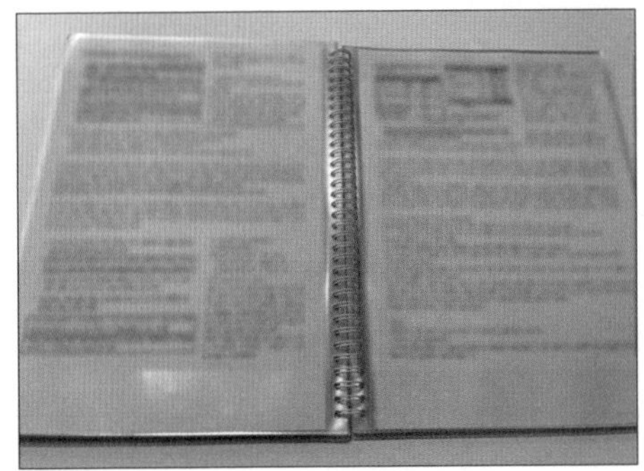

/ 보물 같은 필기 파일

사람들이 저와 남편을 보고 '야수의 심장'이라고 하더라고요. 그 얼음장에 어떻게 계약했냐고요. 그런데 저희는 엄청 비장한 마음으로 계약한 게 아니었어요. 사람들이 비싸다고 했을 때 솔직히 그렇게 비싸지 않다고 생각했거든요. '지금 경기가 얼어서 그렇지, 다시 회복기가 되면 주변 단지들 최고점까지는 거뜬히 찍을 거야. 그럼 지금이 싼 거지. 그때가 언제가 될지는 모르지만 우리가 버틸 힘만 있으면 돼.'

이렇게 확신할 수 있었던 건 내꿈사 강의를 열심히 듣고, 계속 복습하고, 마음을 단단히 다져왔기 때문이라고 생각합니다.

맺으며

당첨이 되었을 땐 이미 신혼집을 구한 상태였는데, 1년 내에 청약에 당첨되든, 집을 사든 하겠다는 마음으로 계약금을 상시 준비해놓고자 투룸 오피스텔에서 월세로 시작했습니다. 생각했던 것보다 당첨이 너무 빨리 되었지만, 감사한 마음으로 바로 이사할 집을 알아봤어요. 더 작은 집으로 옮기면 입주할 때까지 최소 1,000만 원은 더 모을 수 있겠더라고요. 그렇게 이사한 집에서 허리띠를 졸라매며 돈을 바짝 모으고 있습니다. 확실한 목표가 있으니 돈이 더 잘 모이더군요. 이렇게 좁은 집에서 사는 건 신혼 때만 누릴 수 있는 특권이라고 생각하면서 행복한 추억을 쌓으며 잘 살고 있습니다.

사실 1년 전만 해도 불확실한 것이 많았는데, 요즘은 조금씩 윤곽이 잡히는 느낌입니다. 자랑처럼 보이지 않을까 싶어 후기를 쓰는 것을 조금 망설였지만, 저희의 글이 누군가에게 조금이나마 도움이 되었으면 하는 마음으로 용기를 내 써봤습니다. 저희의 진심이 꼭 닿았으면 좋겠네요. 올해 좋은 기회가 많다고 하는데, 여러분이 바로 그 주인공이 되시길 바랍니다.

05

2023년 1·3 대책으로 확 바뀐 청약제도

국토교통부는 2023년 1월 3일 〈2023년도 국토교통부 업무보고〉를 통해 2023년 주요 정책 과제를 발표했습니다. 부동산 분야에서는 주택시장 침체 및 경제난으로 인한 주거 불안에 대응하여 '시장 연착륙을 위한 규제 정상화' 방안을 내놓았는데, 세부 내용은 다음과 같습니다.

1. 규제지역 해제

서울 강남, 서초, 송파, 용산을 제외한 전 지역을 투기과열지구, 조정대상지역, 투기지역에서 전면 해제했습니다.

— 부동산 규제지역 현황

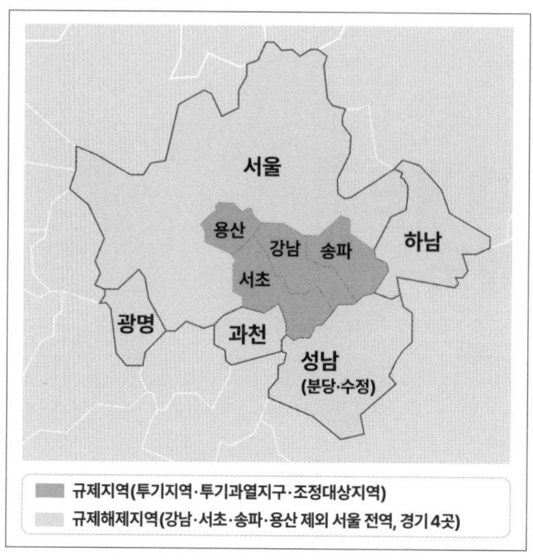

출처: 국토교통부

— 규제지역의 변화

구분	개정 전	개정 후
규제지역	투기과열지구·조정대상지역: 서울, 과천, 성남(분당·수정), 하남, 광명	투기과열지구·조정대상지역: 강남, 서초, 송파, 용산(서울 4개 구) *투기지역도 동일하게 적용
조치 계획	규제지역 해제안은 1월 5일(목) 0시부터 효력 발생 (주거정책심의위원회 심의 1월 2일 기 완료)	

출처: 국토교통부

2. 민간택지 분양가상한제 적용 지역 해제

서울 강남, 서초, 송파, 용산을 제외한 전 지역을 민간택지 분양가상한제 적용 지역에서 전면 해제했습니다.

— 민간택지 분양가상한제 적용 지역의 변화

구분	개정 전	개정 후
민간택지 분양가상한제 적용 지역	• 서울: 강남·서초·송파·강동·영등포·마포·성동·동작·양천·용산·중·광진·서대문 전 지역, 강서(5개 동)·노원(4개 동)·동대문(8개 동)·성북구(13개 동)·은평구(7개 동) • 경기: 과천(5개 동)·하남(4개 동)·광명(4개 동)	• 서울: 강남·서초·송파·용산구 전 지역
조치 계획	민간택지 분양가상한제 적용 지역 해제 1월 5일 0시부터 효력 발생, 이후 입주자 모집 승인 신청 건부터 적용 (주거정책심의위원회 심의 1월 2일 기 완료)	

출처: 국토교통부

3. 전매제한 완화

지역별 시장 상황을 감안하여 전매제한 기간을 완화하고, 복잡한 관련 규정을 간소화했습니다. 수도권의 경우, 공공택지(분양가상한제 적용) 및 규제지역은 3년, 과밀억제권역은 1년, 그 외 지역은 6개월로 완화했습니다. 비수도권의 경우, 공공택지(분양가상한제 적용) 및 규제지역은 1년, 광역시 도시지역은 6개월로 완화하고, 그 외 지역은 전면 폐지했습니다.

— 전매제한 기간 개선안

구분	공공택지 또는 규제지역	과밀억제권역	기타
수도권	3년*	1년	6개월
비수도권	1년	6개월	없음

* 소유권 이전 등기 시 3년 충족으로 간주, 등기 기간이 3년을 초과할 경우 3년으로 한다.

출처: 국토교통부

— 전매제한 기간의 변화

구분	개정 전	개정 후
전매제한 기간	• 수도권 최대 10년(분양가 수준별 차등) • 비수도권 최대 4년	• 수도권 최대 3년(분양가 수준별 차등 없음) • 비수도권 최대 1년
조치 계획	「주택법」 시행령 개정(2023년 3월, 소급 적용)	

출처: 국토교통부

4. 수도권 분양가상한제 주택 실거주 의무 폐지

수도권 분양가상한제 주택의 수분양자(2021년 2월 19일 이후)는 실거주 의무가 부과되어 입주 가능일로부터 2~5년간 해당 주택에 거주해야 했습니다. 그러나 거주 이전을 제약하여 불편을 초래하고, 수요가 많은 신축 임대 공급을 위축시킨다는 지적 등이 제기되어 수도권 분양가상한제 주택과 공공재개발 일반분양분에 적용되는 실거주 의무를 폐지한다고 발표했습니다. 그러나 실거주 의무 폐지는 「주택법」 개정 사항으로 국회에서 통과하지 못해 불발되었고, 2024년 2월 29일 국회에서 최초 입주 가능일로부터 3년간 실거주 의무 유예가 확정되었습니다.

— 개정 전 실거주 의무 현황

해당 주택 수			거주 의무 기간
수도권 분양가상한제 주택	공공택지	분양가격이 인근 시세의 80% 미만	5년
		분양가격이 인근 시세의 80~100%	3년
	민간택지	분양가격이 인근 시세의 80% 미만	3년
		분양가격이 인근 시세의 80~100%	2년
민간택지 분양가상한제 적용 지역 내 공공재개발사업 주택			2년

출처: 국토교통부

— 실거주 의무의 변화

구분	개정 전	개정 후
실거주 의무	• 수도권 분양가상한제 주택 최대 5년 • 공공재개발 2년	최초 입주 가능일로부터 3년간 실거주 의무 유예
조치 계획	「주택법」 개정안 조속 발의, 법 개정 완료 시 기 부과된 실거주 의무도 해제	

출처: 국토교통부

5. 중도금대출 보증 분양가 기준 폐지

HUG 중도금대출 보증이 가능한 분양가 상한 기준을 폐지하여 분양가와 관계없이 모든 분양주택이 중도금대출을 받을 수 있게 했으며, 중도금대출 보증의 인당 한도도 폐지했습니다.

— 중도금대출 보증의 변화

구분	개정 전	개정 후
중도금대출 보증	• 지원 대상: 분양가 12억 원 이하 • 인당 보증 한도: 5억 원	• 지원 대상: 제한 없음 • 인당 보증 한도: 제한 없음
조치 계획	HUG 내규 개정 후 은행 시스템 준비를 거쳐 2023년 1분기 내 시행	

출처: 국토교통부

6. 특별공급 분양가 기준 폐지

특별공급 배정을 제한하는 분양가 기준을 폐지하여 분양가와 관계없이 모든 주택에서 특별공급이 가능하도록 개선했습니다.

— 특별공급 분양가 기준의 변화

구분	개정 전	개정 후
특별공급 분양가 기준	투기과열지구 내에서 분양가격 9억 원 초과 시 특별공급 불가	특별공급 분양가격 기준 폐지
조치 계획	「주택공급에 관한 규칙」 개정·시행(2023년 2월)	

출처: 국토교통부

7. 1주택 청약 당첨자 기존주택 처분 의무 폐지

기존에는 수도권, 광역시 및 규제지역에서 1주택자가 청약(추첨제)에 당첨된 경우, 기존에 보유하고 있던 주택을 입주 가능일로부터 2년 이내에 처분해야 했으나 청약에 당첨된 1주택자의 기존주택 처분 의무를 폐지했습니다.

— 기존주택 처분 의무의 변화

구분	개정 전	개정 후
기존주택 처분 의무	규제지역 등에서 추첨제 당첨된 1주택자는 기존주택 처분 필요	1주택자 기존주택 처분 의무 폐지
조치 계획	「주택공급에 관한 규칙」 개정(2023년 2월) 후 청약 시스템 정비를 거쳐 조속 시행	

출처: 국토교통부

8. 무순위 청약 자격 요건 완화

주택 소유자도 무순위 청약 신청이 가능하도록 개선했습니다.

— 무순위 청약의 변화

구분	개정 전	개정 후
무순위 청약	무순위 청약 신청 시 무주택 요건 부과	무순위 청약 시 무주택 요건 폐지
조치 계획	「주택공급에 관한 규칙」 개정·시행(2023년 2월)	

출처: 국토교통부

— 2023년 1월 3일 시장 변화에 부응하는 부동산 시장 정상화 정책 방안

구분	개정 전	규제 유지	규제 해제	시행
① 투기과열지구, 조정대상지역 해제	서울 전역, 과천, 성남, 하남, 광명	강남구, 서초구, 송파구, 용산구	서울 21개 구, 경기 전역	2023년 1월 5일 00시부터 효력 발생
② 민간택지 분양권상한제 해제	서울 18개 구(309개 동), 과천, 하남, 광명시(13개 동)	강남구, 서초구, 송파구, 용산구	서울 14개 구, 경기 전역 *도심복합사업, 주거재생혁신지구	2023년 1월 5일 00시부터 효력 발생, 이후 입주자 모집 승인 신청 건부터 적용

<table>
<tr><th>구분</th><th>지역</th><th colspan="8">개정 전</th><th colspan="3">개정 후</th><th>시행</th></tr>
<tr><td rowspan="8">③
전매제한 기간 완화</td><td rowspan="4">수도권</td><td rowspan="3">투기과열지구</td><td rowspan="3">조정대상지역</td><td colspan="3">분양가상한제 적용 지역</td><td colspan="3">민간택지</td><td rowspan="3">공공택지 또는 규제지역</td><td rowspan="3">과밀억제권</td><td rowspan="3">기타</td><td rowspan="8">시행령 개정 이전에 분양을 받았더라도 아직 전매제한이 남아 있는 경우에는 개정된 시행령을 소급 적용하여 완화된 규정이 적용될 예정</td></tr>
<tr><td colspan="2">투기과열지구</td><td rowspan="2">그 외 공공택지</td><td rowspan="2">그 외 지역</td><td colspan="2">광역시</td></tr>
<tr><td>민간택지</td><td>공공택지</td><td>도시지역 외 지역</td><td>도시지역</td></tr>
<tr><td>5년</td><td>3년</td><td>3년</td><td>4년</td><td>3년</td><td>없음</td><td>6개월</td><td>3년</td><td>3년</td><td>1년</td><td>6개월</td></tr>
<tr><td rowspan="4">비수도권</td><td rowspan="3">투기과열지구</td><td rowspan="3">조정대상지역</td><td colspan="3">분양가상한제 적용 지역</td><td colspan="3">민간택지</td><td rowspan="3">공공택지 또는 규제지역</td><td rowspan="3">광역시 (도시지역)</td><td rowspan="3">기타</td></tr>
<tr><td colspan="2">투기과열지구</td><td rowspan="2">그 외 공공택지</td><td rowspan="2">그 외 지역</td><td colspan="2">광역시</td></tr>
<tr><td>민간택지</td><td>공공택지</td><td>도시지역 외 지역</td><td>도시지역</td></tr>
<tr><td>5년</td><td>3년</td><td>3년</td><td>4년</td><td>3년</td><td>없음</td><td>6개월</td><td>3년</td><td>1년</td><td>6개월</td><td>없음</td></tr>
</table>

	개정 전	개정 후	시행
④ 실거주 의무	• 수도권 분양가상한제 주택: 최대 5년 • 공공재개발: 2년	최초 입주 가능일로부터 3년간 실거주 의무 유예	「주택법」 개정 사항으로 법 개정 이전에 실거주 의무가 부과된 경우에도 개정 법률을 소급하여 적용할 예정(2023년 1월 5일 이후부터 실거주 의무 없어짐) *해제 이후 분양되는 주택은 실거주 의무가 부과되지 않음

	개정 전	개정 후	시행
⑤ 중도금 대출 보증	• 지원 대상: 분양가 12억 원 이하 • 인당 보증 한도: 5억 원	• 지원 대상: 제한 없음 • 인당 보증 한도: 제한 없음	HUG 내규 개정 후 2023년 1분기 내 시행 예정

	개정 전	개정 후	시행
⑥ 특별공급 분양가 기준	투기과열지구 내에서 분양가격 9억 원 초과 시 특별공급 불가	분양가격 기준 폐지	「주택공급에 관한 규칙」 개정 사항으로 2023년 2월까지 개정 완료하고, 시행 이후 입주자 모집 승인 신청하는 경우부터 적용

	개정 전	개정 후	시행
⑦ 1주택자 기존주택 처분 의무 폐지	규제지역 등에서 추첨제 당첨된 1주택자는 기존주택 처분 필요	1주택자 기존주택 처분 의무 폐지	「주택공급에 관한 규칙」 개정 사항으로 2023년 2월 중 시스템 정비를 거쳐 상반기 중 시행 예정이며, 시행일 이전에 청약에 당첨된 경우에도 소급하여 적용할 예정

	개정 전	개정 후	시행
⑧ 무순위 청약 자격 요건 완화	무순위 청약 신청 시 무주택 요건 부과	무주택 요건 폐지	「주택공급에 관한 규칙」 개정 사항으로 2023년 2월 개정 시행할 예정

출처: 국토교통부

06 청약어를 익히면 청약 말문이 트인다
07 청약 초보라면 '이것'만은 절대 금물!
08 주택 종류부터 구분하자! 국민주택과 민영주택
09 내가 사는 지역에 따라 예치금이 달라진다
10 청약 세상 주택 소유 기준
11 당해 여부가 핵심! 민영주택 1순위 조건
12 무주택 여부가 핵심! 국민주택 1순위 조건
13 지피지기면 백전백승, 내 청약가점은 몇 점?
14 가점과 추첨 비율로 보는 청약 게임의 법칙
15 청약을 하려면 얼마가 필요할까?
16 빅데이터를 쉽고 빠르게! 즐겨찾기 추천 홈페이지
17 모르고 청약했다 낭패 보는 재당첨 제한
18 부적격은 NO! 무효는 OK! 헷갈리는 중복 당첨
19 청약 진행 과정에서 숨은 기회를 찾자!
20 입주자모집공고문에 모든 정보가 있다
21 모델하우스 관람에도 법칙이 있다

PART 2

전략을 세우기 전에 꼭 알아야 할 청약 기초 상식

열정로즈의 한마디

청약 기초 용어 완전 정복

청약을 안다는 것은 곧 부동산 투자에 눈을 뜨는 것과 같습니다.

청약에 대한 기초 지식을 쌓는다면, 부동산 투자에 한발 다가설 수 있고, 이를 자양분으로 삼아 투자 고수가 될 수도 있습니다.

본격적으로 청약 전략을 습득하기 전에 청약 기초 용어를 배우며 부동산 투자의 첫걸음을 떼어 보세요. 카페, 블로그, 뉴스 등을 보다 보면 외국어인지, 한국어인지 알 수 없는 용어에 지레 겁먹을 때가 많죠?

이 책을 읽고 나면 그런 두려움이 한결 사라질 거예요.

청약어를 익히면 청약 말문이 트인다

그들만의 청약 언어, 나도 좀 알자!

카페, 블로그, 뉴스 등을 보다 보면 분명 한국어인데 알아듣지 못할 언어들이 눈에 들어옵니다. 이제 막 청약에 뛰어든 부동산 왕초보들은 '이게 무슨 말이지?' 혼란스러울 때가 많은데요. 다음 문장을 읽어볼까요?

"나 이번에 당해인 청약 도전해보려고 모하 다녀왔는데 좋더라고. 특공 말고 일분으로 해야 하는데 경쟁률이 어떨지 모르겠어. 이거 떨어지면 다음에 있을 줍줍 노려보려고!"

무슨 말인지 이해가 되나요? 청약을 해보신 분이라면 이해가 될 텐데, 초보자에게는 외계어와 다름이 없죠. 온라인 혹은 오프라인에서 청약에 관해 이야기하다 보면 이와 같은 줄임말을 많이 들을 수 있습니다. 저도 처음 청약 수업을 들을 땐 무슨 말인지 몰라 난감할 때가 많았습니다. 청약 공부를 시작하기 전에 중요한 줄임말들을 미리 숙지해두면 앞으로 나오는 청약 이론을 이해하는 데 도움이 될 것입니다.

- **모하** 모델하우스
- **오피** 오피스텔
- **생숙** 생활숙박시설
- **도생** 도시형생활주택
- **RR** 로열동 로열층
- **일분** 일반분양 물량
- **조분** 조합원분양 물량
- **특공** 특별공급
- **예당** 예비당첨
- **당발일** 당첨자 발표일
- **당해** 건설사가 건축하는 해당 지역
- **중대** 중도금대출
- **줍줍** 잔여 세대 추첨

자, 앞서 소개한 문장을 다시 읽어볼까요?

"나 이번에 지금 사는 지역에서 건축하는 아파트(=당해) 청약에 도전해보려고 모델하우스(=모하)에 다녀왔는데 좋더라고. 특별공급(=특공) 말고 일반분양(=일분)으로 해야 하는데 경쟁률이 어떨지 모르겠어. 이거 떨어지면 다음에 있을 잔여 세대 추첨(=줍줍)을 노려보려고!"

이제 조금 이해가 되나요? 다음은 부동산에서 흔히 쓰는 용어들입니다. 카페, 블로그, 뉴스 등에서 끊임없이 나오는 용어인데, 알아두면 꽤 유용합니다.

- **주담대** 주택담보대출
- **임장** 현장답사활동
- **임사** 주택임대사업자
- **주복** 주상복합아파트
- **초품아** 초등학교를 품은 아파트
- **초코아** 초등학교가 코앞(바로 앞)에 있는 아파트
- **관처** 관리처분계획
- **추분** 추가분담금
- **몸테크** 실거주하며 오를 때까지 몸으로 버티기
- **다운계약** 매물가보다 실거래가를 낮게 신고
- **업계약** 매물가보다 실거래가를 높게 신고
- **공투** 공동투자
- **구축** 오래된 아파트
- **대장** 가격의 상승과 거래를 주도하는 아파트
- **뚜껑** 땅에 대한 지분이 없음에도 재개발 입주권이 나오는 무허가 건축물
- **통물건** 보상금과 입주권을 모두 파는 경우
- **찍기** 싸게 나온 물건을 중개인이 계약한 후 고객에게 되파는 방법
- **상투** 최고 가격에 물린 상태
- **떳다방** 이동식 불법 중개업소
- **야장** 당첨자 발표일 밤 열리는 장
- **원장** 분양 주최 측에서 몰래 빼내어 파는 분양권
- **깜깜이** 분양 홍보를 하지 않고 분양하는 방식
- **대팔대사** 대충 팔고 대충 사자
- **몬나니** 좋지 않거나 구박받는 층이나 호
- **총알** 돈(자본금)
- **숲세권** 녹지 공간(숲, 산)을 낀 아파트
- **몰세권** 대형 쇼핑몰과 가까운 아파트
- **백세권** 백화점 인근 아파트
- **슬세권** 슬리퍼 신고 편한 복장으로 편의시설을 이용할 수 있는 아파트
- **맥세권** 맥도날드 인근 아파트
- **편세권** 편의점과 가까운 아파트
- **스세권** 스타벅스 인근 아파트

07

청약 초보라면 '이것'만은 절대 금물!

로즈님, 어느 단지가 제일 좋아요?

수업 도중 이런 질문을 하는 분들이 종종 있는데, 가장 난처한 질문이자 잘못된 질문입니다. 대한민국에서 어디가 제일 좋은지 말해드릴까요? 서울 압구정입니다. 만약 지금 여러분의 호주머니에 40억 원이 있다면 당장 압구정에 있는 아파트를 사면 됩니다. 압구정 아파트지구는 현재 토지거래허가구역으로 지정되어 전세를 끼고 아파트를 매매할 수 없습니다. 오직 DSR을 갖춘 사람만이 주택담보대출을 받아 아파트를 매수할 수밖에 없죠. 즉 현금이 많거나 연소득이 높아야 대출을 끼고 아파트를 살 수 있는 곳입니다.

좋은 아파트는 비싸고, 대출은 어렵다. 그렇다면?

그렇기에 "어디가 제일 좋아요?"라는 질문은 의미가 없습니다. 제일 좋은 아파트라도 돈이 없으면 말 그대로 '그림의 떡'이니까요.

여러분이 가진 가용자금에 따라 추천 단지가 모두 다릅니다. A에게는 A단지가 맞더라도 B에게는 아닐 수 있죠. 그리고 본인의 가점에 맞는 청약 단지가 따로 있습니다. 청약은 수능과 같습니다. 서울대에 가고 싶다고 해서 모두 원서를 넣을 수는 없습니다. 점수에 맞춰 원서를 넣듯 청약도 마찬가지입니다.

그렇다면 어디가 제일 좋을지 생각하기 전에 어떤 걸 하지 말아야 할지부터 알아보는 건 어떨까요? 청약이나 부동산에 대한 지식이 전혀 없는 초보자가 실수할 수 있는 몇 가지 사례를 소개해드리겠습니다.

입주까지 20년 걸릴 수도 있는 지역주택조합아파트

'지주택'이라는 말을 들어본 적 있나요? 살면서 쳐다도 보지 말아야 할 곳이지만 의외로 계약한 사람이 많습니다. 일반적인 재개발·재건축은 소유자가 땅과 건물을 둘 다 가지고 있는 경우로, 건물이 노후화되어 다시 지으려면 여러 사업 절차를 거쳐야 해 최소 10년이 걸립니다. 하지만 지역주택조합아파트는 땅이 없는 소유자들이 삼삼오오 조합원을 모아 땅을 매입한 뒤 아파트를 지으려는 사업입니다.

최소 몇백, 몇천 명 이상의 조합원을 모아야 하고, 이들에게 계약금을 받아 토지를 매입하고, 토지 확보가 완료되어야 공사를 시작할 수 있습니다. 이 과정을 거쳐 새 아파트에 입주하려면 20년이 걸릴 수도 있어요. 아파트가 지어진다면 그나마 다행입니다. 지역주택조합아파트는 사업 성공률이 매우 낮고, 조합 비리, 조합원 불충족, 사업 지연으로 인한 추가 분담금 폭탄 등으로 무산되는 경우가 많아 매우 위험한 투자입니다.

그렇다면 일반 아파트와 지역주택조합아파트를 구분하는 방법은 무엇일까요? 지역주택조합아파트는 처음 듣는 브랜드에, 분양가도 턱없이 저렴합니다. 이들은 서울에 분양하는 아파트의 평당가가 2,000만 원 이하라고 홍보하곤 합니다.

자본주의 사회에서 가격이 저렴하면 일단 의심해봐야 합니다. 가끔 길거리에서 아주머니가 행주를 건네며 모델하우스를 구경하고 가라고 호객을 하는 경우가 있습니다. 이런 경우 100% 지역주택조합아파트입니다. 서울에서는 은평구와 동작구에 이런 지역주택조합아파트가 많습니다.

지역주택조합아파트 모델하우스에 가면 조합원이 10명이든 999명이든 사업 진척도는 무조건 99%라고 말합니다. 정말일까요? 정확하게 확인하는 방법은 해당 시, 군, 구청 주택과에 전화해보는 것입니다. 예를 들어 동작구에 지어질 아파트라면 동작구청 주택과에 전화해 해당 아파트가 지역주택조합아파트가 맞는지, 사업은 어느 정도 진척됐는지 반드시 물어봐야 합니다.

가장 위험한 상가 투자! 신도시 분양상가

상가를 제일 비싸게 사고 싶나요? 그럼 신도시 상가를 분양받으면 됩니다. 슬프게도 이는 호구가 되는 지름길입니다.

분양상가에는 막대한 홍보비는 물론 임차인의 임대료까지 포함되어 있습니다. 신도시에 지은 6층짜리 근린생활 건물로 예를 들어볼게요. 보통 신도시는 상권이 제대로 자리 잡으려면 최소 5년에서 10년이 걸립니다. 하지만 시행사는 그전에 투자자를 유치해야 합니다.

상가는 대부분 투자 목적이 많습니다. 투자자들에게 우량 임차인이 들어왔다고 이야기하면 좋아하겠죠? 그래서 시행사는 홈플러스, 뚜레쥬르, 파리바게뜨 등 대형 프랜차이즈 브랜드로 세팅한 뒤 화려한 월 수익률까지 보여줍니다.

이때 우량 임차인이 상가에 계약된 건 사실입니다. 대신 시행사는 상권이 자리 잡지 않은 빈 상가에 들어올 우량 임차인에게 당근을 주는데, 바로 '렌트프리'입니다. 이 상가에서 장사하는 대신 1년간 월세를 면제해주는 거죠. 좋은 조건이죠? 그렇게 임차인을 세팅합니다. 그리고 1~2년간 면제된 임대료가 분양가에 그대로 들어갑니다.

좋습니다. 우량 임차인이 계속 있기만 한다면 하나의 투자라고 치죠. 하지만 자본주의 사회는 잔인합니다. 한 건물을 완판하면 시행사는 바로 옆에 있는 빈 땅을 구입해 건물을 짓고 다시 상가를 분양합니다. 방법은 똑같습니다. 그런데 한 해 전 옆 건물에 들어온 우량 임차인에게 다시 렌트프리 작업을 합니다. 임차인 입장에서는 자리를 옮겨 새로 인테리어를 하는 비용보다 1년간의 월세 면제 혜택이 크다면 같은 조건으로 가지 않을 이유가 없습니다.

호환마마보다 무서운 게 뭔지 아세요? 바로 공실입니다. 역세권 신축 아파트는 수요가 넘치지만, 상가는 경기가 좋지 않으면 수요가 없습니다. 공실이 나면 임대인들은 잠을 못 잡니다. 상가 분양에 들어간 대출 이자에, 50평이 넘는 신도시 상가 관리비만 100만 원 이상입니다. 공실이 나면 한 달에 족히 수백만 원의 돈이 나가게 됩니다. 현란한 수익률 표에 현혹되지 마세요. 월세 환상에 빠져 소중한 퇴직금으로 신도시 상가를 사는 것은 지양해야 합니다.

개발도, 수익도 어려운 기획부동산 토지

"좋은 땅 있는데 투자해보세요"라는 전화를 받아본 적 있나요? 100% 기획부동산 토지 전화입니다. 기획부동산 토지란 쉽게 말해 땅을 조각내 파는 상품입니다. 조각난 땅은 절대금액이 상대적으로 저렴해 보이지만 평당가로 계산해보면 굉장히 비쌉니다. 작은 땅은 개발도 쉽지 않죠. 토지는 고난도의 투자입니다. 상가는 투자하면 월세라도 나오지만, 토지는 목돈이 들어간 뒤 개발이 되기 전까지 투자금을 회수하기 어렵습니다. 정말 많은 공부를 해야 하는 분야가 바로 토지입니다. 단, 성공적으로 개발이 이루어지면 아파트와는 비교도 되지 않을 만큼 어마어마한 이익을 얻을 수 있습니다.

프리미엄 없는 오피스텔 잔여 세대

과거에 인기를 얻었던 오피스텔 투자는 단기간에 팔아 2,000만 원씩 돈을 버는 사례도 있었습니다. 일명 '단타'라고 하죠. 농담 삼아 "오피스텔 팔아 해외여행 가자"라는 말을 하기도 했습니다. 지금은 오피스텔 투자가 보편화되어 투자자들이 많이 몰리는데, 매도자가 너무 많은 곳은 프리미엄이 붙지 않습니다.

오피스텔 잔여 세대 문자를 받았다면 프리미엄은 없다고 보면 됩니다. 입지가 좋지 않은데 상품성만 보고 원룸이나 오피스텔에 투자하는 것은 조심해야 합니다. 월세를 보고 오피스텔 투자에 관심을 보이는 경우가 많은데, 오피스텔은 공급이 너무 취약합니다. 분양대행사는 월 수익률을 보장한다고 이야기하지만, 수익률은 아무도 보장해주지 않습니다.

명심하세요. 청약이나 부동산에 대한 지식이 없다면 하지 말아야 할 것들만 하지 않아도 성공적인 투자를 할 수 있습니다!

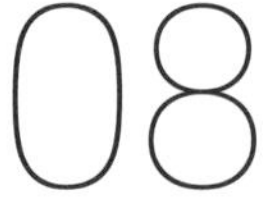

주택 종류부터 구분하자! 국민주택과 민영주택

국민주택과 민영주택, 뭐가 다를까?

주택의 종류는 크게 국민주택과 민영주택으로 나뉩니다. 국민주택은 국가, 지방자치단체, 한국토지주택공사(LH), 지방공사가 직접 건설하거나 국민주택기금으로부터 자금을 지원받아 건설 또는 개량되는 85m² 이하(수도권 및 도시지역이 아닌 읍·면 지역은 100m² 이하) 공공분양 아파트를 말합니다. 국가에서 지원을 받아 건설하는 주택이라 상대적으로 분양가가 저렴합니다.

그리고 이것을 뺀 나머지가 모두 민영주택입니다. 우리가 잘 알고 있는 자이, 래미안, 힐스테이트 등 민간건설사가 시공하는 브랜드 아파트가 바로 민영주택이죠.

청약홈 홈페이지(www.applyhome.co.kr)에서 '청약일정 및 통계

→ 분양정보/경쟁률'을 보면 국민주택, 민영주택이 구분되어 표시되어 있습니다.

지역	주택 구분	분양/임대	주택명 ▲▼	시공사	문의처	모집공고일	청약기간 ▲▼	당첨자발표 ▲▼	특별공급 신청현황	1·2순위 경쟁률
전남	민영	분양주택	장성 남양휴튼 리버파크	남양건설 주식회사	☎ 1555-0098	2024-01-26	2024-02-05 ~ 2024-02-07	2024-02-16	신청현황	경쟁률
충남	민영	분양주택	공주월송지구 경남아너스빌	에스엠상선(주)건설부문	☎ 1551-1366	2024-01-26	2024-02-05 ~ 2024-02-07	2024-02-15	신청현황	경쟁률
부산	민영	분양주택	테넌바움294 Ⅱ	(주)협성건설	☎ 051-757-2940	2024-01-26	2024-02-05 ~ 2024-02-07	2024-02-16	신청현황	경쟁률
부산	민영	분양주택	테넌바움294 Ⅰ	(주)협성건설	☎ 051-757-2940	2024-01-26	2024-02-05 ~ 2024-02-07	2024-02-16	신청현황	경쟁률
경북	민영	분양주택	힐스테이트 더샵 상생공원 2단지	현대엔지니어링(주), (주)포스코이앤씨	☎ 1533-1991	2024-01-26	2024-02-05 ~ 2024-02-07	2024-02-15	신청현황	경쟁률
강원	국민	분양주택	동해발한석미모닝파크	석미건설(주)	☎ 031-706-7901	2024-01-26	2024-02-05 ~ 2024-02-06	2024-02-14	사업주체문의	경쟁률

/ **청약홈 분양 정보/경쟁률**

여러분은 어디에 살고 싶나요? 민영주택은 국민주택에 비해 가격은 비싸지만 평수가 넓고, 브랜드 아파트들의 치열한 경쟁으로 커뮤니티 시설과 내부 조경 등이 특색이 있는 경우가 많습니다. 시세를 견인하는 대장 아파트도 대부분 민영주택입니다.

주택 종류에 따라 청약할 수 있는 통장이 따로 있다

청약통장에는 크게 네 가지 종류가 있습니다. 주택청약종합저축과 청약저축, 청약예금, 청약부금이 바로 그것이죠. 그리고 청약하고자 하는 주택이 국민주택인지 민영주택인지에 따라 청약할 수 있는 통장이 다릅니다.

— 청약통장의 종류

주택청약종합저축	청약저축	청약예금	청약부금
국민주택과 민영주택을 공급받기 위한 청약통장	국민주택을 공급받기 위한 청약통장	민영주택을 공급받기 위한 청약통장	주거전용면적 85m² 이하 민영주택을 공급받기 위한 청약통장
가입 가능	현재 가입 불가		

국민주택은 주택청약종합저축과 청약저축으로, 민영주택은 주택청약종합저축과 청약예금 또는 청약부금으로 청약이 가능해요. 주택청약종합저축은 국민주택과 민영주택 모두 청약할 수 있어 만능 통장으로 불리며, 현재 가입할 수 있는 유일한 통장이기도 합니다.

청약저축은 85m² 이하 국민주택에만, 청약예금은 모든 면적의 민영주택에, 청약부금은 85m² 이하 민영주택에만 청약할 수 있습니다. 특히 청약저축은 국민주택에만 청약할 수 있고, 무주택 세대주 및 세대원만 가능합니다.

옛날에 가입했던 청약통장, 바꿀까 말까?

만약 청약저축을 가진 사람이 민영주택으로 청약을 하고 싶다면 통장 종류를 바꿀 수 있을까요? 가능합니다. 단, 청약저축과 청약부금만 청약예금으로 딱 한 번 바꿀 수 있습니다. 그리고 입주자모집공고일 전일까지만 가능합니다.

그런데 청약저축으로 서울과 수도권의 인기 있는 공공분양에 당첨되려면 어느 정도의 금액이 있어야 할까요? 저축액이 2,000만 원을 넘어야 합니다. 그렇기에 가점 60점 이하, 저축액 2,000만 원 이하라면 청약예금으로 바꿔 민영주택 추첨제를 노리는 것이 빠르게 당첨될 수 있는 길입니다. 공공분양은 시간에 투자하는 것입니다. 매월 10만 원씩 넣으며 공공분양 당첨을 기다리는 것은 시간에 지는 투자입니다. 공공분양에도 추첨 물량이 생겼지만 극소량이므로 당첨은 하늘의 별 따기입니다[나눔형, 선택형, 일반형 모두 일반공급 중 잔여공급에는 추첨제(일반공급 물량의 20%) 적용].

— 청약통장별 특징

구분	주택청약종합저축	청약저축	청약예금	청약부금
가입 대상	연령, 자격 제한 없음	무주택자	만 19세 이상 개인 (유주택자 가능)	
저축금액	매월 2~50만 원	매월 2~10만 원	200~1,500만 원	매월 5~50만 원
국민주택 청약 가능	○	○	×	×
민영주택 청약 가능	○	×	○	○
특징	만능 통장	85m² 이하 국민주택 청약 가능	모든 면적 민영주택 청약 가능	85m² 이하 민영주택 청약 가능

※ 청약저축과 청약부금은 청약예금으로 딱 한 번 변경 가능(입주자모집공고일 전일까지)

열정로즈의 Q & A

Q **청약통장에 월 10만 원씩 꼬박꼬박 저축하라는데, 왜 그래야 하나요?**

A 10만 원씩 넣어야 공공분양에 유리합니다. 공공분양이란 소득이 낮은 무주택 서민 혹은 국가유공자, 장애인, 신혼부부, 다자녀가구, 노부모 부양자 등 정책적 배려가 필요한 사회 계층의 주택 마련을 지원하기 위한 국가 제도입니다.

국민주택의 공공분양은 저축액이 많아야 당첨되는 구조입니다. 공공분양을 목표로 한다면 통장에 매월 10만 원씩 꼬박꼬박 넣으면 됩니다. 저축액이 많아야 한다고 하니 한 번에 100만 원씩 넣고 싶겠지만 납부 인정액은 매달 10만 원이 최대 한도라 돈을 더 넣는다 해도 한 달에 10만 원밖에 인정되지 않습니다.

그럼 아이에게 청약통장을 만들어주는 건 어떨까요? 태어나자마자 청약통장을 만들어 매달 10만 원씩 넣으면 만 20세가 됐을 때 몇천만 원이 될 테니 그렇게 해야 할까요? 만약 그게 가능했다면 지금 전국의 맘 카페에서 가장 핫한 단어는 청약통장이 됐을 겁니다. 미성년자의 청약통장 가입 인정 기간은 만 14세이므로 아이가 만 14세가 되었을 때 청약통장을 만들어주면 아이에게 가장 좋은 선물이 될 것입니다.

내가 사는 지역에 따라 예치금이 달라진다

청약할 수 있는 자격, 예치금

예치금이란 청약할 때 필요한 최소 자금을 말합니다. 해당하는 금액이 입주자모집공고일 전에 통장에 있어야 해당 지역에 청약을 할 수 있는 자격이 주어집니다. 이때 예치금은 지역별, 면적별로 다릅니다.

— 청약 지역별 예치금액

전용면적	서울/부산	기타 광역시	기타 시/군
85m² 이하	300만 원	250만 원	200만 원
102m² 이하	600만 원	400만 원	300만 원
135m² 이하	1,000만 원	700만 원	400만 원
모든 면적	1,500만 원	1,000만 원	500만 원

출처: 청약홈

예치금, 한꺼번에 넣어도 될까?

국민주택이 아닌 민영주택에 청약할 생각이라면 입주자모집공고일 전에 지역별 예치금을 한 번에 넣으면 됩니다.

여기서 기준이 되는 지역은 현재 본인의 주민등록 거주지이지, 청약하려는 지역이 아닙니다. 예를 들어 현재 김포에 살지만, 주민등록상 주소가 서울이라면 지역별 예치금은 서울에 해당합니다. 서울에 살면서 인천에 청약할 때도 인천 예치금이 아닌 서울 예치금을 넣어야 한다는 뜻이죠. 자신의 주소지에 근거해 넣는 것입니다.

한 가지 팁을 드리자면 비규제지역 85m² 초과는 100% 추첨제이므로 가점이 낮다면 85m² 초과 면적의 예치금을 맞춰놓는 것이 좋습니다. 예치금을 적게 넣어두었다가 계획이 바뀌어 큰 평수에 청약을 넣지 못하는 경우가 무척 많습니다. 나중에 넣어야지 생각하지만 대부분 잊어버리거든요.

2019년 청량리역 롯데캐슬은 정말 뜨거운 감자였습니다. 85m² 타입만 종류가 16개 이상이었고, 102m² 타입도 있었습니다. 1주택자들의 경우 $85m^2$ 타입 초과에 청약을 넣어 추첨을 기다렸죠(당시 투기과열지구 $85m^2$ 이하 100% 가점제, $85m^2$ 초과 50% 가점제, 50% 추첨제). 그런데 $102m^2$ 타입에 청약을 계획하고 예치금 600만 원을 넣어둔 사람들이 청약을 넣지 못하는 사태가 벌어졌습니다. 왜일까요? 공고문에는 $102m^2$라고 적혀 있었지만 실제 면적은 $102.92m^2$로 $102m^2$를 초과했던 것이죠. 그렇기에 1,000만 원 이상을 넣었어야 했는데 600만 원만 넣어 예치금 부족으로 청약을 넣을 수 없었던 것입니다. 면적은 숫자 다음에 있는 소수점을 빼고 간편하게 표기하는 경우가 많습니다. 이런 사례가 종종 발생하니 예치금은 항상 넉넉히 넣어두는 것이 좋습니다.

모든 것의 기준이 되는 입공일, 꼭 알아두자!

'입공일'은 입주자모집공고일의 준말입니다. 건설사에서 해당 단지의 분양 소식을 공고하는 날이죠. 입공일은 청약을 준비할 때 가장 중요한 날입니다. 모든 청약 조건을 입공일 혹은 전날까지 맞춰놓아야 하기 때문입니다. 이는 입공일 당일 혹은 그 전날까지는 조건을 변경할 수 있다는 뜻이기도 합니다.

먼저 청약하고자 하는 면적에 따른 예치금을 입공일 당일까지 맞춰놓아야 합니다. 은행에 방문해 지역별, 면적별 변경하고자 하는 주택에 해당하는 예치금액을 채워 넣으면 됩니다.

거주지역은 어떨까요? 최초 입공일 당일까지 주민등록 주소를 이전하면 됩니다. 세대주 변경도 마찬가지로 당일까지 할 수 있습니다. 거주지는 지역에 따라 1~2년 거주 조건이 있는 곳이 있지만, 세대주는 변경 후 얼마 동안의 기간을 유지해야 한다는 조건이 전혀 없습니다. 청약 세계에서는 1점 차이로 당첨과 낙첨이 결정되는 경우가 많습니다. 규제지역(투기과열지구+청약과열지역) 일반공급에 청약할 가구라면, 세대주만 청약할 수 있으므로 부부 중 가점이 1점이라도 높은 사람으로 세대주를 바꾸세요.

청약통장 종류는 입공일 전일까지 변경할 수 있습니다. 단, 납입인정금액이 지역별 청약예금 예치금액 이상인 계좌의 경우, 해당 주택 규모의 청약예금으로 변경할 수 있습니다.

— 청약 조건 유의 사항 정리

구분	유의 사항
지역 간 예치금 차액	청약 접수 당일까지 충족 가능
청약통장 예치금 (주택청약종합저축)	최초 입주자모집공고 당일까지 예치금 충족 시 청약 신청 가능
청약예금 주택 규모 변경	최초 입주자모집공고 전일까지 변경한 경우 청약 신청 가능(단, 작은 주택 규모로 변경할 경우 해당 구간의 청약예치금액 충족 시 별도 주택 규모 변경 절차 없이 하위 면적 모두 청약 가능)

조건에 따라 입공일 당일까지 가능한 것과 전일까지 가능한 것이 있으니 모든 준비는 무조건 입공일 전일까지 끝내주세요.

10

청약 세상 주택 소유 기준

주택이 있지만 무주택자다?

청약에서 주택 유무는 무척 중요한 조건입니다. 본인이 무주택자인지 유주택자인지에 따라 당첨 확률이 크게 달라집니다. 청약 세상에서는 집이 있어도 무주택으로 인정되는 경우가 몇 가지 있습니다.

1. 소형·저가주택 등 소유자

먼저 해당 조건은 민영, 국민주택의 모든 공급 유형 청약 시 적용되며, 공공임대주택은 적용되지 않습니다.

소형·저가주택 등이란 입주자모집공고일 현재 전용면적 60m² 이하로서 다음 '소형·저가주택 등의 가격 산정'에 따른 주택가격이 1억 원(수도권은 1억 6,000만 원) 이하인 주택 또는 분양권 등을 말합니다. 주택 공급 신청자가 속한 세대가 소형·저가주택 등을 1호 또는 1세대만 소유하고 있는 경우, 민영, 국민주택의 모든 공급 유형 청약 시 주택을 소유하지 않은 것으로 봅니다. 단, 공공임대주택 청약 시에는 적용되지 않습니다.

소형·저가주택 등의 가격은 다음의 구분에 따라 산정합니다. 다만, 2007년 9월 1일 전에 주택을 처분한 경우에는 2007년 9월 1일 전에 공시된 주택공시가격(「부동산 가격공시에 관한 법률」 제16조 또는 제17조에 따라 공시된 가격) 중 2007년 9월 1일에 가장 가까운 날에 공시된 주택공시가격에 따릅니다.

① 입주자모집공고일 후에 주택을 처분하는 경우: 입주자모집공고일에 가장 가까운 날에 공시된 주택공시가격

② 입주자모집공고일 전에 주택을 처분한 경우: 처분일 이전에 공시된 주택공시가격 중 처분일에 가장 가까운 날에 공시된 주택공시가격

③ 분양권 등의 경우: 공급계약서의 공급가격(선택 품목에 대한 가격은 제외)

2. 유주택이지만 무주택으로 인정되는 경우

주택 소유 여부를 판단할 때 분양권 등을 갖고 있거나 주택 또는 분양권 등의 공유지분을 소유하고 있는 경우에는 주택을 소유하고 있는 것으로 보되, 다음 각 호의 어느 하나에 해당하는 경우에는 주택을 소유하지

않은 것으로 봅니다. 다만, 노부모 부양 특별공급은 예외를 적용하지 않습니다.

① 상속으로 주택의 공유지분을 취득한 사실이 판명되어 사업 주체로부터 제52조제3항에 따라 부적격자로 통보받은 날부터 3개월 이내에 그 지분을 처분한 경우

② 도시지역이 아닌 지역 또는 면의 행정구역(수도권은 제외)에 건축되어 있는 주택으로서 다음 각 목의 어느 하나에 해당하는 주택의 소유자가 해당 주택 건설 지역에 거주(상속으로 주택을 취득한 경우에는 피상속인이 거주한 것을 상속인이 거주한 것으로 봄)하다 다른 주택 건설 지역으로 이주한 경우

가. 사용 승인 후 20년 이상 경과된 단독주택

나. 85m² 이하 단독주택

다. 소유자의 「가족관계의 등록 등에 관한 법률」에 따른 최초 등록기준지에 건축되어 있는 주택으로서 직계존속 또는 배우자로부터 상속 등에 의하여 이전받은 단독주택

③ 개인주택사업자가 분양을 목적으로 주택을 건설하여 이를 분양 완료하였거나 사업 주체로부터 제52조제3항에 따른 부적격자로 통보받은 날부터 3개월 이내에 이를 처분한 경우

④ 세무서에 사업자로 등록한 개인사업자가 그 소속 근로자의 숙소로 사용하기 위하여 법 제5조제3항에 따라 주택을 건설하여 소유하고 있거나 사업 주체가 정부 시책의 일환으로 근로자에게 공급할 목적으로 사업 계획 승인을 받아 건설한 주택을 공급받아 소유하고 있는 경우

⑤ 주택 공급 신청자가 속한 세대가 20m² 이하 주택 또는 분양권 등을 1호 또는 1세대만 소유하고 있는 경우

⑥ 만 60세 이상의 직계존속(배우자의 직계존속 포함)이 주택 또는 분양권 등을 소유하고 있는 경우

⑦ 건물등기부 또는 건축물대장 등의 공부상 주택으로 등재되어 있으나 주택이 낡아 사람이 살지 아니하는 폐가이거나 주택이 멸실되었거나 주택이 아닌 다른 용도로 사용되고 있는 경우로서 사업 주체로부터 제52조제3항에 따른 부적격자로 통보받은 날부터 3개월 이내에 이를 멸실시키거나 실제 사용하고 있는 용도로 공부를 정리한 경우

⑧ 무허가건물[종전의 「건축법」(법률 제7696호 건축법 일부개정법률로 개정되기 전의 것) 제8조 및 제9조에 따라 건축허가 또는 건축신고 없이 건축한 건물]을 소유하고 있는 경우. 이 경우 소유자는 해당 건물이 건축 당시의 법령에 따른 적법한 건물임을 증명하여야 함

⑨ 주택 공급 신청자가 속한 세대가 소형·저가주택 등을 1호 또는 1세대만 소유하고 있는 경우(단, 공공임대주택 청약 시에는 미적용)

⑩ 「주택공급에 관한 규칙」 제27조제5항 및 제28조제10항제1호에 따라 입주자를 선정하고 남은 주택을 선착순의 방법으로 공급받아 분양권 등을 소유하고 있는 경우(해당 분양권 등을 매수한 자는 제외)

⑪ 임차인으로서 보증금의 전부 또는 일부를 돌려받지 못한 사람이 임차주택을 경매 또는 공매로 매수하여 소유하고 있는 경우. 다만, 그 주택이 다음 각 목의 어느 하나에 해당하는 경우는 제외

가. 주택가격이 1억 5,000만 원(수도권은 3억 원)을 초과하는 경우. 이 경우 주택가격의 산정은 「주택공급에 관한 규칙」 별표1 제1호가목2)를 준용함

나. 주거전용면적이 85m^{2}를 초과하는 경우

New

아는 만큼
당첨되는
청약의 기술

열정로즈의 한마디

가장 먼저 조건과 가점을 갖추자!

청약에서 가장 중요한 것은 조건과 가점입니다!

조건에 해당하지 않으면 청약에 지원할 기회가 없으며, 가점이 안 된다면 당첨 가능성이 희박합니다.

1순위 조건과 가점 계산법을 통해 현재 자신의 상황을 정확하게 알아봅시다.

11

당해 여부가 핵심! 민영주택 1순위 조건

민영주택 1순위는 기승전 '당해'

민영주택 청약에서 1순위란 어떤 조건을 갖춘 사람을 말하는 걸까요? 최초 입주자모집공고일 기준 해당 주택 건설 지역 또는 인근 지역에 거주하는 만 19세 이상을 말합니다.

여기서 해당 주택 건설 지역을 줄여 '당해'라고 합니다. 서울에 건설하는 아파트를 분양할 때 서울 사람들은 당해에 해당합니다. 경기도는 워낙 넓어 시, 군, 구로 당해가 나뉩니다. 당첨되고 싶다면 당해 조건을 갖추세요. 현재 인기 있는 청약 단지는 당해에서 접수가 끝나고 결과가 나오는 경우가 대부분입니다. 2순위 기타 지역까지 가는 경우가 거의 없죠. 따라서 무조건 당해 조건을 갖추어야 합니다.

— 민영주택 1, 2순위 조건

<table>
<tr><th rowspan="2">청약 순위</th><th rowspan="2">청약통장</th><th colspan="2">순위별 조건</th></tr>
<tr><th>청약통장 가입 기간</th><th>납입금</th></tr>
<tr><td rowspan="3">1순위</td><td>주택청약
종합저축</td><td rowspan="3">• 투기과열지구 및 청약과열지역: 가입 후 2년이 경과한 분
• 위축지역: 가입 후 1개월이 경과한 분
• 투기과열지구 및 청약과열지역, 위축 지역 외
- 수도권 지역: 가입 후 1년이 경과한 분(다만, 필요한 경우 시도지사가 24개월까지 연장 가능)
- 수도권 외 지역: 가입 후 6개월이 경과한 분(다만, 필요한 경우 시도지사가 12개월까지 연장 가능)</td><td rowspan="2">납입인정금액이 지역별 예치금액 이상인 분</td></tr>
<tr><td>청약예금</td></tr>
<tr><td>청약부금
(85m^2 이하만 청약 가능)</td><td>매월 약정납입일에 납입한 납입인정금액이 지역별 예치금액 이상인 분(납입금 연체 등 발생 시 연체를 반영하여 순위 발생일이 순연됨)</td></tr>
<tr><td>2순위(1순위 제한자 포함)</td><td colspan="3">1순위에 해당하지 않는 분(청약통장 가입자만 청약 가능)</td></tr>
</table>

※ 1순위 제한자: 투기과열지구 또는 청약과열지역 내 민영주택에 청약하는 경우 세대주가 아니거나 과거 5년 이내에 다른 주택에 당첨된 세대에 속하거나 2주택 이상 소유한 세대에 속한다면 1순위에 해당해도 2순위로 청약

※ 주거전용 85m^{2}를 초과하는 공공건설임대주택, 수도권에 지정된 공공주택지구에서 공급하는 민영주택에 청약하는 경우 2주택 이상 소유한 세대에 속한다면 1순위에 해당해도 2순위로 청약

출처: 청약홈

인근 지역의 범위는 어디까지?

"부산에 사는데 서울에 청약할 수 없나요?"

당연히 안 됩니다. 수도권에 청약하고 싶다면 수도권 어디에든 거주해야 기타 지역이라도 기대해볼 수 있습니다. 서울 아파트 분양이 미달되면 인천과 경기 지역에 거주하는 사람은 청약이 가능하지만, 부산, 대구에 거주하는 사람은 청약이 불가능합니다. 인근 지역의 범위는 다음

과 같습니다.

인근 지역 범위

1. 서울특별시, 인천광역시 및 경기도 지역
2. 대전광역시, 세종특별자치시 및 충청남도
3. 충청북도
4. 광주광역시 및 전라남도
5. 전라북도
6. 대구광역시 및 경상북도
7. 부산광역시, 울산광역시 및 경상남도
8. 강원도

※ 세종시, 평택고덕국제신도시, 혁신도시, 기업도시 등은 전국 청약 가능

열정로즈의 Q & A

Q 저는 부산에 사는데 세종은 청약할 수 있다는데요?

A 세종은 무척 재미있는 지역입니다. 전국에서 청약이 가능한 곳이거든요. 2021년 기준 84m^2를 4억 원대에 분양했을 만큼 가격이 저렴했습니다. 세종은 세종거주민 60%, 전국 40% 비율로 뽑습니다. 청약의 추첨 구조는 상위에서 먼저 뽑고, 떨어지면 다시 하위에 합류되어 재추첨하기 때문에 언제나 당해 사람이 유리합니다. 세종 청약도 세종에 사는 사람이 유리하고, 전국으로 가면 수백대 일의 경쟁률을 보입니다. 하지만 전국 청약이 가능하다는 점에서 무척 매력적인 곳이니 관심을 가져보시기 바랍니다.

청약통장 가입 후 2년이 지나야 1순위!

청약통장을 만들었다고 해서 누구나 1순위가 되는 것은 아닙니다. 투기과열지구 및 청약과열지역으로 분류되는 규제지역은 가입 후 2년이 지나야 1순위가 될 수 있습니다. 수도권 비규제지역은 통장 가입 후 1년, 지방은 6개월만 지나면 1순위가 될 수 있습니다.

청약통장은 만들었지만, 가입 기간이 모자라거나 지역별 예치금이 부족한 사람은 2순위입니다. 앞서 이야기했듯 인기 지역은 1순위에서 모두 마감됩니다.

투기과열지구 또는 청약과열지역이라면?

규제지역 내라면 다음과 같은 조건을 추가로 갖추어야 민영주택 1순위가 될 수 있습니다.

규제지역 민영주택 1순위 추가 조건

1. 세대주
2. 무주택자 혹은 1주택자
3. 세대 전원이 과거 최대 5년 이내에 다른 주택에 당첨된 사실이 없어야 함(세대 전원이 재당첨 제한, 규제지역 1순위 청약 제한에 해당되지 않아야 함)
4. 청약통장 가입 기간 2년 이상
5. 당해 거주 기간 2년 이상

여기서 세대주는 가족 구성원 중 1점이라도 높은 사람으로 하는 것이 좋습니다. 세대주 변경은 정부24 홈페이지(www.gov.kr)에서 주민등록정정(말소)신고를 통해 가능합니다. 신청 후 기존 세대주가 공인인증서 로그인 후 승인을 해야 정정이 마무리됩니다. 주민등록증을 들고 가까운 동사무소에 방문해도 정정할 수 있습니다.

주택 수와 과거 당첨 이력은 세대가 분리되어 있더라도 부부의 경우 한 몸으로 보고 주택 수와 당첨 이력에 포함하니 주의하세요. 단, 성인 자녀가 당첨된 이력이나 집이 있더라도 주민등록표등본에 함께 있지 않다면 주택 수와 당첨 이력에 포함되지 않습니다.

열정로즈의 Q & A

Q **해외에 오래 체류해도 1순위 조건이 유지되나요?**

A 출국 후 90일 이상 해외에 거주했거나 연간 183일 이상 해외에 거주한 경우 당해 대상자로 청약할 수 없습니다. 이 경우에는 당해가 아닌 기타 지역으로 청약할 수 있습니다. 또한 해외 근무자에 대한 우선공급 기준이 완화되어 예외적으로 해외 근무 등 생업 사정으로 인해 혼자 국외에 체류한 경우(단신부임)에는 국내에 거주한 것으로 인정하여, 우선공급 대상자로서 청약을 할 수 있습니다.

12

무주택 여부가 핵심! 국민주택 1순위 조건

세대주 포함 세대원 전원이 무주택인가?

국민주택의 1순위 조건은 민영주택과 비슷하지만 무조건 '무주택 세대'여야 한다는 조건이 필요합니다.

무주택 세대란 동일한 주민등록상 세대주 및 세대원 전원이 주택을 소유하고 있지 않은 세대를 말합니다. 다시 말하면 세대주는 물론 본인의 배우자와 직계존비속 전원이 주택을 소유하고 있지 않아야만 국민주택 그리고 민영주택 특별공급에 청약할 수 있습니다.

부부의 경우 청약 신청자의 배우자가 주민등록 분리세대라도 신청자와 동일 주민등록표등본에 등재된 것으로 봅니다.

만 60세 이상 직계존속이 주택이나 분양권을 소유한 경우에는 주택을 소유하지 않은 것으로 보지만 공공임대주택, 노부모 부양 특별공급의 경우 주택을 소유한 것으로 봅니다.

— 국민주택 1, 2순위 조건

청약 순위	청약통장	순위별 조건	
		청약통장 가입 기간	납입금
1순위	주택청약 종합저축 청약저축	• 투기과열지구 및 청약과열지역: 가입 후 2년이 경과한 분 • 위축지역: 가입 후 1개월이 경과한 분 • 투기과열지구 및 청약과열지역, 위축지역 외 - 수도권 지역: 가입 후 1년이 경과한 분 - 수도권 외 지역: 가입 후 6개월이 경과한 분 (다만, 필요한 경우 시도지사가 수도권은 24개월, 수도권 외 지역은 12개월까지 연장 가능)	매월 약정납입일에 월납입금을 연체 없이 다음의 지역별 납입 횟수 이상 납입한 분 • 투기과열지구 및 청약과열지역: 24회 • 위축지역: 1회 • 투기과열지구 및 청약과열지역, 위축지역 외 - 수도권 지역: 12회 - 수도권 외 지역: 6회 (다만, 필요한 경우 시도지사가 수도권은 24회, 수도권 외 지역은 12회까지 연장 가능)
2순위(1순위 제한자 포함)	1순위에 해당하지 않는 분(청약통장 가입자만 청약 가능)		

※ 1순위 제한자: 투기과열지구 또는 청약과열지역 내 국민주택에 청약하는 경우 세대주가 아니거나 과거 5년 이내에 다른 주택에 당첨된 자가 속해 있는 무주택 세대 구성원이라면 청약통장이 1순위에 해당해도 2순위로 청약

출처: 청약홈

1순위 조건, 정해진 납입 횟수가 있다

국민주택은 청약통장의 예치금이 아닌 납입 횟수가 중요합니다. 매월 약정납입일에 월납입금을 연체 없이 지역별 납입 횟수 이상 납입한 사람만 가능합니다. 투기과열지구 및 청약과열지역은 24회, 이러한 규제 지역 외 수도권 지역은 12회, 수도권 외 지역은 6회 이상입니다.

1순위 경쟁 시 저축총액과 납입 횟수로 결정

국민주택에서 1순위 경쟁 시 주택의 공급 순차를 알아보겠습니다. 먼저 $40m^2$ 초과 주택의 경우 3년 이상 무주택 세대 구성원으로서 저축총액이 많은 사람을 먼저 뽑고, 그다음은 저축총액만 많은 사람을 뽑습니다. 저축납입액은 매달 10만 원까지만 인정됩니다.

무주택 기간은 만 30세 이상부터이며, 만 30세 이전에 결혼했다면 결혼한 날부터 계산됩니다. 이때 만 14세 이상부터 인정되며, 월납입인 정금액인 10만 원을 매달 꾸준히 저축했다면 저축총액으로 결정되는 1순위 경쟁에서 우위를 차지할 수 있습니다.

$40m^2$ 이하 주택의 경우 3년 이상 무주택 세대 구성원으로서 납입 횟수가 많은 사람을 먼저 뽑고, 그다음은 납입 횟수가 많은 사람을 뽑습니다. 그렇기에 저축총액이 많다면 $40m^2$ 초과를, 납입 횟수가 많다면 $40m^2$ 이하를 노려보는 것이 유리합니다.

— 국민주택 면적별 순위 조건

순차	$40m^2$ 초과	$40m^2$ 이하
1순위	3년 이상 무주택 세대 구성원으로서 저축 총액이 많은 자	3년 이상 무주택 세대 구성원으로서 납입 횟수가 많은 자
2순위	저축총액이 많은 자	납입 횟수가 많은 자

5년은 무조건 살고, 10년 동안 팔지 못하는 아파트

국민주택처럼 무주택자의 생활 안정을 위해 저축총액과 납입 횟수로 당락을 결정하는 청약 방식을 '공공분양'이라고 합니다. 공공분양이란 주택을 공공의 사업으로 보고 사회적 배려 대상이 되는 국민에게 혜택을 제공해 주거 안정화를 노리는 국가 중심의 분양 방식을 말합니다.

공공분양에는 장점과 단점이 존재합니다. 공공분양의 장점은 무엇일까요? 딱 하나 있습니다. 싸다는 것이죠. 2020년 상반기에 분양한 마곡지구 공공주택의 분양가는 7억 원이었습니다. 마곡지구의 시세를 주도하는 대장 아파트 가격은 15억 원으로, 당첨된다면 로또였죠. 하지만 아파트를 저렴하게 분양받기 위해 지켜야 할 의무가 너무 많습니다.

먼저 입주자모집공고일부터 입주할 때까지 무주택을 유지해야 합니다. 여기서 재미있는 사실은 특별공급으로 당첨되면 입주 시까지 무주택 유지 조건이 없다는 점이에요(단, 일반공급으로 당첨된다면 입주 시까지 무주택 조건 유지). 또 공공분양의 경우 특별공급 물량이 훨씬 많습니다. 그래서 특별공급 자격이 된다면 일반공급보다는 특별공급을 노리는 것이 여러모로 좋습니다.

국민주택 40m² 초과 1순위 조건은 저축총액입니다. 마곡지구 국민주택의 경우 납입금액 커트라인이 얼마였을까요? 84m² N형은 2,090만 원, 84m² H형은 2,260만 원을 기록했습니다. 평균 2,000만 원으로 매달 인정받는 금액인 10만 원을 16년 이상 부어야 당첨권인 것입니다. 한마디로 세월에 투자한 셈입니다.

2020년 5월 27일부터 모든 공공분양 아파트에 3~5년 거주 의무기간을 두고 있습니다. 무조건 5년은 거주해야 이후에 시세 차익을 볼 수 있습니다. 하지만 실거주가 중요한 무주택자라면 공공분양은 좋은 해답입니다. 5년 동안 이사 걱정 없이 살면서 이후에 시세 차익까지 보장되니 말이죠.

저축액 2,000만 원 이하라면 통장을 바꿔라

그렇다면 공공분양은 저축액이 얼마여야 당첨될까요? 하남 감일지구 입주자 모집 당첨자의 납입 횟수와 납입금액을 살펴보겠습니다.

— 하남 감일 B3, B4블록 입주자모집공고 당첨선

일반 1순위

(단위 : 천원)

블록	주택형	당첨자(당해지역)		당첨자(경기도)		당첨자(타지역)		예비입주자 당첨선	
		납입횟수	납입금액	납입횟수	납입금액	납입횟수	납입금액	납입횟수	납입금액
B3	074.0000H	143	14300	290	19480	194	19400	183	18300
	084.8800A	154	15400	201	20100	201	20100	192	19200
	084.9500B	150	15000	207	19670	210	19660	189	18900
	084.8900C	155	15500	188	18800	196	19500	184	18400

블록	주택형	당첨자(당해지역)		당첨자(경기도)		당첨자(타지역)		예비입주자 당첨선	
		납입횟수	납입금액	납입횟수	납입금액	납입횟수	납입금액	납입횟수	납입금액
B4	074.0000H	154	15400	211	21000	208	20800	203	19550
	084.8800A	181	18100	223	22300	223	22300	206	20600
	084.9500B	156	15550	243	20260	202	20200	206	19320
	084.8900C	157	15700	200	20000	205	20500	186	18450

출처: LH

하남 감일지구의 B3와 B4는 학교와 상업시설, 공원이 근처에 있는, 입지가 가장 좋은 노른자 땅에 분양한 국민주택이었습니다. 하남은 당해 30%, 경기도 20%, 수도권 50%의 비율로 뽑는데요. 당해에 청약하고 떨어진 사람들은 경기도, 수도권 청약에 재도전할 수 있습니다. 하남 사람은 떨어져도 2번의 기회가 더 있는 것이죠. 경기도 사람은 2번의 기회, 수도권 사람은 딱 1번의 기회가 있습니다.

저축액을 보면 하남 당해의 최저 당첨 납입금액은 1,430만 원이었습니다. 이만큼 모으려면 매월 10만 원씩 12년 8개월이 걸립니다. 경기도는 1,880만 원이니 15년 8개월, 기타 지역은 1,940만 원이니 무려 16년 2개월이 걸립니다. 한마디로 만 30세부터 46세가 될 때까지 매달 10만 원씩 넣어야 당첨될 수 있는 것이죠.

당해가 아닌 기타 지역 거주자가 인기 있는 공공택지의 공공분양에 청약할 경우 2,000만 원 이하 청약저축을 가지고 있다면 당장 은행으로 달려가 청약예금으로 바꾸고, 민간분양 추첨제 혹은 특별공급을 노릴 것을 추천합니다.

가점이 낮다고 실망하긴 이르다!

청약통장에 저축액이 많은 사람을 보면 참 부럽죠. 그분들은 긴 시간 무주택 상태를 유지하며 많은 저축액을 모은 것이니 축하드려야 합니다. 하지만 가점이 낮다고 속상해하거나 불평하지 마세요. 저는 사람들 얼굴만 봐도 가점을 알 수 있습니다. 20대 싱글이라면 가점이 높을 리 없죠. 이때는 하루라도 빨리 재테크에 눈뜨고, 청약 기술을 쌓으며 자산을 불려 나가야 합니다. 지금 가점이 높은 마흔 중반이라면 아파트 하나 당첨으로 수억 원의 차익을 볼 수도 있겠지만 일찍 시작하면 여러분이 그 나이가 되었을 때 그보다 더 많은 자산을 가질 수도 있습니다.

—— 동일 순위 내 경쟁이 있는 경우 입주자 선정 기준

청약 순위	주택 종류	선정 방법	
1순위	국민주택	순차별 공급 순차 기준은 무주택 기간, 납입 횟수, 납입총액 등	
	민영주택	85m² 이하	가점 및 추첨(40% 이하 : 60% 이상)으로 선정
		85m² 초과	추첨으로 선정
2순위	추첨으로 선정		

※ 위의 민영주택 선정 기준은 일반적인 민영주택(투기과열지구 및 청약과열지역, 수도권에 지정된 공공택지지구, 85m² 공공건설임대주택 제외)의 경우입니다.

출처: 청약홈

가점 8점, 20대도 청약에 당첨될 수 있어요!

시흥장현 공공분양 당첨 / 닉네임: 피아

가점거지, 저축액거지, 미혼인 사람도 청약에 당첨될 수 있다!

2020년 1월 초 어느 날 새벽 4시, 내꿈사 정규 수강생 단톡방에서 메시지를 받았습니다.

'시흥 장현 A7 공공분양 ○○타입이 2순위로 넘어왔습니다!'

그땐 그 메시지가 무엇을 의미하는지 잘 몰랐는데, 청약에 눈뜬 지금은 저 문장을 볼 때마다 정말 소름이 끼쳐요. 1순위에서 남은 물량이 2순위로 넘어오면 그때는 저축액이 아닌 추첨으로 당락을 결정합니다. 사실 1순위에서 대부분 끝나기 때문에 2순위까지 넘어오는 일이 거의 없지만, 정말 간혹 추첨제까지 물량이 넘어와 2순위 신청자를 모집합니다.

그날 새벽 열정로즈님의 톡 강의를 들은 후 서울 원룸에 사는 동생들에게 청약통장을 보여달라고 독촉했어요. 저는 여섯 자매인데 당시에 이것저것 따져보니 넣을 수 있는 조건의 통장은 막냇동생의 통장 하나더라고요.

막냇동생은 20대 미혼에, 신용카드도 없고, 세상에서 대출을 가장 싫어하는 사람이었습니다. 청약가점은 8점, 저축액도 152만 원밖에 되지 않는, 로즈님이 종종 말하던 '청약거지'가 바로 제 동생이었죠. 그렇게 청약에 아무 관심도 없던 동생은 언니의 성화에 못 이겨 생애 처음 2순위로 시흥장현 A7 공공분양에 청약을 넣었습니다.

예비당첨부터 유주택자가 되기까지!

그런데 믿을 수 없는 행운이 찾아왔습니다. 바로 예비당첨이 된 것입니다.

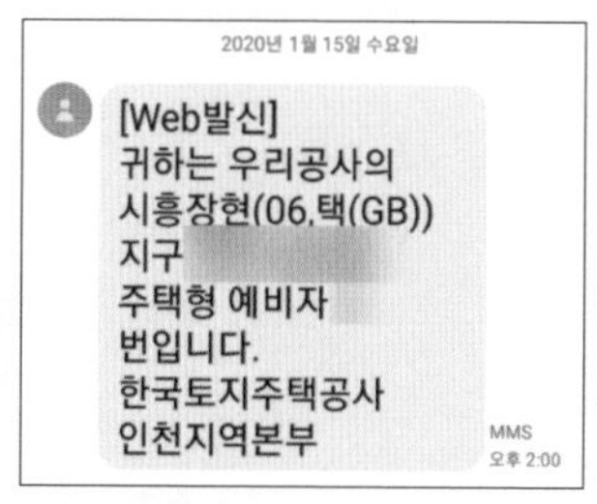

/ 예비당첨 번호를 받다!

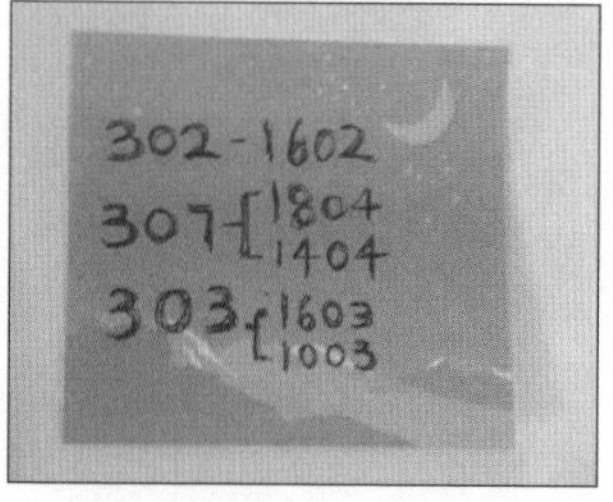

/ 간절하면 이루어진다

초반만 해도 동생은 직장까지 왕복 3시간인데 어떻게 출퇴근을 하냐, 당첨이 되지 않을 수도 있는데 청약 서류를 접수하기 위해 월차를 쓰는 게 맞냐는 등 세상 물정 모르는 소리만 해댔죠.

하지만 저는 열정로즈님께 배운 자본주의 사회 이론을 동생에게 전파했고, 동생도 제 이야기를 들은 후부터는 점점 변하기 시작했습니다. 이후 동생은 원하는 동·호수를 가장 잘 보이는 곳에 적어두고 매일 기도까지 했어요. 동생의 번호까지는 기회가 오지 않을 수도 있다는 주최 측의 답변을 듣고 속이 상하기도 했지만, 꿋꿋하게 기다렸죠. 그러다 드디어 한 통의 문자를 받게 되었습니다!

누구에게나 기회가 온다!

2020년 4월 10일 금요일

[Web발신]
축하드립니다. 귀하는 우리공사의
시흥장현(06,택(GB)) 지구 동
호에 당첨되셨습니다.
한국토지주택공사 인천지역본부

MMS
오후 4:00

/ 감격의 당첨 문자

2020년 4월, 드디어 동생은 시흥장현을 품었고, 여섯 자매 중 첫 번째 유주택자가 되었어요. 눈을 뜨고 귀를 기울이면 누구에게나 기회가 옵니다. 그리고 열심히 공부하고 준비한다면 언젠가 올 소중한 기회를 놓치지 않을 수 있어요. 20대 싱글도 청약을 통해 내 집 마련을 할 수 있다는 사실을 꼭 알아두세요.

13

지피지기면 백전백승, 내 청약가점은 몇 점?

청약홈에서 내 가점 계산하기

대학에 입학하려면 수능 점수가 필요하듯 청약을 하려면 청약 점수를 알아야 합니다. 대충 말고 정확하게요. 청약홈 홈페이지에 들어가면 쉽고 정확하게 가점을 계산할 수 있는 '청약가점 계산기'가 있습니다.

1. 청약홈 홈페이지(www.applyhome.co.kr)에 접속해 왼쪽 메뉴에서 '공고단지 청약연습 → 청약가점계산기'를 클릭합니다.

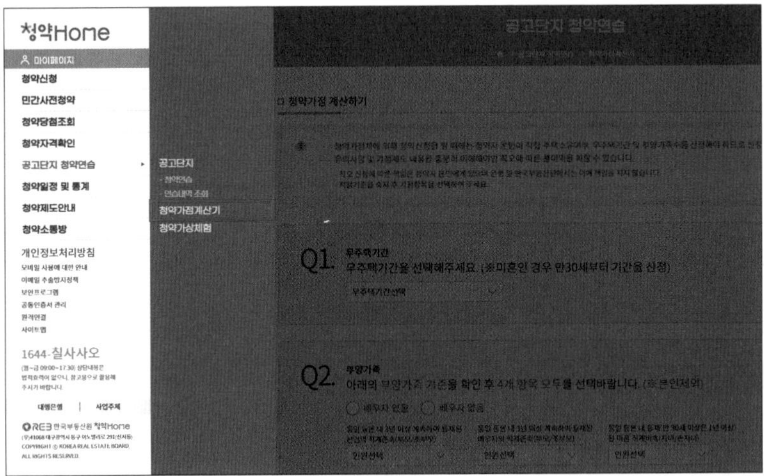

❷ 무주택 기간을 선택해 입력합니다. 본인 혹은 배우자를 기준으로 선택하며 미혼이라면 만 30세부터, 결혼을 했다면 결혼한 날짜부터 무주택 기간을 계산합니다.

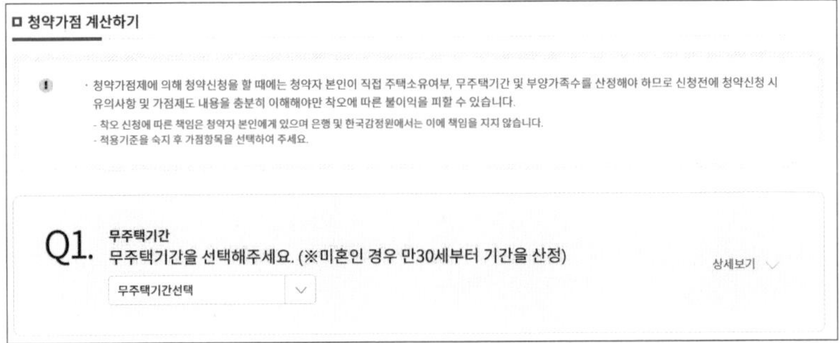

❸ 부양가족 항목을 입력합니다. 주민등록표등본상에 기재된 가족을 기준으로 합니다.

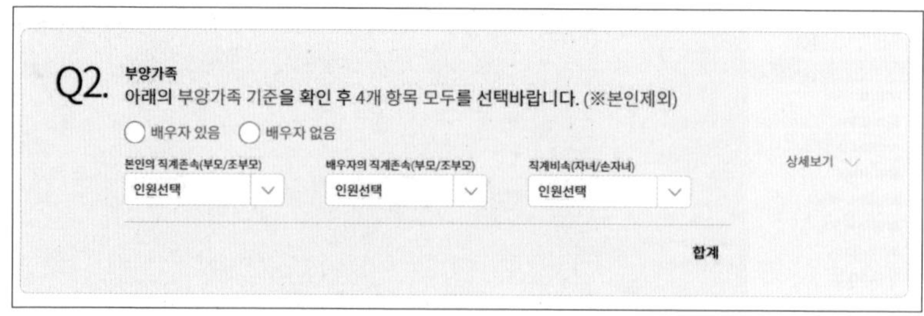

❹ 청약통장 가입일을 입력합니다.

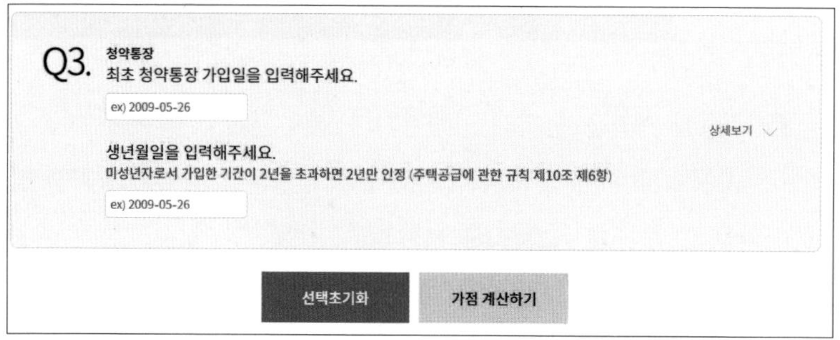

❺ 모든 내용을 입력한 후 '가점 계산하기'를 클릭하면 가점을 확인할 수 있습니다.

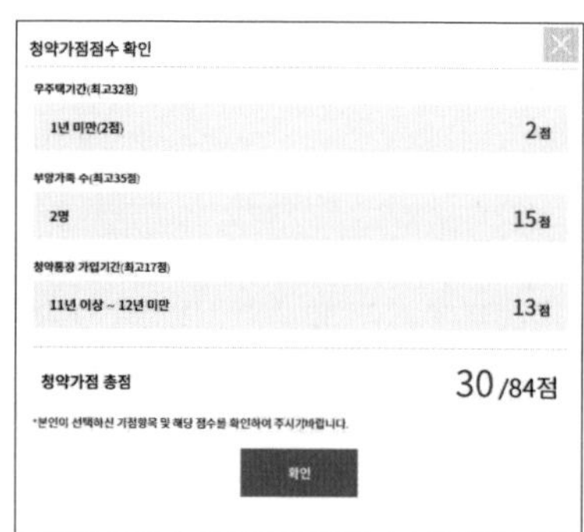

84점 만점, 어떻게 받을까?

청약 점수는 무주택 기간, 부양가족 수, 청약통장 가입 기간 점수를 합산해 계산합니다. 만점은 84점입니다. 꿈의 점수인 84점을 받으려면 어떤 조건을 갖추어야 할까요? 만 30세 이상부터 15년간 무주택 상태를 유지해야 하고, 30대에 청약통장을 만들어 15년 이상 가지고 있으면서, 무려 6명의 부양가족이 있어야 합니다. 과연 꿈의 점수라 불릴 만큼 어려운 조건이죠?

그런데 만점자 중 부적격 사례가 꽤 많다는 사실을 아시나요? 한 모델하우스에서 만점 당첨자가 있어 기대하며 기다렸는데 30대 젊은 남자가 들어왔다고 합니다. 무슨 일일까요? 그 사람은 무주택 기간을 계산할 때 태어난 해부터 계산했던 거죠. 우스갯소리로 들릴지 모르지만 실제로 이런 실수를 하는 사람이 많아 부적격 사례가 꽤 많이 나오고 있습니다. 따라서 모든 항목을 써넣을 때는 하나하나 제대로 따져 정확하게 점수를 계산해야 합니다.

무주택 기간은 만 30세부터,
결혼했다면 혼인신고일부터!

무주택 기간은 과거 주택 소유 여부와 만 30세 이전 결혼 여부에 따라 달라집니다.

— 무주택 기간 계산 방법

과거 주택 소유 여부	만 30세 이전 결혼 여부	무주택 기간	
×	×	 만 30세 / 입주자모집공고일 무주택 기간	만 30세가 된 날~입주자모집공고일
	○	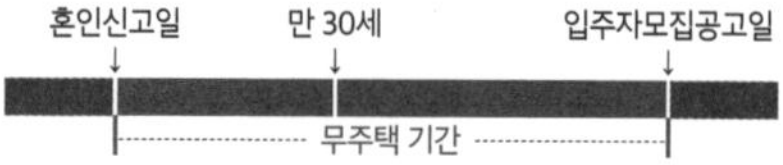 혼인신고일 / 만 30세 / 입주자모집공고일 무주택 기간	혼인신고일~입주자모집공고일
○	×	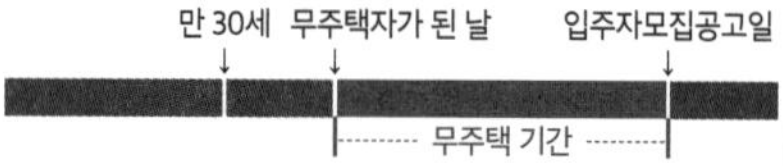  만 30세 / 무주택자가 된 날 / 입주자모집공고일 무주택 기간 무주택자가 된 날 / 만 30세 / 입주자모집공고일 무주택 기간	'만 30세가 된 날'과 '가장 최근에 무주택자가 된 날' 중 늦은 날~입주자모집공고일
	○	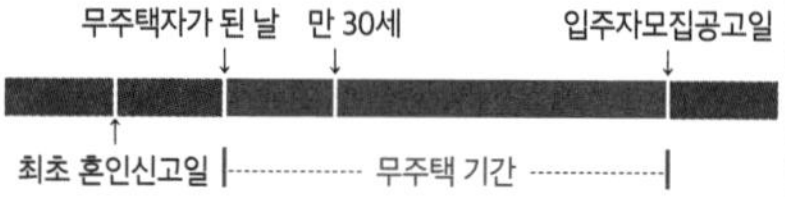  무주택자가 된 날 / 만 30세 / 입주자모집공고일 최초 혼인신고일 / 무주택 기간 무주택자가 된 날, 최초 혼인신고일 / 만 30세 / 입주자모집공고일 무주택 기간	'혼인신고일'과 '가장 최근에 무주택자가 된 날' 중 늦은 날~입주자모집공고일

출처: 청약홈

먼저 과거 주택을 소유한 적이 없고, 만 30세 이전에 결혼하지 않은 사람이라면 만 30세부터 입주자모집공고일까지가 무주택 기간입니다. 주택을 소유한 적이 없지만 만 30세 이전에 결혼했다면 어떨까요? 이때는 혼인신고일을 기준으로 합니다. 혼인신고일부터 입주자모집공고일까지가 무주택 기간인 것이죠. 그럼 만 30세 이전에 결혼했다가 이혼하고 재혼을 한 경우는 어떨까요? 이때는 초혼 혼인신고일부터 무주택 기간을 산정합니다.

주택을 소유한 적이 있는 사람을 보겠습니다. 이 경우 만 30세 이전에 결혼하지 않았다면 만 30세 이후 가장 최근에 집을 판 날(무주택자가 된 날)이 기준이 됩니다. 집을 소유했다가 만 30세 이전에 팔았다면 만 30세부터 입주자모집공고일이 무주택 기간이 되겠죠.

주택을 소유한 적이 있고 만 30세 이전에 결혼했다면 어떨까요? 만 30세 기준과 관계없이 혼인신고일과 가장 최근에 무주택자가 된 날 중 늦은 날부터 입주자모집공고일까지가 무주택 기간입니다.

내 부양가족은 몇 명일까?

부양가족은 주민등록지 기준이며 본인은 빼고 계산합니다. 청약에서는 주민등록표등본에 등재된 가족만 부양가족으로 인정합니다. 다음 표로 주민등록표등본에 등재된 구성원 중 가능한 사람과 그렇지 않은 사람을 살펴보겠습니다.

— 부양가족 수 계산 방법

구분	부양가족 인정 여부
배우자	부양가족
아버지 또는 어머니	청약 신청자가 세대주이고, 부모님이 3년 이상 동일 주민등록표등본에 등재된 경우 부양가족(배우자 분리세대인 경우 배우자가 세대주여야 함)
배우자의 아버지 또는 어머니	배우자가 세대주이고, 배우자의 부모님이 3년 이상 동일 주민등록표등본에 등재된 경우 부양가족(배우자 분리세대인 경우 배우자가 세대주여야 함)
형 또는 동생	부양가족 아님
처제	

아들 또는 딸	• 미혼이고 만 30세 미만인 경우 부양가족
손자 또는 손녀	• 미혼이고 만 30세 이상이면서 1년 이상 주민등록표등본에 등재된 경우 부양가족 • 손자, 손녀는 부모가 모두 사망한 경우에 한함

출처: 청약홈

배우자는 부양가족입니다. 부부는 세대가 분리되어 있다고 해도 한 몸으로 봅니다. 투기과열지구 등 규제지역에 청약할 때 배우자가 5년 이내에 당첨되었거나 유주택자라면 청약할 때 모두 포함됩니다. 하지만 세대가 분리되어도 부양가족 점수에 포함된다는 건 어찌 보면 장점입니다.

배우자의 아버지 또는 어머니 역시 배우자가 세대주이고, 3년 이상 주민등록표등본에 등재되어 있어야 합니다. 단, 배우자의 부양가족을 세대원이나 부양가족에 포함하는 것은 민영주택에서만 인정됩니다. 국민주택에 청약을 넣을 때는 배우자의 부양가족은 포함되지 않습니다.

부양가족 가점 실제로 계산해보기

부양가족의 가점은 1명당 5점입니다. 이때 본인은 부양가족에 포함하지 않으며, 본인은 기본 5점이 부여됩니다. 이렇게 계산했을 때 35점이 만점입니다. 다양한 사례를 통해 부양가족 가점을 직접 계산해볼까요? 다음 그림을 살펴봅시다. 파란색은 세대원이며 부양가족인 경우, 초록색은 세대원이지만 부양가족이 아닌 경우입니다.

다음은 본인 1명과 부양가족이 5명이므로 가점은 30점입니다. 이때 부모님은 주민등록표등본에 3년 이상 등재되어 있어야 인정됩니다.

부양가족 5명(세대원 5명)

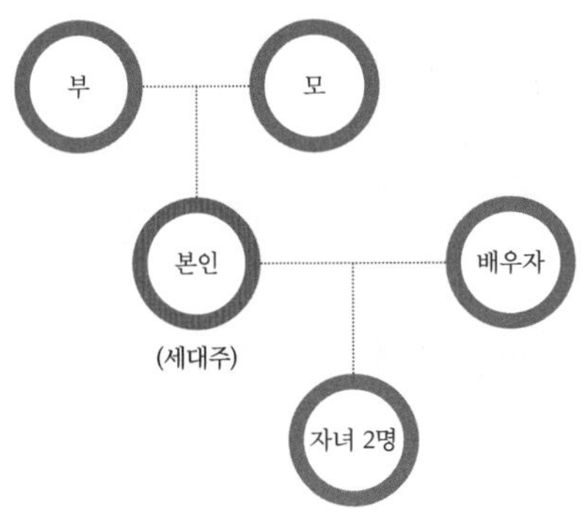

다음은 부부가 세대 분리가 된 경우로 배우자는 세대 분리가 되어 있어도 부양가족에 포함됩니다. 이때 배우자가 부모님을 모시고 있지만 세대주는 아니므로 배우자의 부모님은 부양가족에 포함되지 않습니다.

부양가족 3명(세대원 5명)

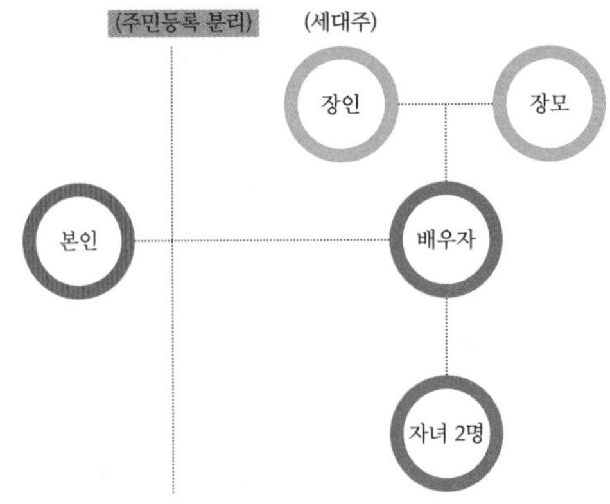

다음은 이혼한 자녀와 주민등록표등본에 등재된 지 1년이 되지 않은 자녀가 있는 경우로 둘 다 부양가족으로 인정되지 않습니다.

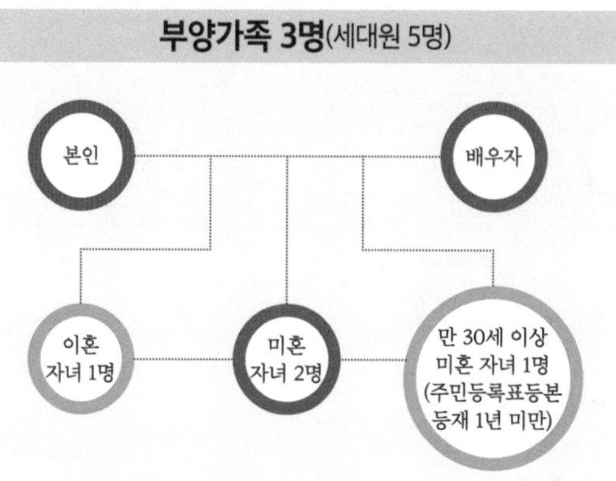

열정로즈의 Q & A

Q **유학 간 자녀도 부양가족에 포함되나요?**

A 해외로 유학 간 자녀는 부양가족에 포함되지 않습니다. 유학 간 자녀를 90일 이후부터 부양가족으로 계산하면 부적격 처리됩니다.

Q **요양병원에 있는 부모님은 부양가족인가요?**

A 요양병원에 있는 부모님은 주민등록표등본에 3년 이상 등재되어 있으면 부양가족으로 인정됩니다.

Q **군대 간 자녀, 기숙사 생활을 하는 자녀도 부양가족에 속하나요?**

A 네. 부양가족으로 인정됩니다!

청약 점수 산정 기준표

무주택 기간, 부양가족, 청약통장 가입 기간을 모두 넣으면 다음 산정 기준표에 따라 점수가 계산됩니다.

— 청약 점수 산정 기준표

항목		구분	점수	구분	점수
무주택 기간 (32점)		만 30세 미만 미혼자 또는 유주택자	0	8년 이상~9년 미만	18
		1년 미만	2	9년 이상~10년 미만	20
		1년 이상~2년 미만	4	10년 이상~11년 미만	22
		2년 이상~3년 미만	6	11년 이상~12년 미만	24
		3년 이상~4년 미만	8	12년 이상~13년 미만	26
		4년 이상~5년 미만	10	13년 이상~14년 미만	28
		5년 이상~6년 미만	12	14년 이상~15년 미만	30
		6년 이상~7년 미만	14	15년 이상	32
		7년 이상~8년 미만	16	-	
부양가족 수 (35점)		0명	5	4명	25
		1명	10	5명	30
		2명	15	6명 이상	35
		3명	20	-	
청약 통장 가입 기간 (17점)	본인	6개월 미만	1	8년 이상~9년 미만	10
		6개월 이상~1년 미만	2	9년 이상~10년 미만	11
		1년 이상~2년 미만	3	10년 이상~11년 미만	12
		2년 이상~3년 미만	4	11년 이상~12년 미만	13

청약 통장 가입 기간 (17점)	본인	3년 이상~4년 미만	5	12년 이상~13년 미만	14
		4년 이상~5년 미만	6	13년 이상~14년 미만	15
		5년 이상~6년 미만	7	14년 이상~15년 미만	16
		6년 이상~7년 미만	8	15년 이상	17
		7년 이상~8년 미만	9	-	
	배우자	배우자 없음 또는 배우자 통장 미가입	0	1년 이상~2년 미만	2
		1년 미만	1	2년 이상	3

※ 2024년 3월 25일 시행된 「주택공급에 관한 규칙」 별표1의2 나목에 따라 가점제 청약 시 청약통장 가입 기간 점수에 배우자 청약통장 가입 기간 점수를 합산할 수 있습니다.

출처: 청약홈

무주택 기간은 1년에 2점, 부양가족 수는 1명당 5점, 청약통장 가입 기간은 1년에 1점입니다. 보시다시피 부양가족 수의 점수가 상당합니다. 우스갯소리로 가족 1명당 5억 원이라는 말이 나올 정도죠. 그만큼 모든 항목을 꼼꼼하게 살펴보고, 자신의 조건에 맞춰 정확하게 계산하는 것이 중요합니다. 또한 가점제로 당첨된 사람과 당첨된 세대에 속한 구성원은 2년간 가점제 적용을 배제하니, 해당 사항을 기억하고 청약하시기 바랍니다.

간혹 가점을 높이기 위해 임신진단서를 위조하는 등 불법 행위를 저지르는 사람이 있는데, 절대로 그래서는 안 됩니다. 부정 청약이 적발되면 최장 10년간 청약이 제한되니 정정당당하게 가점을 높여 청약에 도전하세요.

14

가점과 추첨 비율로 보는 청약 게임의 법칙

경쟁이 치열하지 않은 곳을 찾아 선점하라!

청약가점 계산기로 자신의 가점을 확인했다면, 이젠 청약이라는 게임의 규칙을 알아야 합니다. 게임 규칙도 모른 채 무작정 청약을 하는 사람이 정말 많습니다. 청약은 규제와 비규제지역, 공공주택 여부, 주거전용면적 등에 따라 가점제와 추첨제 선정 비율이 다릅니다.

— 청약 개선안

<table>
<tr><th>주거전용면적</th><th>투기과열지구</th><th>조정대상지역</th><th>기타 지역
(비규제지역)</th></tr>
<tr><td>60m² 이하</td><td colspan="2">가점 40%
추첨 60%</td><td rowspan="2">가점 40%
추첨 60%</td></tr>
<tr><td>60m² 초과~85m² 이하</td><td colspan="2">가점 70%
추첨 30%</td></tr>
<tr><td>85m² 초과</td><td>가점 80%
추첨 20%</td><td>가점 50%
추첨 50%</td><td>추첨 100%</td></tr>
</table>

출처: 청약홈

청약을 할 때는 가점과 추첨 비율, 주거전용면적의 일반과 특별분양, 공급 물량 등을 정확하게 파악한 뒤 확률을 보고 넣어야 합니다. 확률이 낮은 곳에 계속해서 청약을 넣으면 시간만 낭비될 뿐, 당첨은 멀어지고 늦어집니다.

가점이 낮다면 추첨 물량이 많은 비규제지역을 살펴봐야 합니다. 표를 통해 알 수 있듯 비규제지역 85m² 이하 추첨 물량은 60%이고, 85m² 초과는 100% 추첨으로 뽑습니다. 굳이 설명하지 않아도 어느 쪽의 당첨 확률이 높은지 알 수 있겠죠?

또한 투기과열지구, 청약과열지역 및 수도권, 광역시에서는 민영주택 추첨제로 입주자를 선정할 때 추첨제 대상 주택의 75% 이상을 무주택 세대 구성원에게 우선공급하고, 나머지 25%는 무주택 세대 구성원과 1주택을 소유한 세대에 속한 자로 선정합니다.

이처럼 청약제도는 무주택자에게 압도적으로 유리하게 설계되어 있어 저가점자도 청약으로 얼마든지 당첨될 수 있으니 무주택자라면 청약을 제대로 공부해보는 것을 추천합니다.

New
아는 만큼
당첨되는
청약의 기술

열정로즈의 한마디

규제와 대출 상한선을 파악하자!

부동산 투자는 정부와의 줄다리기 같습니다. 매번 꾸준히 발표되는 정책을 분석하고, 대비하는 게임과 같죠. 청약만큼 부동산 정책이 바로바로 반영되는 것이 없습니다. 그리고 규제와 함께 무주택자를 위한 지원도 아낌없이 나오고 있죠.

대출에 대해 알아보고 자금 계획을 세워봅시다.

15

청약을 하려면 얼마가 필요할까?

당첨 후 얼마가 필요할까?

수강생이 가장 많이 하는 말 중 하나는 청약에 당첨되어도 낼 돈이 없다는 것입니다. 하지만 청약에 당첨되어도 분양가를 한 번에 내지 않습니다. 당첨되면 분양가의 10~20%에 해당하는 계약금을 낸 뒤 분양가의 60%에 해당하는 중도금을 5~6회에 걸쳐 냅니다. 그리고 입주 전에 남은 잔금을 내면 드디어 내 아파트를 얻게 되는 것이죠. 자금 계획에 대해서는 파트 3에서 자세하게 다루기로 하고, 여기서는 지역별 중도금대출과 보증 한도에 관해 설명하겠습니다.

중도금대출이란?

중도금이란 부동산 거래에서 계약금과 잔금 사이에 치르는 돈으로, 아파트가 완공되기 전에 내는 돈이라 보증의 실체가 없습니다. 즉, 담보가 아닌 신용대출의 성격으로 주택도시보증공사(HUG)와 한국주택금융공사(HF)에서 보증을 서줍니다.

뉴스에서 부동산 관련 대출 이야기가 나올 때마다 LTV, DTI라는 단어가 언급되는데, 이 차이를 아시나요? LTV(Loan To Value ratio)와 DTI(Debt To Income) 모두 대출액의 비율을 의미합니다. 주택담보대출을 뜻하는 LTV는 주택을 담보로 돈을 빌릴 때 인정되는 자산가치의 비율이며, DTI는 총부채상환비율로 금융부채 상환능력을 소득으로 따져 대출 한도를 정하는 계산 비율입니다.

LTV는 대출 시 개인의 소득은 보지 않고 담보 주택의 가치를 보는데, 중도금대출은 LTV만 보며, 차주단위 DTI, DSR 규제 대상이 아닙니다(중도금대출은 소득을 증빙할 수 있으면 연봉과 상관없이 나옵니다). 중도금대출은 잔금 납부 시점에 모두 상환되어야 하며, 이때 중도금대출은 주택담보대출로 대환됩니다. 단, 대환할 때는 DTI와 DSR, 즉 개인의 상환능력에 따라 대출금액이 달라질 수 있습니다.

— LTV, 신 DTI, DSR 정리

구분	내용
LTV (주택담보인정비율)	• **LTV=(주택담보대출금액+선순위채권+임차보증금 및 최우선변제소액임차보증금)/담보가치** • KB시세 기준 3억 원 대출가능금액(LTV 60%)은 1억 8,000만 원 • LTV는 주택을 담보로 돈을 빌릴 때 인정되는 자산가치의 비율이므로, LTV를 올리면 자산가치 비율이 높아져 대출 한도가 증가하고 LTV를 내리면 자산가치 비율이 낮아져 대출 한도가 줄어든다.
신 DTI (주택담보 부채의 원금+이자)	• **DTI=(모든 주택담보대출 연간 원리금상환액+기타 대출 이자 상환액)/연소득** • DTI는 상환능력을 소득으로 따져 대출 한도를 정한 비율이므로, DTI를 올리면 대출 한도가 높아지고 DTI를 내리면 대출 한도가 줄어든다.
DSR (모든 부채의 원금 상환+이자)	• **DSR=(모든 주택담보대출 연간 원리금상환액+기타 대출 연간 원리금상환액)/연소득** • DSR은 실제 대출금리, 잔액, 기간으로 실제 원리금을 산출한다. • 유리한 상품: 만기가 긴 상품 • 불리한 상품: 마이너스통장

총부채원리금상환비율(DSR)

차주의 상환능력 대비 원리금상환 부담을 나타내는 지표로, 차주가 보유한 모든 대출의 연간 원리금상환액을 연간 소득으로 나누어 산출한다. 대출에는 마이너스통장, 신용대출, 전세자금대출, 자동차 할부금융 등이 모두 포함된다.

한편, 유사한 개념인 총부채상환비율(DTI)과 비교할 때, DTI는 원금상환액 중 주택담보대출 원금상환액만 포함하는 반면, DSR(Debt Service Ratio)은 주택담보대출을 포함한 모든 대출의 원금상환액을 포함한다는 점에서 차이가 있다.

정부 및 감독 당국은 주택시장 안정화 및 가계부채 연착륙을 위해 2017년에 LTV, DTI 규제를 강화했다. 또한 2018년 하반기부터 차주의 부채 상환능력을 더욱 포괄적으로 판단할 수 있는 DSR을 금융기관의 여신심사 과정에서 활용하도록 하는 방안을 발표했으며, DSR 규제 적용 범위를 지속적으로 확대했다.

대출 순서에 따라 중도금대출 한도가 달라진다

규제지역은 세대당 1건, 비규제지역은 세대당 2건을 받을 수 있습니다.

— 중도금대출 보증 한도(수도권, 광역시 기준)

지역 구분			
투기지역	투기과열지구	조정지역	비규제지역
세대당 1건			세대당 2건

여기서 순서가 무척 중요합니다. 비규제지역에서 중도금대출을 받은 뒤 다시 규제지역에서 중도금대출을 받으려면 대출이 나오지 않습니다. 반대로 규제지역에서 1건의 중도금대출을 받고, 다시 비규제지역에서 아파트를 구입할 때는 대출이 가능합니다.

하지만 규제지역 먼저 청약을 한 뒤, 비규제지역으로 가는 순서가 누구에게나 맞는 것은 아닙니다. 앞서 말했듯 청약은 가점과 가용자금에 따라 적합한 단지가 다르기 때문에 만약 가점이 낮고 가용자금이 적다면 비규제지역에서 똘똘한 아파트 2채에 당첨되거나 매수하는 것이 더 나을 수 있습니다.

규제·비규제지역의 중도금대출 비율

앞서 이야기한 규제지역과 비규제지역을 정확하게 이해해야 하는 중요한 이유 중 하나는 바로 중도금대출 비율 때문입니다.

— 주택담보대출 취급 시 LTV, DTI(단위: %)

<table>
<tr><th colspan="2">구분</th><th colspan="2">투기
과열지구</th><th colspan="2">조정
대상지역</th><th colspan="2">비규제
수도권</th><th colspan="2">비규제
기타 지방</th><th>전국</th></tr>
<tr><td>목적</td><td>주택 수</td><td>LTV</td><td>DTI</td><td>LTV</td><td>DTI</td><td>LTV</td><td>DTI</td><td>LTV</td><td>DTI</td><td>DSR</td></tr>
<tr><td rowspan="5">주택
구입</td><td>생애최초
(6억 원 이내)</td><td colspan="8">LTV 80, DTI 60, 비규제 ×</td><td rowspan="5">40</td></tr>
<tr><td>서민 실수요자
(한도 폐지)</td><td>70</td><td>60</td><td>70</td><td>60</td><td rowspan="2">70</td><td rowspan="2">60</td><td rowspan="2">70</td><td rowspan="4">없음</td></tr>
<tr><td>무주택</td><td rowspan="2">50</td><td rowspan="2">40</td><td rowspan="2">50</td><td rowspan="2">50</td></tr>
<tr><td>1주택 예외</td><td rowspan="2">60</td><td rowspan="2">50</td><td rowspan="2">60</td></tr>
<tr><td>2주택 이상</td><td>30</td><td>40</td><td>30</td><td>40</td></tr>
</table>

※ 1주택 예외: 규제지역 내 1주택 세대는 기존주택 처분 조건(2년 이내)

※ 기존주택 보유 인정(무주택 자녀의 분가, 타 지역에서 거주 중인 만 60세 이상 부모 별거봉양 등)

출처: 국토교통부

표를 보면 규제지역과 비규제지역에 따라 중도금대출 비율이 다릅니다. 먼저 규제지역은 중도금대출이 전체 60% 중 50%(기존주택 처분 조건)만 나옵니다. 나머지 10%는 자납, 즉 대출 없이 직접 조달해야 합니다. 비규제지역은 60%의 중도금대출을 받을 수 있습니다. 단, 무주택이라면 입주 시 잔금대출은 70%까지 받을 수 있습니다(DSR 충족 시).

1주택자는 어떨까요? 원칙적으로 1주택자는 규제지역에서 중도금대출이 30%만 나오지만, 기존주택 처분 서약을 하면 무주택 세대와 같은 조건으로 50% 중도금대출을 받을 수 있습니다. 다주택자 경우에는 비규제지역에서는 중도금대출이 60%가 나오지만, 규제지역에서는 30%만 나옵니다. 다만, 다주택자는 규제지역 청약이 불가합니다.

열정로즈의 Q & A

Q **중도금대출과 주택담보대출은 무엇이 다른가요?**

A 중도금대출은 집이 지어지기 전 지역에 따른 비율에 맞춰 받는 대출을 말합니다. 일종의 건설사 보증대출로, 건설사와 특정 은행이 맺은 계약에 따라 대출이 이루어지므로 해당 은행에서만 중도금대출이 가능합니다. 이후 입주 시기가 되면 분양받은 주택을 담보로 주택담보대출로 대환하거나 전액 상환해야 합니다. 앞서 말했듯 중도금대출이 LTV를 기준으로 이루어진다면, 주택담보대출은 DTI, DSR을 기준으로 합니다. 쉽게 말하면 기존의 중도금대출이 입주 시기에 주택담보대출로 대환되는 것이죠.

잔금대출 시에는 DSR 규제를 받아요!

신용불량자가 아니고 소득 증빙이 된다면 HUG와 HF의 보증으로 중도금대출을 받을 수 있습니다. 단, 잔금대출을 대환할 때는 DSR의 규제를 받습니다. 현재는 전 지역이 DSR 40%를 적용받고 있죠. 본인의 연소득과 부채에 따라 같은 단지일지라도 잔금대출은 각각 다르게 나올 수 있으니 입주할 계획이라면 자금 계획을 꼼꼼히 세우고 청약에 도전하세요.

차주단위 DSR 계산 시 예외적으로 제외되는 대출

1. 분양주택에 대한 중도금대출
2. 재건축·재개발주택에 대한 이주비대출, 추가분담금에 대한 중도금대출
3. 분양오피스텔에 대한 중도금대출 등
4. 서민금융상품(새희망홀씨, 바꿔드림론, 사잇돌대출, 징검대리론, 대학생·청년 햇살론 등)
5. 300만 원 이하 소액 신용대출(유가증권담보대출 포함)
6. 전세자금대출(전세보증금담보대출은 제외)
7. 주택연금(역모기지론)
8. 정책적 목적에 따라 정부, 공공기관, 지방자치단체 등과 이차보전 등 협약을 체결하여 취급하는 대출
9. 자연재해지역에 대한 지원 등 정부 정책 등에 따라 긴급하게 취급하는 대출
10. 보험계약대출
11. 상용차 금융
12. 예적금담보대출
13. 할부·리스 및 현금 서비스

차주단위 DSR 규제에서 제외되는 대출이 있는데요. 바로 분양주택에 대한 중도금대출입니다. 중도금대출은 DSR을 적용하지 않지만, 다른 주택담보대출을 진행할 때는 DSR에 중도금대출을 포함하니 이 점을 유의하여 자금 계획을 잘 세우시길 바랍니다.

규제지역 내 아파트라면, 자금조달계획서 제출

앞으로 투기과열지구와 조정대상지역은 금액 상관없이 자금조달계획서를 제출해야 합니다. 이는 계약금과 중도금대출, 잔금을 어떤 방법으로 조달할지에 대해 설명하는 계획서로, 불법 증여를 막기 위한 정부의

방침입니다. 결코 어렵지 않으니 겁먹지 않아도 됩니다. 머릿속에 생각해두거나 메모를 해 상담사에게 가져간 뒤 안내를 받아 최종 계획서를 작성하면 됩니다. 투기과열지구의 경우에는 예금 잔고, 주식 보유 내용 등 약 15종의 증빙 서류를 내야 합니다. 단, 비규제지역은 분양가 6억 원 이상만 자금조달계획서를 냅니다.

—— 2020년 6·17 대책 이후 자금조달계획서 제출 대상자

내용	종전	변경
자금조달계획서 제출	• 투기과열지구 3억 원 이상 주택 • 조정대상지역 3억 원 이상 주택 • 비규제지역 6억 원 이상 주택	• 투기과열지구, 조정대상지역 내 거래가격 상관없이 전 주택 확대 • 비규제지역 6억 원 이상 주택
증빙 서류 제출	투기과열지구 9억 원 초과 주택	투기과열지구 전 주택 확대

※ 2020년 9월부터 부동산거래신고법 시행령 등 개정 후 즉시 시행

16

빅데이터를 쉽고 빠르게! 즐겨찾기 추천 홈페이지

지금은 빅데이터 시대입니다. 정보를 많이 알수록 더 많은 기회가 생깁니다. 과거에는 일일이 찾아야 했던 자료를 이제는 다양한 정보 사이트를 통해 손쉽게 얻을 수 있게 되었습니다. 특히 부동산 투자는 좋은 정보를 얼마나 잘 활용하느냐에 따라 결과가 크게 달라질 수 있습니다.

청약홈(www.applyhome.co.kr)

청약과 관련한 모든 정보를 볼 수 있는 홈페이지입니다. 청약에 도전할 거라면 꼭 즐겨찾기를 해놓으세요. 메인 화면에서 '분양정보/경쟁률'을 클릭하면 일정이 정해진 모든 분양공고를 확인할 수 있습니다. 또 '청약 알리미'에 들어가 관심 지역을 최대 10개까지 등록하면 그 지역 입주자모집공고가 발표됐을 때 알림이 옵니다.

/ 청약홈 홈페이지

닥터아파트(www.drapt.com)

메인 화면 상단의 '분양'을 클릭한 뒤 '분양캘린더 → 전체 → 오픈 → 주간'을 누르면 이번 주에 분양하는 단지를 확인할 수 있습니다. 그리고 단지명을 클릭하면 해당 건설사 홈페이지로 넘어갈 수도 있습니다. 검색엔진에서 일일이 검색하지 않아도 된다는 큰 장점이 있죠.

또 '베스트 분양단지'는 한 주간 사람들이 가장 많이 조회한 단지를 보여줍니다. 순위가 높다는 건 그만큼 인기가 많은 아파트라는 뜻이겠죠? 이 결과만 보고도 사람들의 심리를 읽고 청약과 투자에 관한 좋은 팁을 얻을 수 있습니다.

/ 닥터아파트 홈페이지

부동산114(www.r114.com)

부동산114는 분양하는 단지를 큰 지도에 핀으로 표시해주기 때문에 직관적으로 이해할 수 있어 편리합니다. 메인 화면에서 '분양 → 분양일정'을 클릭한 뒤 달력에서 '주단위', 분양일정을 '오픈'으로 설정하면 해당 주에 분양하는 단지를 확인할 수 있습니다.

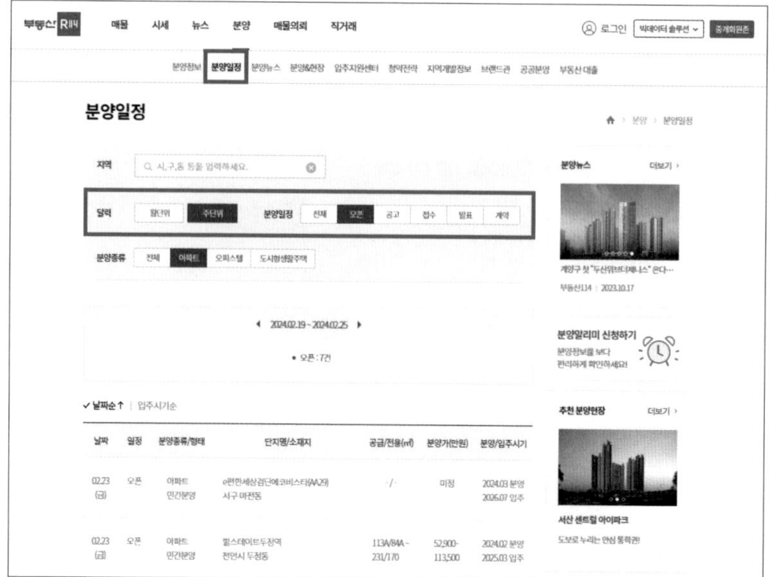

/ 부동산 114 홈페이지

호갱노노(hogangnono.com)

호갱노노는 꿀 기능이 정말 많은 홈페이지입니다. 먼저 '전국 분양 정보'에 들어가면 각 단지의 평균 경쟁률을 한눈에 볼 수 있습니다. 관심 지역 아파트를 알림 설정해두면 해당 단지 소식이 나올 때마다 알림이 옵니다. 여기서 해당 단지를 클릭하면 타입별 경쟁률도 확인할 수 있습니다.

본인이 매수했거나 이미 분양된 관심 있는 아파트의 시세 확인 기능도 무척 훌륭합니다. 관심 아파트 알림을 설정해두면 월별, 분기별로 해당 아파트 가격이 얼마나 올랐는지 표시해줍니다.

안심 알리미 기능도 유용합니다. 본인 명의로 된 물건을 등록해두면 해당 아파트 매매가나 전세가가 얼마나 상승했는지, 전세 만기가 얼마나 남았는지, 등기부등본에 변동 사항이 없는지 등을 상세히 알려줍니다.

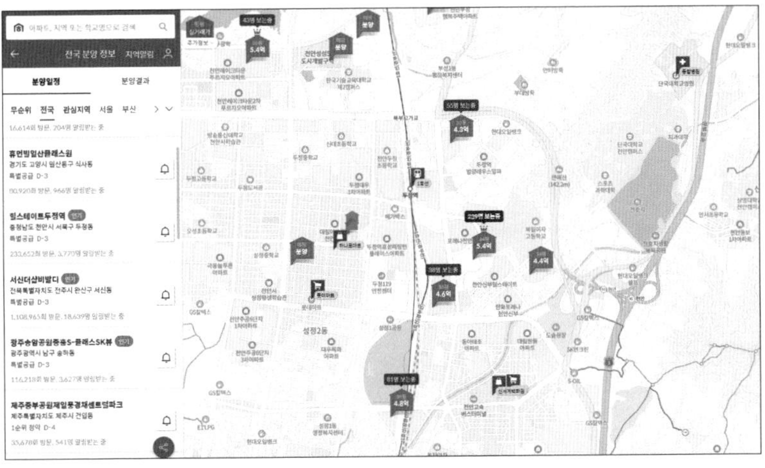

/ 호갱노노 홈페이지

직방(www.zigbang.com)

직방도 분양 정보를 제공합니다. 홈페이지에 접속해 '아파트 → 신축분양'을 클릭하면 분양 예정 단지들을 지도에서 만나볼 수 있습니다. 지도에 표시되어 분양단지 위치를 직관적으로 파악할 수 있고, 점을 누르면 해당 분양단지의 정보를 자세히 알 수 있습니다. 직방의 가장 큰 장점은 업데이트가 무척 빠르다는 것입니다. 최신 분양 정보를 얻고 싶다면 직방 사이트를 추천합니다.

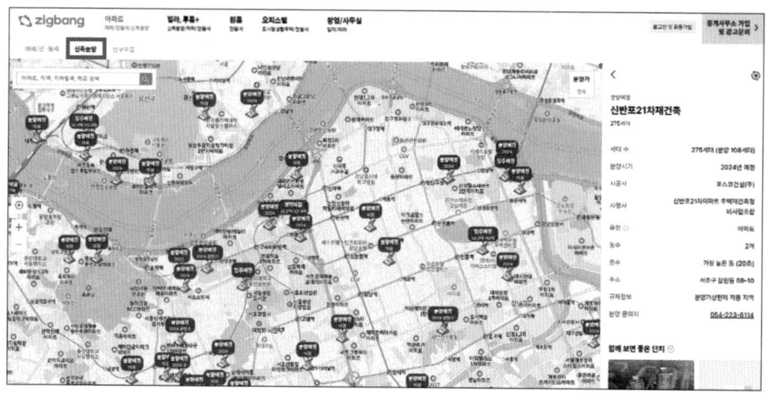

/ 직방 홈페이지

New
아는 만큼
당첨되는
청약의 기술

열정로즈의 한마디

실수는 한 끗 차이!

당첨을 가르는 노하우 공개

의외로 하나의 실수가 당첨의 향방을 가르는 경우가 많습니다. 재당첨 제한, 중복 당첨 등을 몰라 아쉽게도 당첨된 청약에서 부적격 판정을 받기도 하죠. 부적격 시 일정 기간 동안 청약의 기회를 잡지 못할 수도 있습니다.

해서는 안 되는 실수를 미리 파악해두어야 청약 당첨에 가까워질 수 있겠죠?

17

모르고 청약했다 낭패 보는 재당첨 제한

기회는 언제든 다시 찾아온다, 좋은 기회를 선점하자!

청약은 한 번 당첨되면 일정 기간 다른 주택의 당첨에 제한을 받습니다. 이것을 '재당첨 제한'이라고 하는데요. 얼핏 들으면 '하나라도 당첨되는 게 어디야?', '다른 곳에 또 넣겠어?'라는 생각이 들겠지만, 자격과 조건이 된다면 다른 청약을 계속해서 도전할 수 있습니다. 하지만 재당첨 제한에 해당되면 다른 주택에 도전할 수 없으니 아까운 기회를 놓치게 되겠죠? 또 실수로 부적격 판정을 받거나 계약 포기 등의 이유로 재당첨 제한에 해당하여 이후 청약하지 못하는 안타까운 상황이 생기기도 합니다. 재당첨 제한에 대해 제대로 알아두는 것도 청약의 중요한 전략입니다.

재당첨 제한이란?

재당첨 제한은 주택 청약에 당첨된 사람과 그 세대에 속한 구성원에게 주택 종류와 지역별로 일정 기간 다른 주택의 당첨을 제한하는 제도입니다. 대전제는 어느 청약에 당첨되었든 재당첨 기간 내에 국민주택에 다시 당첨되는 경우 재당첨 제한을 받습니다.

재당첨 제한 적용 여부

1. 국민주택 당첨 후 재당첨 기간 내 국민주택에 다시 당첨: 재당첨 제한 받음
2. 민영주택 당첨 후 재당첨 기간 내 국민주택에 다시 당첨: 재당첨 제한 받음
3. 국민주택 당첨 후 재당첨 기간 내 민영주택에 다시 당첨: 재당첨 제한 없음
4. 민영주택 당첨 후 재당첨 기간 내 민영주택에 다시 당첨: 재당첨 제한 없음

민영주택은 다시 당첨되어도 재당첨 제한이 없습니다. 다만, 투기과열지구 및 청약과열지역에서 공급되는 주택은 민영주택과 분양가상한제 미적용 주택까지 모두 재당첨 제한이 적용됩니다.

재당첨 제한 여부 확인하는 법

재당첨 제한 여부를 가장 정확하게 확인하는 방법은 청약홈에 접속해 청약 자격을 확인하는 것입니다. 청약홈 홈페이지에 공동인증서(구 공인인증서)로 로그인하면 청약 자격을 확인할 수 있습니다.

메인 화면 왼쪽 메뉴에서 '청약자격확인 → 청약제한사항확인'에 들어가 현재 일자 기준으로 조회하면 '재당첨 제한'에 걸리는 사항이 있는지 없는지를 확인할 수 있습니다.

'주택소유확인'에 들어가면 신청자 본인이 주택을 사고판 기록도 확인할 수 있으니 청약 전에 꼭 체크해보세요.

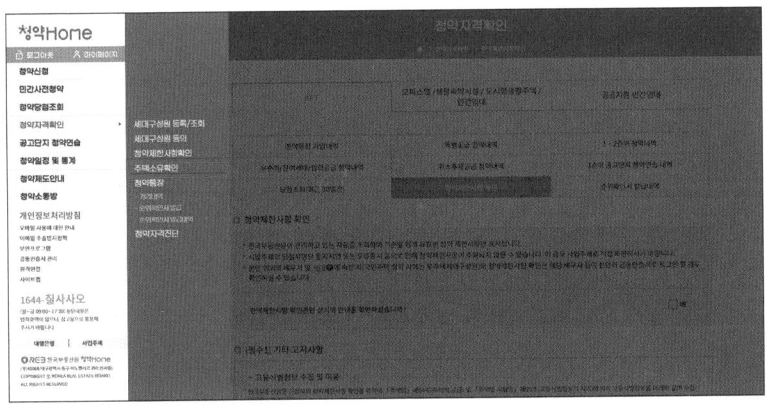

/ 청약홈 홈페이지

과거에 청약한 적이 없는 사람이라도 꼭 확인해보시길 바랍니다. 일반분양을 하는 청약이 아닌 임대주택도 재당첨 제한에 해당할 수 있어 본인이 기억하지 못하는 과거 이력으로 부적격을 당할 수도 있습니다.

재개발·재건축 입주권 재당첨 제한

이번에는 입주권 재당첨 제한을 알아보겠습니다. 2017년 10월 24일 투기과열지구 내 분양 신청 제한 내용이 개정되었습니다. 다음 표는 정비사업 일반분양에 당첨되었다가 다시 정비사업 일반분양 또는 조합원

분양을 신청해 조합원분양에 당첨되었다가 정비사업 일반분양 또는 조합원분양에 다시 분양을 신청할 때의 재당첨 제한 여부에 관한 내용입니다. 개정 전후 변경 내용이 섞여 있어 복잡해 보이지만, 개정 이후 아래의 모든 경우가 제한으로 바뀌었기 때문에 표에 해당하는 내용은 모두 재당첨 제한을 받는 것으로 기억하면 쉽습니다.

— 투기과열지구 내 재개발재건축·조합원분양·일반분양 재당첨 제한

이미 당첨된 자	5년 내 →	추가 분양 신청 (재당첨 효력 여부)	종전	개정
정비사업 일반분양	→	정비사업 일반분양	불가	불가
정비사업 일반분양	→	조합원분양	가능	불가
조합원분양	→	일반분양	가능	불가
조합원분양	→	조합원분양	가능	불가

※ 2017년 10월 24일 개정 시행

또 하나의 표를 보겠습니다. 과거 당첨 주택이 분양가상한제 적용 주택이었거나 5, 10년 공공임대주택, 이전기관 특별공급, 투기과열지구, 청약과열지구, 투기과열지구 정비사업에 해당한다면, 다시 청약하려는 주택이 국민주택, 민영주택 중 투기과열지구, 청약과열지역일 경우 재당첨 제한 대상이 됩니다. 한마디로 규제지역에서 당첨된 사람이 다시 규제지역에 청약할 때 당첨을 제한한다는 것입니다.

— 재당첨 제한 대상이 되는 경우

과거 당첨 주택	청약하려는 주택
• 분양가상한제 적용 주택 • 5, 10년 공공임대주택 • 이전기관 특별공급 • 투기과열지구 • 청약과열지구 • 투기과열지구 정비사업	• 국민주택 • 민영주택 등 투기과열지구 • 청약과열지구

재당첨 기간 계산하는 법

재당첨 여부와 기간을 확인할 때는 과밀억제권역, 자연보전권역 등의 수도권 권역을 확인합니다. 과밀억제, 자연보전이라니 너무 복잡하게 느껴지죠? 이쯤 되면 소위 멘붕(?)이 와도 이상하지 않습니다.

— 수도권 권역 지정 현황

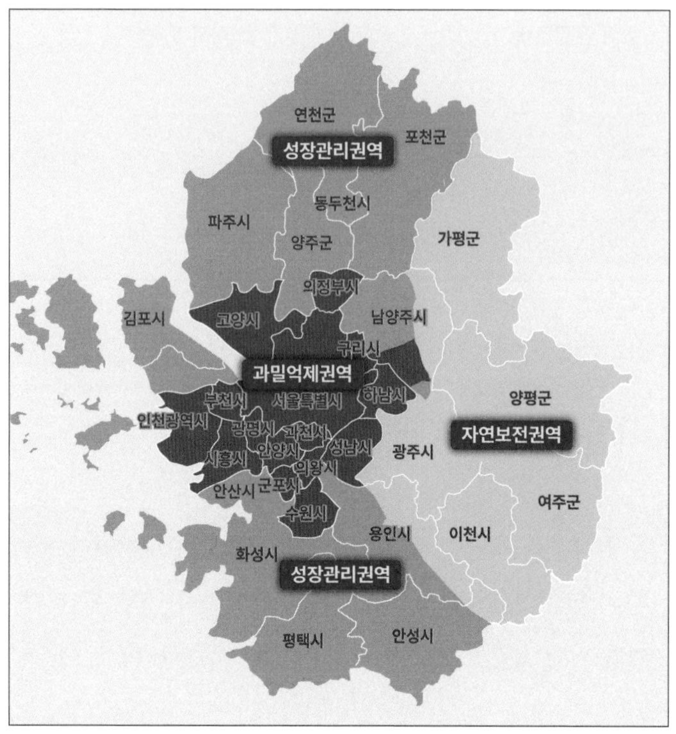

진한 색으로 칠해진 과밀억제권역은 얼핏 봐도 서울과 근교의 수도권을 포함합니다. 재당첨 제한 기간은 과밀억제권역 내 85m² 이하에 당첨되면 5년, 85m² 초과는 3년이며, 그 외 지역 85m² 이하는 3년, 85m² 초과는 1년입니다.

모두 외울 필요는 없습니다. 일반적인 개념만 알아두고 청약홈에 접속해 '청약제한사항'을 클릭하면 과거 당첨 내역 등 제한 사항을 확인할 수 있습니다. 또한 재당첨 제한이 되는 지역은 투기과열지구, 청약과열지구로, 비규제지역의 민영주택은 재당첨 제한을 받지 않습니다. 단, 특별공급에 청약할 때도 재당첨 제한이 적용되며, 부부는 일심동체라 배우자가 과거 당첨 내역이 있으면 재당첨 제한을 받습니다.

재당첨 제한이 걸려 있어도 포기는 금물

청약 공부가 꼭 필요한 이유가 여기에 있습니다. 이런 사실을 모르는 경우, 청약홈에 들어가 재당첨 날짜가 나오면 무조건 청약을 하지 못한다고 생각해 청약통장을 해지하는 경우가 있습니다. 재당첨 제한이 걸려 있어도 그건 국민주택과 투기과열지구, 청약과열지역에 청약할 때만 적용되는 것이기 때문에 비규제지역 민영주택에서는 얼마든지 청약할 수 있습니다. 청약통장은 청약에 당첨되어 계약하는 날까지 절대 해지하지 마세요.

다음은 주택에 당첨되었을 때 발생하는 재당첨 제한 기간입니다. 2020년 4월 17일에 시행된 개선안에는 현행 제도에 더해 분양가상한제 적용 주택, 투기과열지구에서 공급되는 주택 당첨 시 10년, 조정대상지역에서 공급되는 주택 당첨 시 7년의 재당첨 제한을 두겠다는 내용이 포함되어 있습니다.

— 재당첨 제한 기간

주택 구분	적용 기간(당첨일로부터)
• 투기과열지구에서 공급되는 주택 • 분양가상한제 적용 주택	10년간(신설)
• 조정대상지역에서 공급되는 주택	7년간(신설)
• 토지임대주택 • 투기과열지구 내 정비조합	5년간

• 이전기관종사자 특별공급 주택 • 분양전환공공임대주택 • 기타 당첨자	과밀억제권역	85m² 이하	5년
		85m² 초과	3년
	그 외	85m² 이하	3년
		85m² 초과	1년

※ 두 가지 이상의 제한 기간에 해당하는 경우 그중 가장 긴 기간 적용

출처: 청약홈

1순위 청약 제한 기간

재당첨 제한과 1순위 청약 제한은 다릅니다. 재당첨 제한은 규제지역 내에서 특별공급, 1순위, 2순위로 당첨된 경우 다시 규제지역에 청약할 때 모두 해당하며, 최소 1년에서 최장 10년의 제한 기간을 둡니다.

앞서 비규제지역에서 당첨된 뒤 투기과열지구, 청약과열지구의 규제지역에 청약하는 경우 1순위 청약을 제한한다고 말씀드렸습니다. 1순위 청약 제한자도 특별공급과 2순위 청약은 가능합니다. 단, 무조건 5년 동안 1순위 청약에 제한을 받습니다. 2개가 엄연히 다르니 헷갈리지 마세요.

── 재당첨 제한과 1순위 청약 제한

구분	재당첨 제한	1순위 청약 제한
규제 내용	규제지역 내 특별공급, 1순위, 2순위 모두 재당첨 제한	규제지역 내 1순위 청약 제한 특별공급, 2순위 청약 가능
규제 기간	최소 1년~최장 10년	무조건 5년

18

부적격은 NO! 무효는 OK!
헷갈리는 중복 당첨

당첨자 발표일이 같다면 피하자

청약을 하기로 마음먹으면 분양공고가 나올 때마다 다 넣고 싶은 마음이 굴뚝같을 거예요. 하지만 아무리 마음에 드는 단지가 여러 개 나와도 당첨자 발표일이 같다면 동시에 넣을 수 없습니다. 당첨자 발표일이 같은 주택에 한 사람이 동시에 청약하는 경우 둘 다 무효 처리가 되기 때문입니다.

이런 경우를 '중복 당첨'이라고 합니다. 대신 한 단지 특별공급과 일반공급은 한 사람이 둘 다 넣을 수 있습니다. 단, 특별공급에 당첨되면 일반공급은 무효 처리됩니다. 이때 부적격자로 판정되면 수도권에서 1년간 청약을 하지 못하지만, 무효인 경우에는 다음 청약에 영향을 받지 않습니다.

그렇다면 당첨자 발표일이 하루 차이라면 어떨까요? 발표일이 다르니 둘 다 넣을 수 있습니다. 하지만 당첨자 발표일이 다른 경우 선당첨이 우선됩니다.

19

청약 진행 과정에서 숨은 기회를 찾자!

입주자모집공고가 뜨기 전부터 공고일 체크!

아파트를 처음 청약하는 사람이라면 분양이 어떤 절차로 진행되는지 궁금할 것입니다. 그 순서를 차근차근 알려드릴게요.

먼저 청약 접수 최소 10일 전에 입주자모집공고가 나옵니다. 모델하우스 오픈 기준이라면 오픈 일주일 전쯤이 되겠네요. 앞서 청약에서 가장 중요한 건 입주자모집공고일이라고 말씀드렸죠. 이 날짜를 기준으로 세대주 변경, 주소 변경, 예치금 등 모든 조건이 갖추어져 있어야 합니다. 입공일은 16장에서 설명한 분양 정보 홈페이지와 앱을 통해 미리 확인할 수 있습니다. 관심 있는 단지는 입공일을 알아둔 뒤 미리 1순위 조건 등을 준비해두세요.

참고로 서울시 복지포털 홈페이지(wis.seoul.go.kr)에 접속해 장애인 특별공급 문자 알리미 서비스를 신청하면 일반 입주자모집공고보다 빠르게 분양 소식을 받아볼 수 있습니다. 장애인 특별공급 대상자가 아니어도 누구나 이름과 전화번호를 등록해두면 문자를 받을 수 있습니다. 단, 서울과 수도권 단지에 한해서만 분양 정보를 제공합니다.

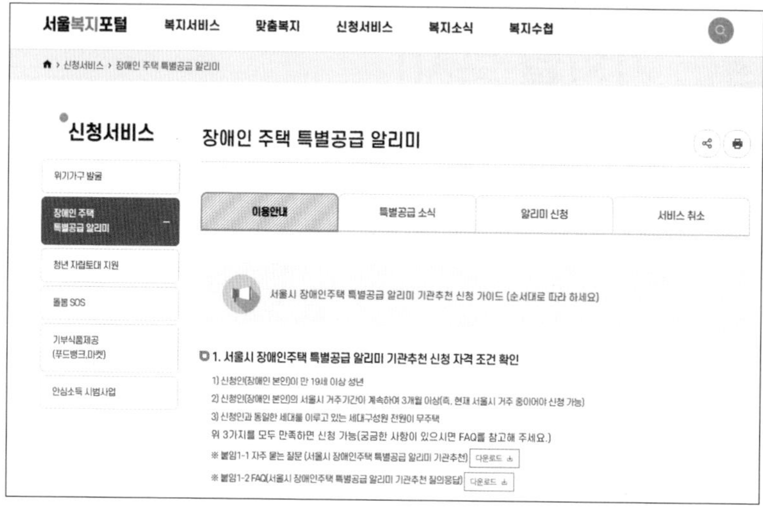

/ 서울 복지포털 홈페이지

청약 접수 순서는 1순위 먼저, 발표는 자정에

청약 접수는 특별공급, 1순위, 2순위 순서로 3일 동안 받습니다. 규제지역의 경우 1순위 당해를 먼저 접수받고 미달이 난 경우 그 다음날 1순위 기타 지역을 접수받습니다. 반면 비규제지역은 1순위 당해와 1순위 기타 지역을 함께 받으니 꼭 기억해두세요. 그리고 1순위에서 마감되면 2순위 신청은 받지 않습니다. 요즘 인기 있는 단지는 대부분 1순위 당해에서 마감됩니다. 그러니 1순위 조건을 알고 유지하는 것이 중요하겠죠?

당첨 여부는 청약홈에서 발표일 자정에 확인할 수 있습니다. 청약에 당첨되면 당첨된 단지의 동·호수가 배정되어 나오고, 떨어지면 '당첨된 이력이 없습니다'라는 문구가 나옵니다. 예비당첨자는 예비당첨 번호를 부여해주는데, 정당 계약이 끝난 후 예비당첨자를 대상으로 건설사에서 따로 예비당첨일을 통보합니다.

부적격자여도 놀라지 말자! 소명 기회가 있다

당첨되면 바로 계약하지 않고, 약 10일간 서류를 검토하며 적격 여부를 확인합니다. 이때 모델하우스에 직접 방문해 필요한 서류를 제출해야 합니다. 적격 여부가 확인되면 부적격인 사람에게는 유선으로 통보하는데요. 부적격이어도 놀랄 필요는 없습니다. 일주일간 부적격 사유를 소명할 수 있는 시간을 주기 때문에 그동안 필요한 서류를 추가로 준비하면 됩니다. 특별공급에서 자산, 소득 조건을 잘못 체크하거나, 일반공급에서 가점제 계산을 잘못해 부적격 판정이 나는 경우가 꽤 많습니다.

계약 후 남은 물량은 어떻게?

서류 확인이 끝나면 정당 당첨자와 계약을 진행합니다. 계약 기간은 3~7일 정도로 건설사마다 조금씩 다릅니다. 계약이 끝난 뒤 계약 포기, 미계약 등으로 남은 물건은 예비당첨자를 대상으로 가점순, 추첨순으로 순번을 부여합니다. 예비당첨은 사전 서류 접수를 한 사람에 한해 진행됩니다.

예를 들어 예비당첨자 번호가 20번이고, 남은 물량이 15개여도, 앞 번호 사람 중 5명이 예비당첨을 포기하면 20번인 사람도 당첨될 수 있습니다. 그리고 예비당첨으로도 계약이 완료되지 않으면 잔여 세대 추첨, 즉 '줍줍'을 진행합니다.

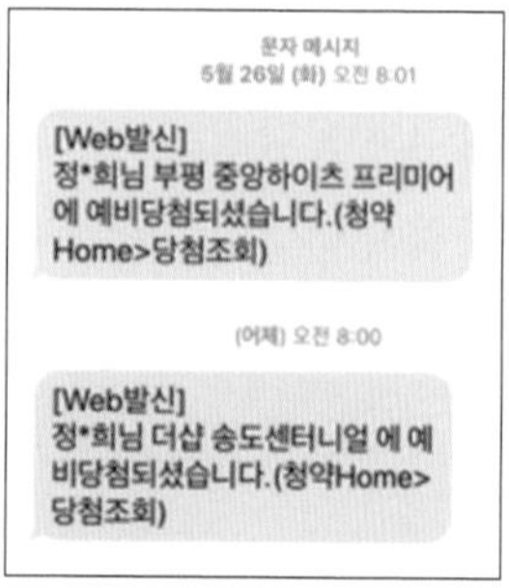

문자 메시지
5월 26일 (화) 오전 8:01

[Web발신]
정*희님 부평 중앙하이츠 프리미어에 예비당첨되셨습니다.(청약Home>당첨조회)

(어제) 오전 8:00

[Web발신]
정*희님 더샵 송도센터니얼 에 예비당첨되셨습니다.(청약Home>당첨조회)

/ **예비당첨 문자**

무순위 청약이란 순위 없이 청약 신청을 받아 무작위 추첨으로 당첨자를 선정해 주택을 공급하는 청약제도입니다.

— 청약 절차 및 기간

청약 절차	기간	비고
입주자모집공고	최소 10일	「주택공급규칙」 제21조제2항 청약 접수 10일 전 공고
청약 접수(온라인)	최소 3일	특별공급, 1순위, 2순위 각 1일 이상 진행. 일반공급 물량 초과 시 해당 순위에서 청약 종료 * 특별공급 신청자 중 일반공급 신청 자격이 되는 경우 중복 청약 가능
당첨자 선정 준비(청약홈)	3일	청약 접수 자료 확인 후 전산 추첨. 청약 접수부터 당첨자 선정까지 최소 일주일 소요
당첨자 발표(예비당첨자 포함)	1일	특별 및 일반공급 입주자 선정 및 발표. 일반공급과 특별공급을 일괄하여 동·호수를 배정하며 홈페이지에 공고(당첨자에 한해 SNS로 통보)
계약 준비 기간	최소 11일	부적격자 조회, 적격 여부를 확인하며 부적격자에게 1차로 유선 통보, 2차로 내용증명 통보. 이후 부적격자 소명 진행
정당 당첨자와 계약(모델하우스)	최소 3일	-
예비당첨자와 계약	-	계약 기간 별도 규정 없음

부적격 소명, 끝날 때까지 끝난 게 아니다!

평택고덕 A54 공공분양주택 당첨 / 닉네임: 기버

미혼 싱글, 내 집 마련을 꿈꾸며 청약 문을 두드리다

제가 당첨된 평택고덕국제신도시 A54는 총 1,582세대 22개 동으로 이루어진 공공분양단지입니다. 1,582세대 중 1,342세대가 A타입이었고, 저는 고민 끝에 물량이 압도적으로 많은 A타입에 청약을 넣었습니다. 이곳은 분상제 적용 단지라 분양가는 3기 신도시보다 저렴한 3억 원대였으며, 재당첨 제한과 전매 제한은 3년이었습니다.

저는 청약을 넣을 때마다 당첨은 바라지도 않았어요. 그보다는 '예비 앞 번호라도 받았으면 좋겠다'라고 생각했죠. 이번에도 마찬가지였어요. 그 결과는 예비 71번! 당첨 가능성이 꽤 높다고 생각했습니다. 들뜬 마음으로 아버지 차를 얻어 타고 모하에 가 서류를 제출했어요.

/ 예비 71번! 희망이 있다

부적격 통보! 그러나 포기란 없다

공공분양은 일반공급에서도 소득 기준을 봅니다. 저는 1인 가구 월보수액 기준에서 11만 원이 초과되어 부적격 문자를 받았습니다. 분명 소득은 기준을 넘지 않을 거라며 제대로 확인해보지 않고 넣은 것이 잘못이었습니다.

그런데 어떻게 당첨이 됐냐고요? 여기선 로즈님이 자주 언급하시는 '끝날 때까지 끝난 게 아니다'라는 진리의 문구를 인용하고 싶습니다. 곧바로 회사 인사팀 과장님께 달려가 제 상황을 말씀드렸습니다. 간절했던 제 마음이 통했는지 과장님은 그 자리에서 해결책을 찾아주셨고, 즉시 소명 서류를 구비해 제출했습니다.

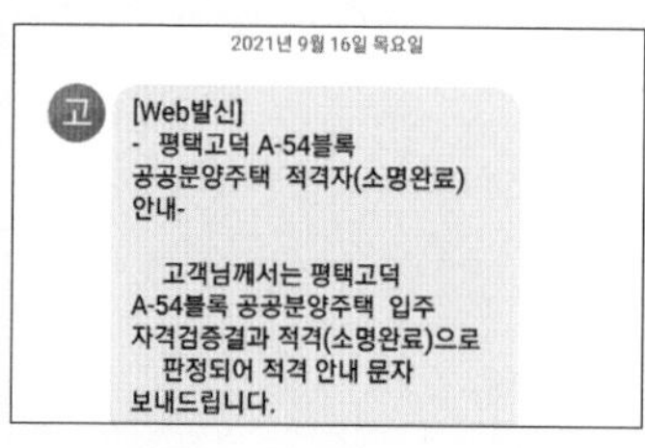

/ 간절히 바라던 소명 완료 문자

그렇게 저는 주변의 도움과 빠른 실행으로 위기를 극복했습니다. 로즈님 말씀대로 소명을 해야 하는 사람은 바로 자신입니다. 부적격 통보를 받았다고 무너지거나 포기하지 말고 어떻게든 소명할 수 있는 방법을 찾아보세요! 간절한 사람에게는 분명 길이 보입니다.

특공도 없고 저가점이라 매번 광탈하는 청약 인생이었지만, '나도 할 수 있다'라는 생각으로 포기하지 않고 꾸준하게 문을 두드려왔기에 결국 행운이 저에게도 찾아온 것 같습니다! 로즈님 덕분에 더 이상 떠밀려나는 삶이 아닌 지주의 삶을 살고 싶다고 염원하고, 실행으로 옮길 수 있었습니다. 포기하지 않은 제 자신을 아낌없이 칭찬해주고 싶습니다. 또 다른 당첨 후기를 작성하게 되는 그날까지 계속해서 공부하고 또 실행하겠습니다.

20

입주자모집공고문에 모든 정보가 있다

입주자모집공고문을 읽어보신 적이 있나요? 입주자모집공고문은 한 단지의 분양공고를 발표할 때 제공하는, 해당 단지에 관한 모든 내용이 담겨 있는 안내문입니다. 한마디로 해당 청약에 관한 정답지라 할 수 있죠. 청약에 당첨되고 싶다면 한 번쯤은 해당 건설사 홈페이지나 청약홈에서 모집공고를 다운받아 서너 번 정독할 것을 추천합니다. 하지만 읽어도 하얀 건 종이요, 까만 건 글씨죠. 우리말로 되어 있는데도 이해가 되지 않는 말들이 참 많습니다. 먼저 입주자모집공고문의 대표 정보를 한눈에 살펴볼까요?

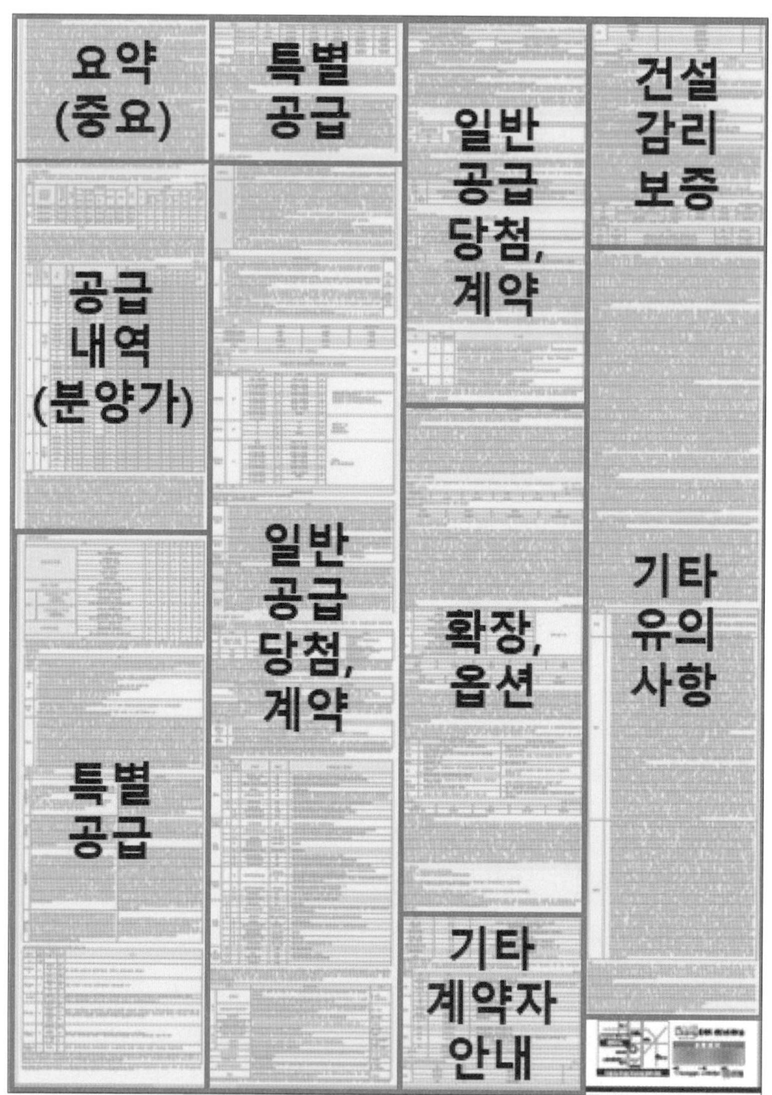

/ 입주자모집공고문에서 확인할 수 있는 내용들

요약 사항은 무조건 읽자

일단 요약 사항이 가장 중요합니다. 보통 입주자모집공고문의 첫 페이지에 나옵니다. 여기에 청약규제지역 여부와 전매 시기, 1순위 조건, 당해 지역 등이 모두 나와 있습니다. 입주자모집공고문을 전부 다 읽기 힘들다면 요약 사항이라도 반드시 꼼꼼히 읽어보길 바랍니다.

DMC센트럴자이 입주자모집공고

[코로나19 관련 견본주택 운영 안내]

▮ 코로나19 확산 방지를 위하여 DMC센트럴자이는 견본주택 방문 및 일반 관람을 제한합니다.

※ DMC센트럴자이 홈페이지(www.xi.co.kr/js2)를 통해 분양일정, 청약안내, 상품안내 등 분양관련 사항을 확인하실 수 있습니다.

· 견본주택 방문은 DMC센트럴자이 청약신청자에 한하여 사전 방문 예약 후 견본주택 방문가능기간('20.08.18 ~ 08.22까지) 동안에만 입장이 가능합니다.

· 견본주택 방문 예약은 DMC센트럴자이 홈페이지(www.xi.co.kr/js2) 방문예약시스템 등을 통해 예약하실 수 있습니다.

· 당첨자 발표 이후 자격확인 서류접수 기간 내 당첨자(예비입주자 포함)에 한하여 견본주택을 관람하실 수 있습니다.

※ 코로나19 확산 방지를 위해 당첨자별 방문가능 일시가 상이하며, 입장 인원이 제한될 수 있습니다. (방문가능기간 이외는 견본주택 방문이 불가합니다)

· 견본주택 방문 시 당첨자(예비입주자 포함) 및 계약자만 입장이 가능합니다. (동반자 1인만 입장 가능 / 대리인 위임 시 대리인 1인만 입장 가능)

· 견본주택 방문 기간 내 방문 시 아래 사항을 준수하지 않을 경우 입장이 제한됩니다.

- 마스크 미착용, 손 소독제, 비접촉체온계 등 예방 절차에 불응할 경우
- 열화상카메라 또는 비접촉체온계를 통한 체온 측정 결과 37.5도가 넘을 경우

※ 코로나19 확산상황 및 정부정책에 따라 견본주택 방문가능기간, 당첨자의 서류제출 및 공급계약 일정은 변경될 수 있습니다.

▮ 분양상담전화, 공식홈페이지 등을 통해 입주자모집공고의 내용과 관련하여 자세한 안내가 이루어질 수 있도록 상담을 실시하고 있으나, 청약자 개인의 다양하고 복잡한 상황에 대하여 정확하지 않은 정보 제공으로 청약 관련 사항에 대한 착오 안내가 이루어지는 경우가 있습니다. 고객 여러분께서는 청약과 관련한 상담은 청약의 참고자료로만 활용해 주시기 바랍니다. 더불어, 청약자 본인이 입주자모집공고를 통해 청약자격 등을 숙지하시어 주민등록표 등·초본, 등기사항증명서 및 소득 관련 서류 등을 발급받아 직접 확인하신 후 신청하시기 바라며, 청약자격 미숙지, 착오 신청 등에 대해서는 청약자 본인에게 책임이 있으니 불이익을 당하는 일이 없도록 유의하여 주시기 바랍니다.

▮ 본 아파트의 입주자모집공고는 2020.04.17. 개정된 「주택공급에 관한 규칙」이 적용됩니다.

▮ 본 아파트의 최초 입주자모집공고일은 2020.08.03.입니다. (청약 자격조건의 기간, 나이, 세대구성원, 지역우선, 무주택기간 등의 청약자격조건 판단기준일입니다)

▮ 해당 주택건설지역인 서울시 은평구는 「수도권정비계획법」 제6조 제1항의 규정에 의한 과밀억제권역이며, 「주택법」 제63조 및 제63조의2에 의한 투기과열지구 및 청약과열지역 민간택지에서 공급되는 분양가상한제 미적용된 민영주택으로서, 「주택공급에 관한 규칙」 제28조에 따라 2주택 이상 소유한 세대에 속하신 분은 청약 1순위 자격에서 제외됩니다.(1주택 이하(무주택 또는 1주택 소유자)만 1순위 청약가능)

▮ 본 주택건설지역(은평구)은 「주택법」 제63조 및 제63조의2에 의한 투기과열지구 및 청약과열지역으로서, 본 아파트는 「주택공급에 관한 규칙」에 따라 **1주택 이상 소유하신 분은 가점제 청약이 불가**하며, 2주택 이상 소유하신 분은 청약 1순위 자격에서 제외(2순위로 청약 가능)됩니다.

/ DMC 센트럴자이 입주자모집공고문 요약 사항 중 일부

분양가, 계약금은 몇 퍼센트?

요약 사항 아래는 공급 내역으로, 여러분이 가장 궁금해하는 분양가가 안내되어 있습니다. 여기에는 전체 분양가와 계약금이 10%인지 20%인지, 발코니 확장비가 분양가에 포함되어 있는지 등의 정보가 담겨 있습니다.

공급금액 및 납부일정 (단위: ㎡, 원)

주택형	동 구분 (라인)	층 구분	해당 세대수	공급금액			계약금(20%)	중도금(60%)						잔금(20%)
				대지비	건축비	계	계약 시	1차(10%) (2020.11.10.)	2차(10%) (2021.01.12.)	3차(10%) (2021.03.09.)	4차(10%) (2021.05.11.)	5차(10%) (2021.07.06.)	6차(10%) (2021.09.07.)	입주지정 기간
55A	401동 3호	4층	1	252,000,000	168,000,000	420,000,000	84,000,000	42,000,000	42,000,000	42,000,000	42,000,000	42,000,000	42,000,000	84,000,000
		5층	1	257,400,000	171,600,000	429,000,000	85,800,000	42,900,000	42,900,000	42,900,000	42,900,000	42,900,000	42,900,000	85,800,000
		6~9층	4	262,800,000	175,200,000	438,000,000	87,600,000	43,800,000	43,800,000	43,800,000	43,800,000	43,800,000	43,800,000	87,600,000
55B	401동 1,2호	4층	2	238,200,000	158,800,000	397,000,000	79,400,000	39,700,000	39,700,000	39,700,000	39,700,000	39,700,000	39,700,000	79,400,000
		5층	2	243,600,000	162,400,000	406,000,000	81,200,000	40,600,000	40,600,000	40,600,000	40,600,000	40,600,000	40,600,000	81,200,000
		6~10층	10	249,000,000	166,000,000	415,000,000	83,000,000	41,500,000	41,500,000	41,500,000	41,500,000	41,500,000	41,500,000	83,000,000
		11~15층	10	254,400,000	169,600,000	424,000,000	84,800,000	42,400,000	42,400,000	42,400,000	42,400,000	42,400,000	42,400,000	84,800,000
		16~20층	6	259,800,000	173,200,000	433,000,000	86,600,000	43,300,000	43,300,000	43,300,000	43,300,000	43,300,000	43,300,000	86,600,000
		21~23층	3	265,200,000	176,800,000	442,000,000	88,400,000	44,200,000	44,200,000	44,200,000	44,200,000	44,200,000	44,200,000	88,400,000

/ DMC 센트럴자이 입주자모집공고문 공급 내역 중 일부

청약마다 특별공급 대상과 물량이 다르다

다음은 특별공급 안내입니다. 특별공급 종류와 세대수 등 특별공급에 관한 조건이 모두 나와 있습니다. 만약 청약을 공부하다 '생애최초 특별공급'이 어떤 내용인지 궁금하다면 가장 최근에 나온 입주자모집공고의 특별공급 부분을 읽어보세요. 청약 관련 내용을 찾다 모르면 지인에게 물어보거나 네이버에 검색하는 사람들이 많습니다. 하지만 청약에 관한 제도는 수시로 바뀝니다. 정확한 정보는 반드시 입주자모집공고 또는 청약홈 홈페이지에서 확인해야 합니다.

공급대상 (단위: ㎡, 세대)

주택 구분	주택관리번호	주택형 (전용면적)	약식 표기	주택공급면적(㎡)			기타 공용면적 (지하주차장등)	계약 면적	세대별 대지지분	총 공급 세대수	특별공급 세대수					일반 공급 세대수	최하층 우선배정 세대수
				주거전용	주거공용	소계					기관 추천	다자녀 가구	신혼 부부	노부모 부양자	계		
민영주택	2020000928-01	055.7400A	55A	55.7400	29.4700	85.2100	53.9300	139.1400	34.2300	6	-	-	1	-	1	5	-
	2020000928-02	055.9300B	55B	55.9300	29.0300	84.9600	54.1100	139.0700	34.1300	33	3	3	6	-	12	21	-
	2020000928-03	059.9700B	59B	59.9700	23.9400	83.9100	42.3100	126.2200	33.7100	5	-	-	1	-	1	4	-
	2020000928-04	059.9700C	59C	59.9700	21.8000	81.7700	42.3100	124.0800	32.8500	15	1	1	3	-	5	10	5
	2020000928-05	059.9600D	59D	59.9600	23.0000	82.9600	42.3000	125.2600	33.3300	10	1	1	2	-	4	6	1
	2020000928-06	074.7800	74	74.7800	25.1300	99.9100	52.7500	152.6600	40.1400	22	2	2	4	-	8	14	2
	2020000928-07	084.8500A	84A	84.8500	27.2200	112.0700	59.8600	171.9300	45.0200	47	4	4	9	1	18	29	4

/ DMC 센트럴자이 입주자모집공고문 특별공급 내용 중 일부

유의 사항에 함정이 숨겨져 있다!

특별공급 다음에는 일반공급 안내, 확장/옵션, 기타 계약자 안내, 건설 감리 보증 등에 관한 내용이 나옵니다. 그리고 마지막이 기타 유의 사항입니다. 분양을 받아 해당 아파트에 입주할 예정이라면 기타 유의 사항을 꼭 읽어야 합니다. 여기에 해당 단지의 모든 악재를 깨알같이 넣어두기 때문이죠.

계약 체결 조건 및 유의사항

- **당첨자 계약 체결기간 준수**
  - 본 주택에 신청하여 당첨될 경우, 계약 체결 여부와 무관하게 당첨자로 전산 관리합니다.
  - 정당 당첨자 계약기간 내 계약을 체결하지 않을 경우 당첨권을 포기한 것으로 간주하며 계약기간 종료 이후 미계약 세대 발생 시 예비입주자에게 우선 공급하고 20세대 미만의 잔여세대에 대해서는 자격제한 없이 임의 분양하며, 20세대 이상의 잔여세대에 대해서는 입주자모집공고 재공고 후 추첨을 통해 입주자를 선정합니다.
  - 지정 계약기간 내에 계약금 전부 또는 일부 금액을 납부하더라도 계약기간 내 계약 미 체결 시에는 계약을 포기한 것으로 간주합니다.
- **이중 당첨자 및 부적격 당첨자에 처리 및 계약 취소에 관한 사항** - 「주택공급에 관한 규칙」 제21조 제3항 제24호
  - **입주대상자 자격 확인** : 「주택공급에 관한 규칙」 제52조에 따라 당첨자를 「정보통신망 이용 촉진 및 정보 보호 등에 관한 법률」에 따라 국토교통부 전산검색 및 계약 신청 시 제출서류 확인 결과 공급자격 또는 선정순위를 달리한 부적격자로 판정된 자에 대해서는 그 결과를 즉시 통보하며, 통보한 날로부터 7일 내에 부적격 사항에 대한 소명 자료를 제출하여야 합니다. 또한 정당한 사유 없이 동 기한 내에 소명자료를 제출하지 아니할 경우 당첨 및 계약을 취소합니다.
  - **부적격 사항 소명 안내** : 관련기관의 전산시스템과 입주자모집공고일 당시 입주대상자의 현황이 상이할 수 있으며, 부적격 사항 및 적격여부 확인이 필요한 자로 통보된 경우 소명기간 내에 서류 확인 등을 통하여 소명을 할 경우에 한하여 계약체결이 가능합니다.
  - **계약체결 이후 관련 법령 등의 처리 및 검증으로 인한 당첨 및 계약취소 확인** : 계약체결 후에라도 다음 중 하나에 해당될 경우 입주자 선정대상에서 제외되고, 공급계약을 취소하며 당첨자로 관리합니다.

/ DMC 센트럴자이 입주자모집공고문 기타 유의 사항 중 일부

건설사들은 악재를 미리 공고하지 않으면 나중에 소송을 당할 수 있으므로 악취, 소음 등 불리한 주변 환경에 관한 내용을 여기에 적어둡니다. 본인이 미처 확인하지 못했다면 추후 그로 인해 손해가 생겨도 어찌할 방법이 없습니다. 내용이 너무 길어 모두 읽기 어렵다면 우려되는 유해시설 관련 단어를 'PDF 검색' 기능을 활용해 찾아보는 것도 좋은 방법입니다.

참고로 저는 입주자모집공고문이 뜰 때마다 다음과 같이 내용을 요약하고 분양가를 정리해 의견과 함께 열정로즈의 내꿈사 블로그에 올립니다. 제 블로그에 있는 요약 사항만 봐도 입주자모집공고문이 한눈에 보이니 관심 있는 분들은 오셔서 확인해보세요.

메이플자이 2024.01.26공고, 162세대, 2025년 6월 입주예정Copyright 열정로즈		
단지규모		지하 4층 지상 35층 29개동 총 3,307세대 중 일반분양 162세대
지역		투기과열지구 및 청약과열지역의 민간택지
특징		분양가상한제 적용 민영주택 재당첨 제한 적용(재당첨제한 10년)
전매제한		전매제한 3년/ 거주의무 2년
1순위 자격		세대주만 가능 무주택자/1주택자 청약가능 과거 5년 이내에 다른 주택의 당첨 無 청약통장 가입기간 2년 이상
가점,추첨	60㎡이하	가점 40%, 추첨 60%
예비입주자		500%선정(특별공급: 추첨순/일반공급: 가점순,추첨순)
지역우선		서울시 2년이상 거주자 우선공급(당해100%) 기타: 수도권(서울, 경기, 인천)
일정	특별공급	2024년 02월 05일(월)
	1순위	2024년 02월 06일(화)
	발표	2024년 02월 16일(금)
입주예정		2025년 6월 예정
분양금액 납부비율		계약금20%, 중도금60%, 잔금20%
중도금 대출		중도금대출 50%/ 규제지역 세대당 1건
특이사항		중도금 이자후불제, 발코니 확장비 별도 1주택 이상 소유한 세대에 속한 분은 1순위 가점제 청약불가! 거주의무기간 동안 계속하여 거주하여야 함을 소유권에 관한 등기에 부기등기

메이플자이 2024.01.26공고, 162세대, 2025년 6월 입주예정 Copyright 열정로즈										
주택구분	주택형	공급면적	평형	공급세대수			분양가	발코니 확장비	토탈	평당가
				일반	특별	계				
민영주택	043.0502A	61.6561	19	19	19	38	106,300~120,500	201	120,701	6472
민영주택	043.4430B	62.2884	19	5	6	11	113,300~124,300	201	124,501	6608
민영주택	049.2874A	72.1412	22	28	25	53	135,000~153,000	790	153,790	7047
민영주택	049.6998B	72.2351	22	13	14	27	133,700~151,700	764	152,464	6977
민영주택	049.7803C	72.3363	22	6	6	12	144,400~150,300	701	151,001	6901
민영주택	049.6415D	72.18	22	7	8	15	133,700~151,500	763	152,263	6974
민영주택	059.1662A	83.7866	25	1	1	2	174,200	1,174	175,374	6919
민영주택	059.5368B	85.0189	26	2	2	4	173,300	1,223	174,523	6786
계	중도금이자후불제(전매제한 3년)			81	81	162	계약금20%,중도금60%,잔금20%			6835

출처: 열정로즈의 내꿈사

21

모델하우스 관람에도 법칙이 있다

바쁠 땐 사이버모델하우스를 적극 활용하자!

코로나19 이후 많은 건설사가 오프라인 모델하우스뿐 아니라 사이버모델하우스를 만들고 있습니다. 각 건설사는 유튜브 채널을 통해 유닛, 평면도, 모델하우스 체험 관람 등 다양한 영상을 제공하고 있죠. 바빠서 모델하우스를 직접 방문할 수 없다면 건설사 홈페이지에 접속해 사이버모델하우스를 적극 활용해보세요.

판상형 vs. 타워형

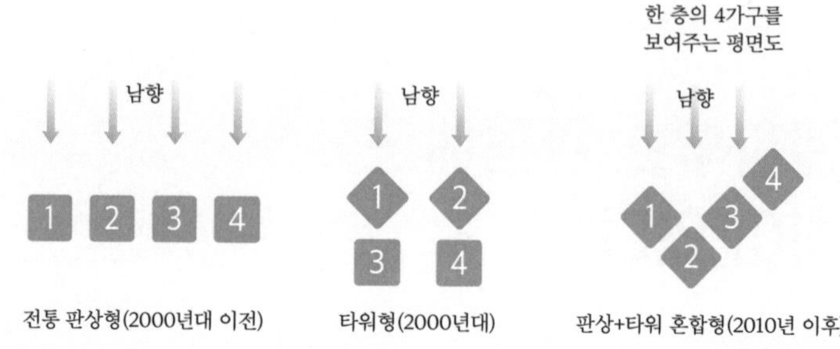

모델하우스에 가려면 아파트의 형태와 구조쯤은 미리 공부해두는 것이 좋습니다. 아파트는 크게 두 가지 형태로 건설됩니다. 판상형은 우리가 흔히 아는 전형적인 아파트 형태입니다. 남쪽을 향해 일자형으로 길게 설계해 베란다는 남쪽, 부엌은 북쪽에 배치한 일반적인 구조입니다. 최근 많이 지어지고 있는 타워형은 Y형, V형 등 다양한 모양으로 토지이용률을 극대화하기 위해 고층이나 주상복합 아파트를 지을 때 사용되는 형태입니다.

그럼 판상형과 타워형 중 어느 타입이 더 좋을까요. 두 경우 모두 장단점이 있습니다. 판상형은 남향이라 채광과 통풍이 우수합니다. 주거에서 가장 중요한 부분이죠. 또 타워형과 비교했을 때 용적률이 높지 않아 분양가가 낮고, 실면적이 넓어 공간 활용도가 높습니다. 그러나 미관이 단조롭고, 개성 있는 실내 구조를 갖기 어렵다는 점이 아쉽습니다. 다른 동의 일조권이나 조망권을 막는 경우도 많죠.

반대로 타워형은 판상형에 비해 화려한 외관을 자랑합니다. 각 동을 다양한 방향으로 설계해 동마다 조망권이 뛰어납니다. 공원, 놀이터 등의 편의시설도 훨씬 다채롭고요. 단, 설계상 방향이 다양해 일조권이 좋지 않은 동·호수가 많으며, 통풍이나 환기가 원활하게 되지 않는 곳도 있습니다. 판상형에 비해 관리비가 많이 나올 수 있다는 점도 단점으로 꼽힙니다.

— 판상형과 타워형의 장점과 단점

구분	판상형	타워형
장점	• 전 가구 남향 배치 가능 • 남북으로 창을 만들어 통풍이 잘됨 • 건축비가 타워형에 비해 저렴한 편 • 남향으로 배치하기가 쉬워 햇빛이 잘 들어옴	• 독특한 평면 구조 설계 가능 • 미관이 우수한 편 • 동향, 서향, 남향, 남동향 등 다양한 방향으로 건설 가능
단점	• 건물 외관이 단조로움 • 조망권 확보가 어려움 • 동 간 거리에 의해 일조권이 크게 좌우됨 • 소음과 환기 문제가 있음	• 전 가구를 정남향으로 배치하기 어려움 • 앞뒷면 발코니 설치가 어려워 통풍이 잘 되지 않음 • 판상형에 비해 분양가가 비쌈

유닛을 결정짓는 베이

베이(Bay)란 아파트 전면부 공간의 벽과 벽 사이 칸을 말합니다. 예전에는 전면부에 거실과 안방이 붙어 있는 2베이 구조가 많았는데, 요즘에는 3베이, 4베이, 5베이까지 다양해졌습니다. 전면부 공간에 이런 베이가 많아지면 집 안이 환해지고 발코니가 늘어나 서비스 공간이 커집니다.

— 베이에 따른 장점과 단점

구분	2베이	3베이	4베이
장점	• 거실과 안방이 큼 • 현관에서 거실이 한눈에 들어와 개방감이 느껴짐	• 채광 효과가 높음 • 2베이 구조 대비 베란다가 넓음	• 채광 효과가 높음 • 방 분리가 효율적임 • 베란다 공간 확보 가능
단점	• 주방과 거실 공간이 뚜렷하게 분리되지 않음	• 거실과 안방이 좁음	• 거실과 안방이 좁은 편 • 복도의 공간 활용도가 떨어짐

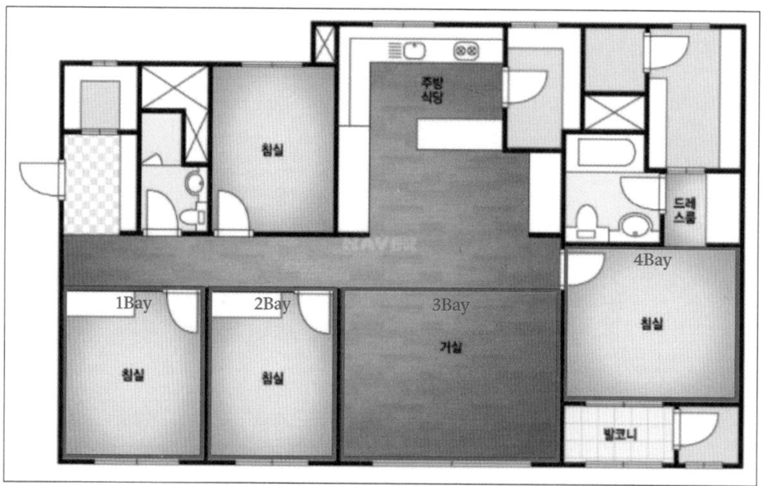

/ 4베이 평면도

모델하우스 똑똑하게 관람하기

모델하우스는 아파트의 유닛을 살펴보고, 단지와 관련된 다양한 정보를 얻을 수 있는 곳입니다. 새집을 구경하는 건 언제나 신나는 일이지만, 단지의 핵심 정보를 파악하는 것도 잊지 마세요. 코로나19의 여파로 현장 모델하우스가 많이 축소됐지만 현장 모델하우스 관람 팁을 몇 가지 알려드리겠습니다.

① 하이패스를 적극 활용하라

모델하우스는 보통 오전 10시부터 오후 6시까지 운영합니다. 인기 단지 모델하우스라면 이른 시간부터 많은 인파가 몰려 줄을 서야 할 수도 있습니다. 이때 임산부와 장애인, 영유아 동반자는 우선 입장이 가능합니다. 일반 입장을 해야 한다면 기다리는 동안 분양 정보를 다시 한번 꼼꼼히 확인해보고 주변 입지도 체크해보세요.

② 상담 번호표부터 뽑아라

모델하우스는 관람객이 많으면 상담 대기 시간이 많게는 1~2시간씩 소요됩니다. 모델하우스에 입장하자마자 상담 번호표부터 뽑고 유닛을 관람하면 시간을 아낄 수 있습니다.

③ 유닛 관람은 객관적으로

평면도와 함께 내부를 꼼꼼히 살펴보고 사람들의 평가에도 귀 기울여보세요. 또한 유상옵션 품목과 전시 품목을 구별해야 실제 입주했을 때 내부 모습을 제대로 그려볼 수 있습니다. 모델하우스에 전시된 가전과 가구, 소품, 조명은 모두 전시 제품입니다. 전시된 가구들은 평수를 넓게 보이게 하기 위해 일반 가구보다 작게 제작되기도 하니 조명발, 가구발에 속지 마세요.

④ 광역위치도를 확인하라

모델하우스에 가면 단지 주변의 일자리, 교통, 학군, 상권, 녹지공원

등 입지와 주변 개발 계획 등의 현황이 담긴 대형 지도를 볼 수 있습니다. 지도를 보며 학교는 가까이에 있는지, 주변에 일자리 수요는 많은지, 교통 호재가 있는지 등을 분석해보세요.

⑤ 모형도를 꼼꼼하게 관찰하라

모델하우스에서 가장 열심히 봐야 하는 것은 바로 단지 모형도입니다. 완성된 단지를 축소해놓은 것이라 잘 관찰하면 단지에 대한 많은 답을 얻을 수 있습니다. 남향의 위치, 일조량, 동 간 거리, 조망권 등을 꼼꼼하게 확인하고 공원과 주차장 위치, 커뮤니티 시설까지 체크해두세요.

⑥ 상담을 받아라

상담을 받을 때는 청약과 아파트에 대해 잘 알든 그렇지 않든 초보자의 마음가짐으로 질문하는 것이 중요합니다. 상담원들은 관계자처럼 보이거나 관련 지식이 많다고 생각되면 자세하게 알려주지 않습니다. 또한 기타 지역이나 2순위 등 조건이 맞지 않더라도 당해 1순위 조건이라고 말해야 대화를 이어갈 수 있습니다. 주변 지역의 각종 호재 등에 대해서도 물어보고 브로슈어, 소책자 등도 꼭 챙기세요. 마지막으로 상담카드는 반드시 작성하세요. 연락처를 남겨 놓으면 잔여 세대 접수 시 연락을 받을 수도 있습니다.

⑦ 현장 답사는 필수

임장도 가보지 않고 청약을 하는 것은 바람직하지 않습니다. 자차가 아닌 대중교통을 이용해 걸어서 현장을 찾아가보세요. 오르막인지 평지인지, 일조권은 괜찮은지 직접 눈으로 확인하고, 일자리, 교통, 학군, 생활편의시설, 자연환경, 유해시설 등을 꼼꼼히 따져봐야 합니다. 그 지역의 악재는 현장을 방문해봐야 알 수 있습니다. 현지 부동산이나 지역 주민의 의견을 들어보는 것도, 해당 건설사의 다른 단지를 방문해보는 것도 좋은 방법입니다.

22 아파트를 분양받으려면 얼마가 있어야 할까?
23 청약 당첨 전 실전 자금 계획 짜기
24 2024년 달라지는 청약제도
25 새로운 청약통장의 등장! 청년주택드림청약통장
26 청약 경쟁이 덜한 특별공급
27 국가 혜택을 받는 기관 추천 전형
28 한 번은 도전해볼 만한 신혼부부 특별공급
29 무자녀 신혼부부라면 생애최초 특별공급
30 두 자녀 이상이라면 다자녀 특별공급
31 만 65세 이상 부모님과 함께라면 노부모 부양 특별공급
32 한눈에 보는 특별공급 총정리
33 비규제지역의 추첨 청약을 노려라
34 틈새 공략! 비선호 타입을 노려라
35 버거킹 전략, 비인기 단지에 청약하라
36 분산청약은 절호의 기회
37 예비당첨은 무조건 가라
38 당해 미달을 노려라
39 신도시, 구도심 첫 분양을 노려라
40 특별공급을 적절하게 활용하라
41 눈여겨봐야 할 보류지 입찰
42 대출까지 나오는 잔여 세대 추첨, '줍줍'
43 입주 전 분양권 매수
44 꼭 알아두어야 할 분양권 전매제한
45 공공분양주택 50만 호의 새로운 이름 뉴:홈
46 신생아 특례 구입 및 전세자금 대출 도입
47 청약할 때 반드시 알아야 할 세금 지식
48 청약은 미인대회가 아니다
49 내 집 마련 전에 스스로 진단하자!
50 청약통장 증여 기술

PART 3

4단계로 끝내는 청약 당첨 전략

열정로즈의 한마디

준비 단계: 자금 계획부터 확실하게 세우자!

부동산 투자에서 가장 중요한 것은 자금입니다. 자금이 부족하면 아무리 좋은 아파트라도 그림의 떡일 뿐이죠.

당장 자금이 없어도 걱정할 것 없습니다. 국가에서 제공하는 대출 상품, 은행 신용대출 등을 통해 자금을 충당할 수 있습니다.

아파트 분양가를 정확히 확인하는 방법부터 대출 가능 금액, 세금 계획까지 부동산 투자에서 발생하는 모든 돈을 한 번에 살펴볼까요?

22

아파트를 분양받으려면 얼마가 있어야 할까?

간혹 5억 원짜리 아파트를 분양받으려면 5억 원이 다 있어야 하는 줄 아는 사람들이 있습니다. 그렇지 않습니다. 청약과 분양권의 최고 매력은 초기 투자금액, 즉 실투금이 적다는 것입니다. 분양가의 10% 혹은 20%에 해당하는 계약금만 있으면 일단 청약에 도전할 수 있습니다. 그럼 나머지는 어떻게 할까요? 대출 레버리지를 활용하면 됩니다. 이번 장에서는 규제지역과 비규제지역의 분양가와 이때 필요한 자금을 계산하는 방법을 설명할게요.

비규제지역의 분양가 및 중도금대출 비율

분양가가 4억 2,040만 원인 비규제지역 아파트를 먼저 살펴보겠습니다. 이 아파트를 분양받으면 계약금 10~20%, 중도금 60%, 나머지 잔금 20~30%로 나누어 내게 됩니다. 이 아파트의 계약금은 전체 분양가의 10%인 4,204만 원입니다.

— 비규제지역의 분양가와 중도금대출 비율 계산 예시

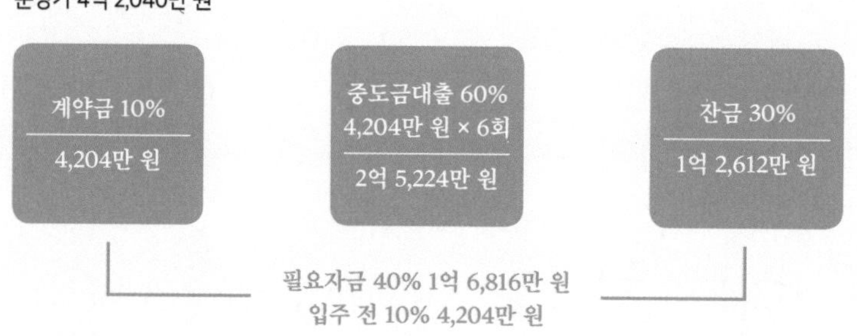

※ 비규제지역: 중도금대출 비율 분양가의 60%

분양가의 60%를 차지하는 중도금은 총 6차례에 걸쳐 내야 하는데, 이곳은 비규제지역이라 소득 증빙만 가능하면 중도금 60% 모두 대출이 가능합니다(중도금대출은 DSR 제외). 그리고 잔금은 분양가의 30%에 해당하는 1억 2,612만 원입니다. 따라서 전체 분양가에서 중도금대출을 뺀 분양가의 40%가 있으면 이 아파트를 소유할 수 있습니다.

잔금을 치르는 두 가지 방법

잔금을 치르는 방법은 크게 두 가지가 있습니다. 첫 번째는 잔금대출을 받아 중도금대출을 상환한 후 나머지 잔금 30%를 내고 입주하는 것입니다. 이때 중도금대출은 입주 시 반드시 상환하거나 대환해야 합니다. 잔금대출은 입주 시 KB시세 혹은 감정평가액의 LTV 60%가 나옵니다. 무주택자라면 LTV 70%가 나오며, 생애최초는 80%까지 나옵니다. 단, 잔금대출 때는 DSR을 본다는 점을 염두에 두고 자금 계획을 세우시기 바랍니다.

두 번째는 전세를 받아 잔금을 치르는 방법입니다. 세입자의 전세금으로 계약금 10%를 제외한 중도금 60%와 잔금 30%를 상환하거나 납부하는 것이죠. 전세로 잔금을 치를 때는 입주 시 전세가가 중요합니다. 당연히 전세가가 높은 게 좋겠죠. 그러려면 주변에 입주 물량이 얼마나 되는지 확인해야 합니다. 즉, 입주 시기에 분양받은 아파트 주변에 입주 물량이 없어야 전세금이 높게 형성되어 잔금과 중도금대출 상환까지 해결할 수 있습니다.

단, 전세금으로 잔금을 치르는 계획은 공급이 부족한 도시의 경우에는 가능하지만, 입주 물량이 많은 신도시라면 위험할 수 있습니다. 입주 시기에 입주 물량이 쏟아지고 전세 공급도 많아져 전세를 받아 잔금과 중도금대출을 해결하기가 어려울 수도 있습니다.

따라서 자금 계획을 철저하게 세우고 현금을 모아두어야 합니다. 거주 의무가 있는 단지는 최초 입주 가능일로부터 3년 유예되어 전세로 잔금을 치를 수 있게 되었으나 3년 안에는 입주해야 한다는 점을 반드시 기억하세요.

규제지역의 분양가 및 중도금대출 비율

이번에는 규제지역의 사례입니다. 규제지역은 중도금대출이 총 60% 중 50%만 나오기 때문에 10%는 자납해야 합니다. 그리고 입주 시 잔금 30%를 내야 합니다.

— 규제지역의 분양가와 중도금대출 비율 계산 예시

분양가 4억 2,040만 원

계약금 10%	중도금대출 50% 4,204만 원 × 5회	중도금 자납 10% 4,204만 원 × 1회	잔금 30%
4,204만 원	2억 1,250만 원	4,204만 원	1억 2,612만 원

필요자금 50% 2억 1,020만 원
입주 전 20% 8,408만 원

※ 규제지역: 중도금대출 비율 분양가의 50%

이 경우에는 입주 전에 얼마가 필요할까요? 계약금 10%와 자납할 중도금 10%를 합한 20%의 자금이 필요합니다. 그리고 입주할 때는 잔금 30%가 필요하니 자금으로는 총분양가의 50%가 필요합니다.

단, 1주택 보유 가구는 입주 후 기존주택(분양권)을 2년 이내에 처분한다고 약정해야 50% 중도금대출을 받을 수 있습니다(소유권 이전등기 시점부터 2년 이내 처분). 입주 시점에 잔금대출로 대환할 때도 마찬가지로 2년 이내 기존주택 처분을 약정해야 합니다. 처분 서약을 하지 않으면 30% 중도금, 잔금대출만 가능하니 유의하세요.

규제지역의 잔금을 치르는 방법은 비규제지역과 동일합니다. 단, 현재 규제지역(강남 3구와 용산구)은 분양가상한제 지역으로, 전매제한 3년 제약이 있어 입주 전 전매가 안 되니 철저하게 자금 계획을 세우고 청약하시기 바랍니다.

생애최초 주택 구매자의 경우 최대 80%

생애최초 주택 구매자의 경우 잔금을 치를 때 KB시세 혹은 감정평가액의 LTV 최대 80%까지 대출을 받을 수 있습니다. 주택 소재 지역, 주택가격과 상관없이 최대 한도는 6억 원입니다. 하지만 규제지역(강남 3구와 용산구)은 주택가격이 높아 실효성이 없습니다. 주택가격이 7억 5,000만 원 이하여야 최대 한도 6억 원까지 대출을 받을 수 있기 때문이죠. 생애최초 대출은 규제지역보다는 비규제지역 7억 5,000만 원 이하 주택 잔금대출 시 잘 이용해보시기 바랍니다. 대출은 정책에 따라 변동이 많으니 잘 알아본 뒤에 활용하세요.

23

청약 당첨 전 실전 자금 계획 짜기

자금 계획 시뮬레이션

이론을 공부했으니 이제 실전 연습을 해볼까요? 2024년 1월에 분양한 인천 검단신도시 중흥 S-클래스에듀파크 84m² 타입 분양가는 약 5억 원이었습니다. 1만 6개의 청약통장이 접수되어 38.51:1의 경쟁률을 기록했죠.

— 인천 검단신도시 중흥 S-클래스에듀파크 84㎡ 타입 분양가(단위: 천 원)

타입	층 구분	계약금(10%)	중도금(60%)						잔금(30%)
		계약 시	1회(10%) 2024.06.03.	2회(10%) 2025.02.03.	3회(10%) 2025.10.03.	4회(10%) 2026.05.03.	5회(10%) 2026.10.03.	6회(10%) 2027.03.03.	입주 지정일
84A	1층	45,800	45,800	45,800	45,800	45,800	45,800	45,800	137,400
	2층	46,700	46,700	46,700	46,700	46,700	46,700	46,700	140,100
	3층	47,600	47,600	47,600	47,600	47,600	47,600	47,600	142,800
	4층	48,400	48,400	48,400	48,400	48,400	48,400	48,400	145,200
	5층	49,100	49,100	49,100	49,100	49,100	49,100	49,100	147,300
	기준층	49,800	49,800	49,800	49,800	49,800	49,800	49,800	149,400
84B	1층	44,200	44,200	44,200	44,200	44,200	44,200	44,200	132,600
	2층	45,200	45,200	45,200	45,200	45,200	45,200	45,200	135,600
	3층	46,100	46,100	46,100	46,100	46,100	46,100	46,100	138,300
	4층	46,900	46,900	46,900	46,900	46,900	46,900	46,900	140,700
	5층	47,600	47,600	47,600	47,600	47,600	47,600	47,600	142,800
	기준층	48,400	48,400	48,400	48,400	48,400	48,400	48,400	145,200

이는 현재 분양가상한제가 적용된 공공택지의 분양가 5억 원대 아파트의 자금 계획입니다. 이것만 이해하면 다른 것도 쉽게 이해할 수 있습니다.

입주 전에 필요한 돈은 얼마일까?

분양가가 5억 원이라고 가정해봅시다. 계약금이 10%라면 납부해야 할 계약금은 5,000만 원입니다. 이때 중도금대출은 60%, 즉 3억 원까지 받을 수 있습니다. 따라서 잔금은 1억 5,000만 원이 필요하고, 총 2억 원의 자금이 필요합니다.

— 분양가상한제 적용 공공주택(34평) 청약 시 필요자금

구분	필요자금
분양가	5억 원
계약금(10%)	5,000만 원
중도금(대출 60%)	3억 원
잔금(30%)	1억 5,000만 원

※ 별도: 확장비, 후불 이자, 등기비

계약금 10% 5,000만 원 + 잔금 30% 1억 5,000만 원 = 2억 원

입주 시 필요한 돈은 얼마일까?

입주 시에는 분양가 외에도 추가 금액이 붙습니다. 요즘은 필수로 한다는 발코니 확장비, 중도금 후불 이자, 등기비 등의 세금이 붙는데, 이 금액이 꽤 큽니다. 확장비를 1,000만 원, 중도금 후불 이자를 2,500만 원, 취등록세를 550만 원으로 잡아보겠습니다. 분양가 5억 원에 이러한 추

가 금액 4,050만 원을 합한 뒤 입주 전에 낸 계약금과 중도금대출(잔금대출로 대환) 3억 5,000만 원을 빼면 입주 시 필요한 금액을 계산할 수 있습니다.

5억 4,050만 원	-	입주 전에 낸 3억 5,000만 원	=	1억 9,050만 원

여기서 잔금대출은 분양가가 아닌 KB시세 혹은 감정평가액의 60%로 받습니다(단, 무주택자일 경우 LTV 70%, 생애최초 80%까지 가능. DRS 40% 적용). 만약 입주 시 시세가 오른다면 오른 가격만큼 감정평가를 받아 지역별, 주택 수별 LTV를 적용받아 대출이 더 나올 수 있으니 참고하세요.

열정로즈의 Q & A

Q 1주택자가 규제지역 내 아파트 분양권에 당첨되면 중도금대출을 받을 수 있을까요?

A 가능합니다. 단, 대출 시 분양권도 주택 수에 포함됩니다. 비규제지역은 별도의 처분 서약이 필요없지만, 규제지역의 1주택 보유가구는 입주 후 기존주택(분양권)을 2년 이내에 처분한다고 약정해야 중도금대출을 받을 수 있습니다(소유권 이전등기 시점부터 2년 이내 처분). 입주 시점에 잔금대출로 전환할 때도 마찬가지로 2년 이내 기존주택 처분을 약정해야 합니다. 「주택공급규칙」 시행일(2018년 12월 11일) 이후 계약 또는 취득한 분양권은 주택 수에 포함됩니다.

Q 무주택 기간 산정 시 분양권·입주권 소유자는 무주택자에서 제외한다고 했는데, 기존 분양권도 적용되나요?

A 2018년 12월 11일 기준으로 분양권과 입주권도 주택 수로 인정하기로 했습니다. 분양권·입주권 매수자는 제도 개선 이후에는 분양권·입주권[주택공급규칙 시행일(2018년 12월 11일) 이후 계약 또는 취득한 분양권 등부터 적용]을 최초 공급받아 공급계약을 체결하는 날 또는 해당 분양권 등을 매수하여 매매 잔금을 완납하는 날(실거래신고서상)부터 주택을 소유하고 있는 것으로 봅니다.

Q 미분양 잔여 세대 추첨과 미계약 잔여 세대 추첨은 모두 주택 수에 포함되나요?

A 미분양 잔여 세대 추첨은 주택 수에 포함되지 않습니다. 하지만 미분양 분양권을 최초 계약한 자에게서 매수한 경우와 미계약 잔여 세대 추첨은 주택 수에 포함됩니다. 단, 순위 내에 마감이 되지 않은 미계약 잔여 세대를 계약하면 주택 수에 포함되지 않습니다.

24

2024년 달라지는 청약제도

2024년부터 새롭게 달라지는 부동산 정책이 참 많습니다. 이번 장에서는 청약과 관련해서는 어떤 점이 달라지는지 하나하나 알아봅시다.

"이제 청약제도가 혼인, 출산가구에 확 유리해집니다!"
"결혼 패널티가 개선됩니다!"

1. 신생아 특별·우선공급 신설

입주자모집공고일 기준 2년 이내 출생한 자녀(임신, 입양 포함)가 있는 가구를 위해 공공분양(뉴:홈) 특별공급(연 3만 호), 민간분양 우선공급(연 1만 호), 공공임대 우선공급(연 3만 호)을 신설합니다. 공공분양(뉴:홈)은 출산가구(태아 포함 2세 이하 자녀) 대상 특별공급을 신설합니다.

— 공공분양 신생아 특별공급

<table>
<tr><th>나눔형</th><th>선택형</th><th>일반형</th></tr>
<tr><td>청년 15%</td><td>청년 15%</td><td>신혼부부 10%</td></tr>
<tr><td rowspan="2">신혼부부 15%</td><td>신혼부부 10%</td><td>신생아 20%</td></tr>
<tr><td>신생아 30%</td><td>생애최초 15%</td></tr>
<tr><td rowspan="2">신생아 35%</td><td>생애최초 10%</td><td>다자녀 10%</td></tr>
<tr><td>다자녀 10%</td><td>기관 추천 10%</td></tr>
<tr><td rowspan="2">생애최초 15%</td><td>기관 추천 10%</td><td rowspan="2">노부모 5%</td></tr>
<tr><td>노부모 5%</td></tr>
<tr><td>일반공급 20%</td><td>일반공급 10%</td><td>일반공급 30%</td></tr>
</table>

출처: 뉴:홈

민간분양은 입주자모집공고일 기준 2년 이내 출생한 자녀(임신, 입양 포함)가 있는 가구에게 생애최초, 신혼특공 20% 우선공급을 신설(선 배정)합니다. 소득 조건은 도시근로자 월평균 소득 160% 이하(소득이 낮은 경우 우선공급)입니다. 기존에는 우선(50%), 일반(20%), 추첨(30%)으로 구분해 공급했는데 신생아 우선(15%), 신생아 일반(5%)을 먼저 공급하고 후에 우선(35%), 일반(15%), 추첨(30%)으로 나누어 공급합니다.

—— 신생아 우선공급 신설

· 민영, 국민주택
· 신혼부부, 생애최초 특별공급

단계	공급 비율
① 신생아 우선공급	15%
② 신생아 일반공급	5%
③ 우선공급	35%
④ 일반공급	15%
⑤ 추첨공급	30%

당첨자는 단계별로 선정하며 단계별 낙첨자는 다음 단계 공급 시 포함됩니다. 다만 신생아 일반공급 신청자는 ③단계가 아닌 ④단계에 포함됩니다.

2. 다자녀가구 특별공급 자격기준 완화

입주자모집공고일 현재 2명 이상의 미성년 자녀를 둔 분이라면 다자녀가구 특별공급 청약이 가능합니다. 단, 최하층 우선배정 신청 요건(65세 이상, 장애인, 미성년 자녀 3명 이상)은 개정 전과 동일하게 3자녀 기준입니다.

— 다자녀 특별공급 배점

구분	개정 전		개정 후	
대상 가구	3자녀 이상		2자녀 이상	
자녀 수 배점	3명	30점	2명	25점
	4명	35점	3명	35점
	5명 이상	40점	4명 이상	40점

3. 공공분양 맞벌이 소득 요건 완화 및 추첨제 신설

뉴:홈 특별공급에 맞벌이 가구는 1인 소득 기준(일반공급, 월평균 소득 100%)의 2배인 월평균 소득 200%까지 청약 가능한 추첨제(유형별 10%)를 신설합니다. 개정 전에는 우선공급(70%), 잔여공급(30%)이었으나 개정 후에는 우선공급(70%), 잔여공급(20%) 그리고 추첨(10%)으로 진행됩니다.

맞벌이 부부의 합산 소득 기준을 완화하고, 추첨제를 신설하여 청약 사각지대에 있는 신청자에게도 당첨의 기회를 제공합니다.

— 공공분양 맞벌이 기준 완화

구분	개정 전			개정 후		
소득 기준 완화	미혼 100% (일반공급)	1.4배 →	맞벌이 140% (특별공급)	미혼 100% (일반공급)	2배 →	맞벌이 200% (특별공급, 추첨제)

4. 혼인 불이익 방지

부부가 중복 당첨되더라도 선 신청분은 유효하도록 하고, 결혼 전 배우자의 청약 당첨·주택 소유 이력은 청약 요건에서 제외하는 등 혼인에 따른 청약 신청 불이익이 없도록 합니다.

① 부부 중복 청약 허용: 공공&민간

신혼부부의 주택 청약 횟수가 기존 부부 합산 1회에서 부부 각각 1회(총 2회)로 늘어납니다. 동일 일자에 당첨자가 발표되는 아파트 청약에도 부부가 각자 개별 통장으로 신청할 수 있습니다. 중복 당첨되더라도 먼저 신청한 것을 당첨으로 인정해주기 때문에 청약의 기회가 2번 주어지게 됩니다. 가령 임신과 동시에 결혼을 계획한 예비 신혼부부라면 한 사람은 신생아 특공에, 다른 한 사람은 신혼부부 특공에 청약을 넣으면 됩니다.

— 당첨자 발표일이 같은 경우 부부 모두 당첨되었을 때 적용 예시

사례	개정 전	개정 후	비고
① A 특별공급 당첨, B 특별공급 당첨	모두 부적격	선 접수분 적격	개정 사항 적용
② A 일반공급(규제지역) 당첨, B 일반공급(규제지역) 당첨	모두 부적격	선 접수분 적격	개정 사항 적용
③ A 일반공급(비규제지역) 당첨, B 일반공급(비규제지역) 당첨	모두 적격	모두 적격	변동 사항 없음

※ '분' 단위까지 기재된 접수증 발급, '분'까지 같을 경우에는 연장자 신청분 유효 처리

사전청약은 민간, 공공 각각의 사전청약 내에서 중복 신청을 허용하며, 국민주택의 중복 신청 금지 규정도 삭제됩니다. 부부가 당첨자발표일이 동일한 특별공급, 국민주택, 재당첨 제한 적용 주택에 중복 당첨된 경우, 부부 중 먼저 신청한 사람은 유효, 나중에 신청한 사람은 무효입니다.

— 세대원 간 중복 당첨 시 처리 방법

세대원 간 중복 당첨 사례		적격 여부 판단
당첨자 발표일이 다른 경우		당첨자 발표일이 빠른 건은 유효, 당첨자 발표일이 늦은 건은 부적격
당첨자 발표일이 같은 경우	세대원이 부부 관계인 경우	청약 신청 일시가 빠른 건은 유효, 청약 신청 일시가 늦은 건은 무효
	세대원이 부부 관계가 아닌 경우	모두 부적격

※ 특별공급, 국민주택, 재당첨제한 적용 주택

② 배우자 혼인 전 이력 배제: 공공&민간

생애최초, 신혼부부, 신생아 특공 시 배우자의 결혼 전 주택 소유 및 당첨 이력을 배제합니다. 결혼 전이니 기혼자에게는 해당되지 않습니다. 단, 주택 소유 이력은 혼인 전 처분 완료한 경우에 한하며, 입주자모집공고일 기준 무주택 세대 구성원 요건을 충족해야 합니다. 또 배우자 외 다른 세대원의 주택 소유 및 청약 당첨 이력은 배제하지 않습니다.

— 배우자 혼인 전 이력 배제

구분	개정 전	개정 후
결혼 전 배우자 주택 소유 이력 有	생초특공 신청 불가	생초특공 신청 가능
결혼 전 배우자 특공 당첨 이력 有	생초, 신혼특공 신청 불가	생초, 신혼특공 신청 가능

③ 자격 요건: 민간

생애최초 특공 자녀 요건에 태아가 포함됩니다(과거에는 임신 불인정).

5. 배우자 통장 기간 합산

민영주택 일반공급 가점제에서 배우자 통장 가입 기간의 50%(최대 3점, 합산 점수는 현재와 같이 최대 17점)를 합산합니다. 합산 신청 방법은 입주자모집공고일 기준 배우자의 '청약통장 가입확인용 순위확인서'를 발급받은 후 청약홈에 배우자의 점수를 입력합니다(은행 현장 접수 시에도 동일). 당첨 시 사업주체에게 같은 확인서를 제출하면 됩니다.

앞으로는 부부 중복 청약 신청도 가능하므로 부부 모두 통장을 보유하는 것이 유리합니다. 부부가 당첨자 발표일이 같은 특공 등에 모두 당첨된 경우 먼저 접수한 것을 유효 처리합니다.

— 배우자 통장 가입 기간 점수표

배우자 청약 통장 가입 기간	점수
1년 미만	1점
1년 이상~2년 미만	2점
2년 이상	3점

6. 가점 동점 시 장기가입자 우대

민영주택 일반공급 가점제에서 동점자가 발생하면 추첨을 통해 당첨자를 결정했으나, 앞으로는 청약통장 장기가입자를 당첨자로 결정합니다. 가입 기간은 순위 기산일을 기준으로 산정합니다(청약통장 전환과 관계없이 청약통장 최초 개설일을 말함). 내 통장의 순위 기산일이 궁금하다면 청약홈 마이페이지에서 조회할 수 있어요. 만약 순위 기산일도 동일한 경우에는 무작위 추첨으로 선정합니다.

7. 미성년자 청약통장 가입 인정 기간 확대

미성년자 가입 인정 기간을 2년에서 5년으로 확대하여, 조기에 청약통장을 만들면 현재보다 이른 시점에 주택 마련의 기회를 가질 수 있게 됩니다. 자녀가 만 14세 때 청약통장을 만들어주고 매월 10만 원씩 납입하면 미성년 기간 동안 총 600만 원을 인정받을 수 있습니다.

— 미성년자 청약통장 가입 인정 기간 확대

구분	개정 전	개정 후
인정 기간 및 총액	가입 인정 기간 2년, 총액 240만 원만 인정	시행일 전 인정 기간과 합산하여 최대 5년, 총액 600만 원 인정

— 미성년자 청약통장 가입 인정 범위

구분	최대 인정 범위
가입 기간	60개월
인정 회차	60회

2023년 12월 31일 이전(24개월, 24회를 초과한 경우 최대 24개월, 24회까지 인정)에 더해 2024년 1월 이후 60개월, 60회차를 넘는 경우 최대 60개월, 60회차까지 인정해주는 것으로 확대됩니다. 미성년자 가입 인정 범위 확대는 2024년 7월 1일부터 적용됩니다.

8. 공공주택 출산가구 소득·자산 요건 완화

2023년 8월 28일 이후 출생한 자녀가 있는 분은 기존 소득·자산 요건에서 자녀 1인당 10%p(최대 20%p) 완화됩니다.

9. 임차주택 매입자 무주택 간주

아래 요건을 모두 만족하는 경우 청약 시 무주택으로 간주합니다.

① 단독주택 또는 공동주택(아파트 제외)으로, 전용면적 60m² 이하

② 취득가격(실거래신고가격) 2억 원(수도권은 3억 원) 이하

③ 2024년 1월 1일부터 2024년 12월 31일 사이에 취득

④ 생애최초로 주택을 취득한 경우일 것

⑤ 해당 주택의 취득일 전날까지 1년 이상 해당 주택에 거주했을 것

25

새로운 청약통장의 등장! 청년주택드림청약통장

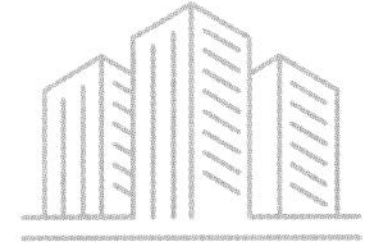

이자율 최대 4.5%! 역대 최초 청년 전용 통장

청년들의 주거 지원을 강화하기 위해 2024년 2월 '청년주택드림청약통장'이 새롭게 출시되었습니다. 청년주택드림청약통장은 역대 최초로 청약통장과 대출을 연계해 장기, 저리대출을 지원합니다. 기존에 운영 중이던 '청년 우대형 주택청약종합저축'을 확대 개편한 것으로, 청년 우대형 주택청약 가입자는 별도 신청 없이 자동 전환됩니다.

청년주택드림통장은 생애 3단계에 걸쳐 추가 우대하는 획기적인 '청년 내 집 마련 1·2·3' 주거 지원을 추진합니다.

① 자산 형성과 내 집 마련 기회 제공

1단계는 청약저축을 통한 자산 형성과 내 집 마련 기회를 제공합니다. 청약 당첨 후에도 계약금 납부 및 잔금 자금 등을 모으는 예금 기능 용도로 그대로 활용할 수 있도록 인출을 허용합니다. 청약 당첨 시 청약 기능은 상실하지만, 인출은 계약금 납부 목적에 한해 1회 가능합니다.

STEP 1. 청년주택드림청약통장 가입

기존 청년청약통장보다 가입 요건이 완화됨

- 만 19~34세 무주택 청년 대상
- 소득 3,600만 원 → 5,000만 원 이하(직전년도에 신고소득이 있어야 함)
- 무주택 세대주 → 무주택자(본인만)
- 이자율 최대 4.3% → 4.5%
- 납입 한도 최대 50만 원 → 100만 원

② 청년주택드림 저리대출 연계

2단계는 청년주택드림청약통장으로 당첨된 경우, 청년주택드림대출로 연계하여 2%대 저리대출을 지원합니다.

STEP 2. 분양 후 청년주택드림대출

해당 통장으로 청약이 당첨된 경우, 분양가의 80%까지 최저 2.2% 금리, 최장 40년 대출 지원

- 만 39세 이하 무주택자
- 청년주택드림청약통장 1년 이상 가입
- 1,000만 원 이상 납입
- 소득: 미혼 연 7,000만 원, 기혼 연 1억 원 이하(부부 합산)
- 당첨 시 분양가 80%까지 대출
- 금리 최저 연 2.2%(만기, 소득별 차등)
- 분양가 6억 원 이하, 전용면적 85㎡ 이하 주택

③ 생애주기에 따른 금리 인하

결혼, 출산, 다자녀 등 생애주기에 걸쳐 금리 인하 혜택을 제공합니다.

STEP 3. 생애주기별 금리 인하

청년주택드림대출 금리 추가 혜택 지원

- 결혼: 0.1%p 인하
- 최초 출산: 0.5%p 인하
- 추가 출산(다자녀): 0.2%p씩 인하

청년 내 집 마련 3단계 대책

구분	① 준비기: 청년주택드림청약통장	② 내 집 마련: 청년주택드림대출	③ 결혼·출산·다자녀 시: 생애주기별 추가 지원
내용	청약저축을 통한 자산 형성과 내 집 마련 기회 제공	분양가 80%까지 최저 2.2%, 최장 40년 대출 지원	결혼 0.1%p, 최초 출산 0.5%p, 다자녀 0.2%p씩 금리 인하

청년주택드림대출 요건

구분	요건
지원 대상	• 만 39세 이하 무주택자 • 소득: 미혼 연 7,000만 원, 기혼 연 1억 원 이하(부부 합산) • 청년주택드림청약통장 1년 이상 가입, 1,000만 원 이상 납입 실적
대상 주택	• 분양가 6억 원, 85m² 이하
대출 조건	• 금리 최저 2.2%(소득·만기별 차등), 만기 최대 40년 등 일반 주택기금 구입자금대출보다 혜택 강화*

* 상품 출시 상황 등에 따라 일부 변동 가능

청약저축 종류별 비교

구분	주택청약종합저축	청년우대형청약저축	청년주택드림청약통장
이자율	연 2.0~2.8%	연 2.0~4.3%	연 2.0~4.5%
가입 가능 연령	제한 없음	만 19~34세	만 19~34세
현역 장병	가입 가능	가입 불가능	가입 가능
회당 납입 한도	월 2~50만 원	월 2~50만 원	월 2~100만 원
소득공제	가능	가능	가능
비과세	해당 없음	적용	적용

중도 인출	불가능	불가능	가능(당첨 이후 계약금 납부 목적)
청약 당첨 후 추가 납입	불가능	불가능	가능
분양대금 대출 연계	해당 없음	해당 없음	청년주택드림대출 지원

청년주택드림청약통장 Q&A

① 언제부터 통장 전환이 가능한가요?

청년주택드림청약통장은 2024년 2월에 출시되었습니다. 기존 청년 우대형 통장 가입자는 별도 신청 없이 일괄 전환되지만, 일반 청약저축 가입자는 별도로 전환 신청을 해야 합니다.

② 예전에 가입한 일반 청약통장을 해지한 뒤 다시 만들어야 하나요?

기존 통장을 해지한 뒤 드림통장으로 전환 가입을 신청하시면 됩니다. 기존 청약통장의 가입 기간, 납입금액, 납입 회차 등은 모두 인정됩니다.

③ 어느 은행에서 가입할 수 있을까요?

청년주택드림청약통장을 취급하는 은행은 우리·국민·농협·신한·하나·기업·부산·대구·경남은행입니다.

④ 가입 후 만 34세가 지나면 금리나 대출금리 등은 어떻게 되나요?

그대로 유지됩니다. 가입 시점에 자격을 충족한 경우, 가입 후 자격이 변동되더라도 우대금리 등을 동일하게 적용받습니다.

⑤ 나이, 소득 제한은 어떻게 되나요?

만 19~34세 무주택자로 소득이 5,000만 원 이하라면 가입할 수 있습니다(직전년도에 신고소득이 있어야 함). 단, 군 복무 기간은 연령에서 최대 6년까지 차감해 계산합니다. 현재 만 40세인 무주택자의 군 복무 기간이 6년이면 40세-6년=34세로 간주합니다.

⑥ 이미 청년 전용 주택청약통장을 가지고 있습니다. 2023년 11월 21일에 이 통장으로 아파트 청약에 당첨되었는데, 이미 청약에 당첨된 저는 청년주택드림대출을 받을 수 없나요?

청년주택드림대출은 청년주택드림통장 출시 후 청약에 당첨된 경우에만 적용됩니다.

⑦ 청년주택드림청약통장 가구 소득 분위 기준은 어디서 확인하나요?

청년주택드림대출 소득 기준은 미혼은 연 7,000만 원, 기혼은 부부합산 연 1억 원 이하입니다. 이때 근로소득자는 최근 1개년 근로소득원천징수영수증으로, 사업소득자는 최근 1개년 사업소득원천징수영수증으로 확인합니다.

New
아는 만큼
당첨되는
청약의 기술

열정로즈의 한마디

1단계: 생애 단 한 번 쓸 수 있는 특별공급

경쟁률이 아무리 높아도 청약에 당첨될 수 있는 절호의 찬스가 있습니다. 바로 생애 단 한 번 쓸 수 있는 특별공급이죠.

많은 분들이 자신은 신혼부부도 아니고, 다자녀도 아니니 해당 사항이 없는 줄 알고 넘어가곤 합니다.

하지만 특별공급은 아파트마다, 공고마다 조금씩 다릅니다. 자신에게 해당하는 부분이 있다면 무조건 써봐야 하는 것이 바로 특별공급이죠!

성공 청약의 1단계는 자신에게 해당하는 특별공급을 찾는 것입니다.

26

청약 경쟁이 덜한 특별공급

아파트에 청약할 때는 기준에 따라 일반공급과 특별공급으로 물량이 나뉩니다. 특별공급은 정책적 배려가 필요한 사회 계층 중 무주택자의 주택 마련을 지원하기 위하여 일반공급과 청약 경쟁 없이 주택을 분양받을 수 있도록 하는 제도입니다. 특별공급은 당첨 횟수를 1세대당 평생 1회로 제한합니다.

가점이 낮아 청약은 꿈도 꾸지 못했던 사람이라도 특별공급 대상에 해당하면 더 높은 당첨 확률로 도전할 수 있습니다. 장애인, 국가유공자, 이전기관종사자, 외국인 특별공급의 경우 청약통장 없이 신청할 수 있습니다. 그래서 특별공급에 해당하는 사람을 찾을 때는 본인뿐 아니라 온 식구, 친인척을 통틀어 찾아야 합니다. 지금부터 소개할 특별공급 종류를 꼼꼼히 살펴보고, 본인은 물론 주변에 해당하는 사람이 있는지 잘 찾아보길 바랍니다.

한 세대당 평생 1회만 당첨 가능!

특별공급의 당첨 횟수는 1세대당 평생 1회로 제한됩니다. 인당이 아닌 세대당이기 때문에 부부 중 한 명이 당첨되면 다른 배우자는 특별공급으로 청약을 신청할 수 없습니다(단, 부부 중복 청약은 가능).

무주택자가 기본 조건이지만 수도권에서 지방으로 이전하는 기업이나 공장 종사자 등에 대한 특별공급은 유주택자도 해당하며, 철거되는 주택의 소유자와 세입자, 이전기관종사자 등은 「주택공급에 관한 규칙」에 따라 별도로 공급할 수 있습니다.

특별공급 주요 대상

그럼 이렇게 좋은 특별공급에 해당하는 사람은 누구일까요? 먼저 신혼부부가 있습니다. 조건은 뒤에서도 설명하겠지만 혼인 7년 이내로 혼인 기간 내에 주택을 소유한 이력이 없어야 합니다. 2자녀 이상 다자녀 세대도 해당합니다. 국가유공자, 보훈대상자, 참전유공자 등 나라에서 공을 인정한 사람이 세대에 있다면 이들도 가능합니다. 그 밖에 노부모 부양가구, 북한이탈주민, 철거주택 소유자 및 세입자 등이 있습니다. 또한 행정중심복합도시(세종시), 도청이전신도시, 혁신도시 등 비수도권으로 이전하는 공공기관·학교·의료연구기관·기업의 종사자, 이전하는 주한미군기지의 고용원, 산업단지 종사자도 특별공급 대상에 해당합니다.

특별공급 청약 자격

1. 주민등록세대 구성원 전원 무주택 세대 구성원[단, 주택 소유 만 60세 이상 직계 존속(배우자 포함)은 부양가족 수에서 제외하여 무주택으로 인정]
2. 세대원의 배우자도 세대에 포함되도록 하여 청약 가능(신혼부부·다자녀가구 특별공급)
3. 혼인 기간 중 주택을 소유한 적이 있으면 신혼부부 특별공급 대상에서 제외 [단, 「주택공급에 관한 규칙」 개정 시행일(2018년 12월 11일) 전에 기존주택을 처분하여 입주자모집공고일 현재 무주택 기간이 2년을 경과한 경우 2순위 자격 부여]

27

국가 혜택을 받는 기관 추천 전형

특별공급 기관 추천은 국가유공자, 보훈대상자, 5·18 유공자, 특수임무유공자, 참전유공자, 장기복무 제대군인, 북한이탈주민, 납북피해자, 일본군위안부, 장애인, 영구귀국과학자, 올림픽 등 입상자, 중소기업근무자, 공공사업 등의 철거주택 소유자 또는 거주자, 의사상자 등을 대상으로 합니다. 국가보훈처, 지자체, 중소벤처기업부 등 관련 기관에 등록하면 기관장이 정하는 우선순위에 따라 결정됩니다. 일단 경기도의 예시를 살펴볼까요?

—— 기관 추천 대상자 및 집행 기관(경기도 기준)

추천 대상자	집행 기관	입주자 청약저축 가입 여부
국가유공자	경기동부보훈지청	필요 없음
장애인	지자체별 장애인복지과(경기, 서울, 인천)	
북한이탈주민	정착지원사무소	입주자가 저축(주택청약종합저축, 청약저축)에 가입하여 6개월이 경과되고 약정납입일에 월납입금을 6회 이상 납입한 자
장기복무 제대군인	경기동부보훈지청	
10년 이상 복무 군인	국방부 국군복지단	
중소기업 근로자	중소벤처기업부 경기지방청	
우수선수	대한체육회	
우수기능인	한국산업인력공단	
공무원	공무원연금공단	
의사상자	경기도청 복지정책과	
납북피해자	통일부	
다문화가족	경기도청 다문화가족과	
체육유공자	국민체육진흥공단	

자격이 되는지 궁금하다면 주요 기관에 문의해보고, 조건이 된다면 각 기관에 등록해 추천을 받아야 합니다. 각 기관은 주택알선 배점표에 따라 고배점자를 선정하는데요. 이 경우에도 해당 지역 거주자에게 우선권이 주어지고, 전입 제한일이 있는 지역에서 공급할 경우 전입 제한 요건을 충족한 자에게 우선공급합니다.

예비당첨 추첨을 노릴 수 있는 장애인 특별공급

서울시에 있는 단지에 특별공급을 신청하는 경우 서울시 장애인으로서 신청인(장애인 본인)이 만 19세 이상 성년이어야 하고, 서울시 거주 기간이 3개월 이상이어야 합니다. 즉, 현재 서울시에 거주 중이어야 신청할 수 있습니다. 그리고 입주자모집공고일 현재, 신청인과 동일한 세대를 이루고 있는 세대 구성원 전원이 무주택이어야 합니다.

다음은 장애인 특별공급 주택알선 배점표입니다. 과거에는 장애 등급별로 가점을 나누었지만, 요즘은 장애 정도가 심한 장애인과 심하지 않은 장애인, 두 기준으로만 나눠 점수를 산정합니다.

그 밖에 무주택 기간, 세대원 중 장애인 유무, 세대원 구성, 서울시 거주 기간 등의 평점 요소에 따라 점수를 계산합니다. 만약 동점자가 나오면 ① 장애인 등급, ② 무주택 기간, ③ 세대원 중 장애인 유무, ④ 세대원 구성, ⑤ 만 65세 이상 장애인 유무, ⑥ 당해 거주 기간, ⑦ 나이순으로 우선 배정합니다.

그런데 해당 기관으로부터 장애인 특별공급 추천을 받은 후 특별공급 접수를 하지 않는 사람이 종종 있습니다. 과거에는 법령상 짧은 입주자모집공고 기간(5일)으로 인해 입주자모집공고 이전에 분양가도 모르고, 평면도 모른 채 기관 추천 신청 접수를 진행할 수밖에 없었어요. 그래서 예상을 벗어난 분양가 등으로 인해 청약을 포기하는 사례가 많이 발생했죠. 하지만 본인의 귀책사유가 아니라는 이유로 재추천 제한을 두는 것은 과도한 제재라 여겨 2019년 5월 23일에 폐지되었습니다. 그러다 보니 고가점자들이 여러 개 단지에 중복으로 추천되어 다른 신청자들의 추천 기회가 상실되었고, 그 결과 재추천 제한(6개월) 제도가 부활했습니다. 2020년 1월 1일부터는 추천을 받은 뒤 특별공급에 접수하지 않으면 6개월 동안 재추천 제한을 받으니 유의하세요.

또한 기관 추천 가운데 장애인 특별공급은 추천 명단과 당첨 가점을 공개 발표합니다. 따라서 장애인 특별공급에 관심이 있다면 이전 단지의 당첨 가점을 확인한 뒤 본인의 점수와 비교해 기관 추천을 받을지 선택할 수 있습니다.

— 장애인 특별공급 주택알선 배점표

평점 요소	배점 기준			비고
	총배점	기준	점수	
장애 정도	20	장애 정도가 심한 장애인	20	• 입주자모집공고일 현재 무주택 세대 구성원인 장애인(특별공급 신청자) • 지적장애인, 정신장애인 및 장애 정도가 심한 뇌병변 장애인의 배우자가 무주택 세대 구성원으로서 특별공급을 신청한 경우 해당 장애인
		장애 정도가 심하지 않은 장애인	10	
무주택 기간	30	10년 경과자	30	• 본인거증 책임 - 세대 구성원 전원의 최근 10년간 지방세 세목별 과세증명서 구비[재산세(주택) 항목의 과세 내역 확인] - 정확한 주택 매도 시점을 확인하기 위해 등기사항증명서 또는 건축물관리대장 등의 서류를 징구할 수 있음 • 무주택 세대 구성원 기간: 아래 세 가지 조건을 모두 충족하는 기간을 말함 ① 최초 장애 등록일 이후(장애 취소 후 재등록한 경우, 재등록일 이후) ② 신청인이 만 19세가 넘은 이후 ③ 주택을 소유했던 세대 구성원이 그 주택을 매도한 이후
		9년 경과자	25	
		8년 경과자	20	
		7년 경과자	15	
		6년 경과자	10	
		5년 경과자	7.5	
		4년 경과자	5	
		3년 경과자	3.5	
		2년 경과자	2	
		1년 경과자	1	

세대원 중 장애인 유무	10	세대원 중 장애인이 있는 가구	2인 이상	10	• 공급 신청자 미포함 - 공급 신청자인 해당 장애인 미포함 - 지적장애인, 정신장애인 및 장애 정도가 심한 뇌병변 장애인의 배우자가 공급 신청자인 경우 해당 장애인 미포함
			1인	5	
세대원 구성	20	5인 이상		20	• 동거인 미포함 • 무주택 세대 구성원 수
		4인		16	
		3인		12	
		2인		8	
		단독세대		4	
만 65세 이상인 장애인 유무	5	만 65세 이상 장애인이 있는 가구		5	• 공급 신청자 미포함 - 공급 신청자인 해당 장애인 미포함 - 지적장애인, 정신장애인 및 제3급 이상 뇌병변 장애인의 배우자가 공급 신청자인 경우 해당 장애인 미포함
서울시 거주 기간	15	5년 이상		15	• 신청자의 장애인 등록 시점부터 입주자 모집공고일 현재, 계속하여 서울시에서 거주한 기간 - 장애 취소 후 재등록 시 재등록 시점부터 - 신청 자격이 발생하는 만 19세 이후의 기간만 산입 • 타 지역에서 이주한 경우 최종 서울시 전입일로부터 산정
		4년		12	
		3년		9	
		2년		6	
		1년		3	
		1년 미만		1	
본인 배점 합계					

출처: 서울복지포털

여기서 특별공급을 추천하는 또 하나의 이유가 있습니다. 특별공급의 예비입주자는 추첨으로 선정합니다. 일반공급의 예비입주자는 지역별 가점, 추첨 비율을 그대로 따르지만, 특별공급은 특별공급에 떨어진 예비입주자를 대상으로 점수와 상관없이 무작위로 추첨하기 때문에 운이 좋으면 가점이 낮은 사람도 얼마든지 당첨될 수 있습니다.

열정로즈의 Q & A

Q 장애인 특별공급 일정을 미리 알 수 없을까요?

A 서울복지포털(wis.seoul.go.kr)에서 '특별공급 문자알리미 서비스'를 제공하고 있습니다. 장애인 특별공급 신청자를 위한 서비스이지만 장애인이 아니어도 이름과 휴대폰 번호를 입력하면 서울과 수도권 분양 정보를 받아볼 수 있습니다. 특히 특별공급은 입주자 모집공고일 전에 접수를 받아 입공일이 되기 전에 여유를 두고 분양 정보를 알 수 있어 무척 유용합니다. 꼭 신청해두세요.

달라진 중소기업 특별공급

중소기업 특별공급은 중소기업에 재직 중인 근로자로서 총 근무 경력 5년 이상 또는 동일한 중소기업에 3년 이상 근무한 경력을 가지고 있는 무주택 세대 구성원을 대상으로 합니다. 근무 경력은 4대 보험 가입내역서 등으로 입증해야 하며, 공고한 날을 기준으로 무주택이어야 합니다. 본인이 다니는 회사가 중소기업인지도 잘 확인해야 합니다. 대기업이나 중견기업은 해당하지 않습니다.

중소기업 특별공급은 무주택 기간이 점수 항목에 포함되지 않는 유일한 특별공급이었습니다. 하지만 2021년부터는 무주택 가·감점 지침이 신설되었죠. 2023년 1월 1일부터는 무주택 기간을 최대 15년으로 확대하고, 배점도 최대 15점(3년당 3점)까지 부여합니다. 기술·기능인력 및 자격증 우대 항목을 통합하고, 세부 항목 간 난이도와 위상 등을 고려하여 배점을 차등화하며, 신청자가 여러 개의 수상 경력이 있는 경우에는 최초 중소기업 입사일 이후 수상한 경력에 한하여 유리한 한 가지만 인정하는 것으로 변경되었습니다.

— 무주택 기간 개정안

무주택 기간	3년 미만	3년 이상 6년 미만	6년 이상 9년 미만	9년 이상 12년 미만	12년 이상 15년 미만	15년 이상
점수	0점	3점	6점	9점	12점	15점

※ 무주택 기간은 신청자의 연령이 만 30세가 되는 날부터 주택의 모집공고일까지 산정합니다. 다만, 만 30세가 되기 전에 혼인한 경우에는 혼인신고일로 등재된 날부터 기산합니다.

출처: 중소벤처기업부

— 기술·기능인력 및 자격증 우대 항목 개정안

<table>
<tr><th>우대 항목</th><th>배점</th><th colspan="2">세부 항목 및 세부 배점</th></tr>
<tr><td rowspan="3">기술·기능인력 및 자격증 우대</td><td rowspan="3">10</td><td>• 대한민국명장·숙련기술전수자(5)
• 우수숙련기술자(3)</td><td>택 1</td></tr>
<tr><td>• 연구전담요원으로 재직 중인 근로자(3)
• 성과공제 만기자(2)</td><td></td></tr>
<tr><td>• 기술사 또는 기능장(4)
• 기사(3)
• 산업기사(2)
• 기능사(1)</td><td>택 1</td></tr>
</table>

※ 유리한 한 가지 자격만 인정, 중복 불가

출처: 중소벤처기업부

— 수상 경력 우대 항목 개정안

우대 항목	배점	세부 항목 및 세부 배점	
수상 경력	5	• 훈·포장(5) • 대통령·국무총리 표창 또는 상장(4) • 장관·차관급 이상 청장·광역자치단체장 표창 또는 상장(3) • 기초자치단체장 표창 또는 상장(2)	택 1

※ 유리한 한 가지 수상만 인정, 중복 불가
※ 최초 중소기업 입사일 이후 수상 경력만 인정

출처: 중소벤처기업부

열정로즈의 Q & A

Q **지금 다니고 있는 회사가 중소기업인지 어떻게 알 수 있나요?**
A 중소기업현황정보시스템(sminfo.mss.go.kr) 홈페이지에서 중소기업확인서 발급을 진행하면 알 수 있습니다.

중소기업 특별공급은 ① 장기 근속자, ② 주민등록상의 고령자순으로 선정되기 때문에 회사에 오래 근무할수록 점수가 쌓입니다.

중소기업 특별공급의 당해는 거주지가 아닌 회사 주소입니다. 즉, 수원에 살아도 서울에 회사가 있으면 서울 단지에 넣을 때 추가 5점을 받게 됩니다. 또 회사가 주택건설지역 반경 6km 이내에 있다면 5점이 추가됩니다. 즉, 회사 근처에 분양이 있으면 더 많은 혜택을 볼 수 있습니다.

── 중소기업 특별공급 배점기준표 예시

<table>
<tr><th colspan="4">배점기준표</th></tr>
<tr><td>지방청명</td><td>서울지방중소벤처기업청</td><td>작성자</td><td>(인)</td></tr>
<tr><td>기업명</td><td></td><td>신청자</td><td>(인)</td></tr>
</table>

<table>
<tr><th>항목</th><th>배점</th><th colspan="2">산정 근거</th><th>점수</th></tr>
<tr><td>중소기업
재직 기간</td><td>75</td><td colspan="2">□ 중소기업 재직 기간: 년
□ 현재 직장인 전 재직 중소기업 수: 개
※ 산식: [3×재직 기간(1년마다))-(현재 직장 전에 재직한 중소기업 수×2)</td><td></td></tr>
<tr><td>정책적 우대</td><td>(20)</td><td colspan="2"></td><td></td></tr>
<tr><td>제조 소기업 또는 뿌리산업 재직</td><td>5</td><td>□ 제조 소기업
□ 뿌리기업</td><td>택1</td><td></td></tr>
<tr><td rowspan="3">기술·기능인력 및 자격증 등</td><td rowspan="3">10</td><td>□ 대한민국명장·숙련기술전수자: 5점
□ 우수숙련기술자: 3점</td><td>택1</td><td></td></tr>
<tr><td>□ 연구전담요원으로 재직 중인 근로자: 3점
□ 성과공제 만기자: 2점</td><td></td><td></td></tr>
<tr><td>□ 기술사 또는 기능장: 4점
□ 기사: 3점
□ 산업기사: 2점
□ 기능사: 1점
※ 유리한 한 가지 자격만 인정, 중복 불가</td><td>택1</td><td></td></tr>
<tr><td>수상 경력</td><td>5</td><td>□ 훈·포장: 5점
□ 대통령·총리 표창 또는 상장: 4점
□ 장관·차관급 이상 청장·광역자치단체장 표창 또는 상장: 3점
□ 기초자치단체장 표창 또는 상장: 2점
※ 유리한 한 가지 수상만 인정, 중복 불가
※ 최초 중소기업 입사일 이후 수상 경력만 인정</td><td>택1</td><td></td></tr>
</table>

지침 운영상 가·감점	(25)			
주택건설지역 재직	5	□ 주택건설지역 소재 또는 주택의 건설 위치에서 반경 6km 이내 소재 기업 재직		
무주택 기간	15	□ 입주자모집공고일 기준 무주택 기간: 년 ※ 산식: 무주택 기간 3년마다 3점 ※ 신청자가 만 30세가 된 날부터 산정 (만 30세 이전에 혼인한 경우 혼인신고일부터 산정) ※ 세대 구성원이 주택을 소유한 사실이 있는 경우 처분하여 무주택자가 된 날부터 무주택 기간 산정		
미성년 자녀 (태아 포함)	5	□ 자녀 수 1명: 1점 □ 자녀 수 2명: 3점 □ 자녀 수 3명 이상: 5점		
추천받은 후 미청약자	-10 (감점)	□ 1년 내 신청: -10점 □ 1년 초과 2년 내 신청: -5점		
계	120			

출처: 중소벤처기업부

중소기업 특공으로 남매 모두 세대주

오포 자이오브제 당첨 / 닉네임: 골든비

유주택자에서 전략적 무주택자가 되다

현지인이 제일 무시한다고 하는데 제가 딱 그랬어요. 집 앞에 태전지구가 생길 때 주말마다 모하에 방문하는 차량들 때문에 차 밀리는 것만 불평하고, 코앞에 있는 모하에 한 번 들려보지도 않았네요. 지금 생각해보면 왜 그리 미련스러웠을까 싶어요. 다 때가 있는 건데, 그때는 때가 아니었나봐요. 덕분에 지각비를 내게 되어 아쉽지만 어쩔 수 없는 노릇이죠. 다행히 지금이라도 정신 차리고 본진을 사수하게 되어 기쁩니다!

로즈님을 만나 정규 강의를 듣고 대면 상담 기회가 왔을 때 유주택을 포기하고 특공을 써야 할지 상담을 했어요. 로즈님께서 그 정도 점수면 특공 가능성이 있으니 무주택 상태를 만들어 특공에 도전해보자고 말씀하셨고, 바로 실행으로 옮겼습니다.

집 앞은 물론이고, 길 건너 신축, 구축 단지 부동산에 모두 전화를 돌려 매물을 내놓았더니 네이버 매물에 제 것만 14개가 뜨더라고요. 조금 민망한 상황이었지만, 오히려 경쟁이 된 건지 길 건너 신축 단지에 있는 부동산에서 모시고 온

손님과 계약하게 되었어요. 저희 집은 2층이라 비선호 층인데 정말 운 좋게 집을 2번 보여주고 계약이 되었어요. 비선호 저층에 애완견도 있던 상태라 걱정이 많았는데 귀인이 나타나 저를 무주택자로 만들어주었어요. 많은 핸디캡에도 불구하고 당시 최고가로 매도를 했어요!

하늘은 준비된 사람을 돕는다

집을 매도하기 전까지는 중소기업에 재직 중인 남동생의 청약통장으로 중소기업 특공이 나올 때마다 무조건 넣으며 실습을 했죠. 세팅을 해놓으니 그리 어렵지 않게 서류를 제출할 수 있었어요. 동생 것은 점수에 맞는 곳에 넣었는데, 막상 제 것을 넣으려고 하니 눈이 높아지더라고요. 평촌 엘프라우드, 하남 더샵에 넣었는데, 예비추천도 받지 못하고 떨어지니 현타가 제대로 왔어요. 그 전엔 오포 자이에 당첨되면 어쩌나 했거든요.

특공 신청을 할 때마다 로즈님께 상담글을 남겼는데, 항상 생각했던 것보다 빨리 답글을 주셨고, 매번 로즈님 픽이 가점이 제일 낮았어요! 오포 자이도 중기 특공 전 타입 중에 제 가점이 가장 낮았어요! 로즈님의 픽을 믿고 청약했고, 결국 당첨이 되었어요. 로즈님, 감사합니다! 여담으로 말씀드리면 원래 중기 특공 예비추천이었는데, 제 앞사람이 추천 취하를 하는 바람에 제가 추천이 된 거예요.

/ 오포 자이가 내 것이라니!

새집으로 이사를 간다고 하니 가족들이 너무 좋아해요. 헌 집 주고 새집을 받았는데 6,000만 원밖에 차이가 나지 않아요! 갈아타기 리스크가 있었지만, 로즈님을 믿고 과감하게 매도해 이런 행운이 오지 않았나 싶어요.
오포 자이 서류 접수하는 날과 친정엄마 아산 한라비발디 중대 실행하는 날이 겹쳤고, 남동생이 오산세교에 당첨되어 온 가족이 저희 집에서 축하 파티를 했어요. 가족들에게 집이 한 채씩 생기는 마법이 일어났어요! 로즈님, 정말 감사합니다.

28

한 번은 도전해볼 만한 신혼부부 특별공급

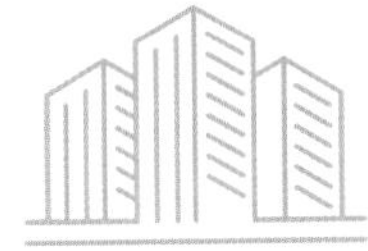

신혼부부 특별공급이란?

신혼부부 특별공급 대상자는 입주자모집공고일 기준으로 혼인 기간이 7년 이내인 부부로, 무자녀도 신청 가능합니다. 청약통장에 가입하여 유지하고 있는 무주택 저소득 신혼부부에게 1회에 한하여 특별공급하고, 전용면적 85m^2 이하 분양주택만 청약 가능합니다. 청약 자격은 무주택 세대 구성원이어야 하고, 소득 기준 및 부동산가액을 충족해야 합니다.

이 장에서는 민영주택 신혼특공에 대해 설명합니다. 공공분양 신혼특공 조건은 29장을 참고하세요.

소득이 낮을수록 확률이 높아진다

신혼부부 특별공급에서 조금 까다로운 부분은 바로 소득입니다. 2020년 8·4 공급대책 및 3기 신도시 사전청약 등을 통해 확대되는 주택공급에서 맞벌이 가구 등 보다 많은 실수요 계층이 내 집 마련 기회를 갖도록 「주택공급에 관한 규칙」 및 「공공주택특별법 시행규칙」 등 관계 법령을 개정하여 2021년 2월 2일부터 소득 기준이 대폭 완화되었습니다. 게다가 2021년 11월 16일부터 민영주택 신혼부부, 생애최초 특별공급 사각지대를 개선하기 위해 30% 추첨제까지 생겼습니다. 그럼 하나씩 살펴볼까요?

신혼부부 특별공급은 소득에 따른 우선배정제도가 있습니다.

① 소득 구분

(1단계)신생아 우선공급(15%): 입주자모집공고일 현재 2세 미만(2세가 되는 날을 포함)의 자녀가 있는 신청자로서, 세대의 월평균 소득이 전년도 도시근로자 월평균 소득의 100% 이하(부부 모두 소득이 있는 경우 120% 이하)인 분. 단, 경쟁이 있는 경우 ③의 순서에 따라 입주자 선정

(2단계)신생아 일반공급(5%): 입주자모집공고일 현재 2세 미만(2세가 되는 날을 포함)의 자녀가 있는 신청자로서, 세대의 월평균 소득이 전년도 도시근로자 월평균 소득의 100% 초과 140% 이하(부부 모두 소득이 있는 경우 120% 초과 160% 이하)인 분. 단, 1단계 낙첨자를 포함하며, 경쟁이 있는 경우 ③의 순서에 따라 입주자 선정

(3단계)우선공급(35%): 세대의 월평균 소득이 전년도 도시근로자 월평균 소득의 100% 이하(부부 모두 소득이 있는 경우 120% 이하)인 분.

단, 2단계 낙첨자 중 1단계 신청자를 포함하며, 경쟁이 있는 경우 ② → ③의 순서에 따라 입주자 선정

(4단계)일반공급(15%): 세대의 월평균 소득이 전년도 도시근로자 월평균 소득의 100% 초과 140% 이하(부부 모두 소득이 있는 경우 120% 초과 160% 이하)인 분. 단, 2단계 낙첨자 중 2단계 신청자와 3단계 낙첨자를 포함하며, 경쟁이 있는 경우 ② → ③의 순서에 따라 입주자 선정

(5단계)추첨공급: 세대의 월평균 소득이 전년도 도시근로자 월평균 소득의 140%(부부 모두 소득이 있는 경우 160%) 초과하나, 부동산가액이 3억 3,100만 원 이하인 분. 단, 4단계 낙첨자를 포함하며, 경쟁이 있는 경우 추첨으로 입주자 선정

② 순위

(1순위)입주자모집공고일 현재 혼인 관계에 있는 배우자와의 사이에서 출산한 미성년 자녀가 있는 경우. 단, 임신 및 입양자녀 포함, 전혼자녀 제외. 「민법」 제855조제2항에 따라 혼인 중의 출생자로 인정되는 혼인 외의 출생자가 있는 경우 포함

(2순위)자녀가 없거나 다음의 특례에 해당하는 분

* 특례: 2018년 12월 10일 이전에 기존 소유 주택을 처분했고 처분일부터 입주자모집공고일까지 계속하여 무주택 세대 구성원 유지 및 무주택 기간이 2년을 경과한 분

③ 신생아 우선공급, 신생아 일반공급 및 순위 내 경쟁이 있는 경우

(1) 지역 우선 공급기준 적용

(2) 미성년 자녀 수가 많은 분

(3) 미성년 자녀 수가 같은 경우 추첨

다음 월평균 소득 기준표는 2023년도 도시근로자 월평균 소득을 기준으로 했으며, 매년 통계청 발표 이후 변동이 있을 수 있으니 참고로만 봐주세요.

— 신혼부부 민영공급: 2023년 도시근로자 가구원 수별 월평균 소득 기준

공급 유형		기준	3인 이하	4인	5인
신생아 우선공급 (기준소득, 15%)	부부 중 한 명만 소득이 있는 경우	100% 이하	~7,004,509원	~8,248,467원	~8,775,071원
	부부 모두 소득이 있는 경우	120% 이하	~8,405,411원	~9,898,160원	~10,530,085원
신생아 일반공급 (상위소득, 5%)	부부 중 한 명만 소득이 있는 경우	100% 초과 140% 이하	7,004,510~ 9,806,313원	8,248,468~ 11,547,854원	8,775,072~ 12,285,099원
	부부 모두 소득이 있는 경우	120% 초과 160% 이하	8,405,412~ 11,207,214원	9,898,161~ 13,197,547원	10,530,086~ 14,040,114원
우선공급 (기준소득, 35%)	부부 중 한 명만 소득이 있는 경우	100% 이하	~7,004,509원	~8,248,467원	~8,775,071원
	부부 모두 소득이 있는 경우	120% 이하	~8,405,411원	~9,898,160원	~10,530,085원
일반공급 (상위소득, 15%)	부부 중 한 명만 소득이 있는 경우	100% 초과 140% 이하	7,004,510~ 9,806,313원	8,248,468~ 11,547,854원	8,775,072~ 12,285,099원
	부부 모두 소득이 있는 경우	120% 초과 160% 이하	8,405,412~ 11,207,214원	9,898,161~ 13,197,547원	10,530,086~ 14,040,114원
추첨공급	부부 중 한 명만 소득이 있는 경우	세대의 월평균 소득이 전년도 도시근로자 월평균 소득의 140% 초과하나, 부동산가액이 3억 3,100만 원 이하인 경우			
	부부 모두 소득이 있는 경우	세대의 월평균 소득이 전년도 도시근로자 월평균 소득의 160% 초과하나, 부동산가액이 3억 3,100만 원 이하인 경우			

※ 자산은 부동산가액을 의미하며, 자동차가액 및 금융자산은 포함되지 않음

출처: 청약홈

먼저 신생아 우선공급은 부부 모두 소득이 있는 경우, 부부 중 1인의 소득이 전년도 도시근로자 가구당 월평균 소득의 100%를 초과하지 않아야 하며, 부부 중 1인의 소득이 월평균 소득 기준의 100%를 초과할 경우 신생아 일반공급으로 청약해야 합니다.

신생아 일반공급은 부부 모두 소득이 있는 경우, 부부 중 1인의 소득이 전년도 도시근로자 가구당 월평균 소득의 140%를 초과하지 않아야 합니다. 또 우선공급은 부부 모두 소득이 있는 경우, 부부 중 1인의 소득이 전년도 도시근로자 가구당 월평균 소득의 100%를 초과하지 않아야 하며, 부부 중 1인의 소득이 월평균 소득 기준의 100%를 초과 시 일반공급으로 청약해야 합니다.

일반공급은 부부 모두 소득이 있는 경우, 부부 중 1인의 소득이 전년도 도시근로자 가구당 월평균 소득의 140%를 초과하지 않아야 합니다. 추첨제는 해당 세대의 전년도 도시근로자 가구원 수별 월평균 소득 기준(배우자가 소득이 없는 경우 140%, 신혼부부 모두 소득이 있는 경우 160%)은 초과하나, 해당 세대의 부동산가액 기준(3억 3,100만 원) 이하여야 합니다.

최근에는 신혼부부 특별공급 소득 기준을 맞추기 위해 휴직이나 퇴사를 하는 사람도 종종 있습니다. 하지만 휴직을 하더라도 전년도에 정상적으로 근무한 기간의 소득을 정상적으로 근무한 개월 수로 나눈 금액으로 월평균 소득을 추정하기 때문에 실제 근무한 기간의 소득이 모두 계산됩니다. 즉, 소득을 줄이기 위해 휴직을 해도 소용이 없으니 추첨제 30%에 넣어보세요.

프리랜서 등 소득이 불규칙한 경우는 어떨까요? 이 경우 종합소득세를 신고했다면 소득금액증명원으로 소득을 확인하고, 신고하지 않았다면 계약서상 계약금액으로 월평균 소득을 산정합니다. 모든 소득은 세전 금액이라는 점도 기억해두세요.

1자녀, 무자녀도 예비당첨을 노리자

신혼부부 특별공급으로 당첨되기 위해서는 자녀가 많은 분이 유리합니다. 신혼부부 특별공급의 같은 순위에서 경쟁이 발생하면 입주자 선정 순서는 ① 해당 주택건설지역 거주자, ② 미성년 자녀 수가 많은 자(임신, 입양자녀 및 재혼한 경우 전 배우자와의 사이에서 출산한 자녀 포함), ③ 미성년 자녀 수가 같은 경우 추첨순이기 때문입니다.

서울 인기 아파트에 신혼부부 특별공급으로 당첨되려면 서울 당해, 2자녀 이상이어야 가능합니다. 무자녀는 물론 1자녀도 서울 인기 단지는 어렵습니다. 하지만 신생아(2세 이하의 자녀, 태아 포함)라면 우선공급 대상이 되어 굉장히 유리하니 참고하세요.

그렇다면 자녀가 1명이거나 무자녀인 신혼부부는 특별공급을 쓰지 못할까요? 이런 경우에는 당첨이 아니라 예비당첨을 기대할 수 있습니다. 저는 지금까지 신혼부부 특별공급 예비당첨으로 1자녀, 무자녀, 기타 지역에 해당하는 수강생까지 모두 당첨시켰습니다. 어떻게 가능했을까요? 예비당첨은 추첨이기 때문입니다. 특별공급은 조건이 까다로워 제출해야 하는 서류가 상당히 많습니다. 그래서 매번 평균 10~20%의 부적격이 발생하죠. 즉, 예비당첨 물량이 늘 존재한다는 의미입니다. 특별공급 신청을 위한 서류를 잘 내면 자녀가 없거나 적어도 혹은 당해가 아니어도 당첨될 수 있으니 무자녀, 1자녀도 도전해보세요.

1자녀,
신혼특공에 성공하다

청량리 롯데캐슬하이루체 당첨 / 닉네임: 바롬

무주택자는 청약 공부부터 시작하세요

저는 부동산 공부를 시작한 지 1년 반 정도 되었습니다. 그동안 '돈만 많이 벌면 되지'라는 생각으로 살았어요. 대출이 없는 게 제겐 엄청난 자랑거리였죠. 그러던 어느 날 '이제 집을 사야겠다'라고 생각하고 부동산 시장에 발을 내밀었습니다. 그런데 집값이 엄청나게 올라 있는 게 아니겠어요? 저는 그제야 마음을 단단히 먹고 부동산 공부를 시작했습니다.

부동산 공부를 시작하니 신세계가 열린 것만 같았습니다. 경매초급반을 수강하고, 옥션원 100만 원을 결재하고, 썩빌을 낙찰받을 뻔하고, 명의의 중요성을 깨닫고 법인을 설립했습니다. 그리고 계속해서 공부를 해나갔는데, 실행으로 옮기지 못하는 것에 대한 갈증이 느껴졌어요. 무주택자 명의가 아까워 선뜻 뭘 못하겠더라고요. 부동산 공부를 시작한 무주택자 분들은 제 마음을 이해하실 거라 생각합니다.

그렇게 시간이 흐른 뒤 내꿈사에서 신속통합기획 특강을 들으며 재개발 선생님을 알게 되었고, 그분의 강의가 너무나 인상 깊어 재개발 공부를 시작했습니다. 그렇게 저는 재개발에 푹 빠져들었죠. 그런데 재개발 선생님께서 "청약 공부를 더 열심히 해야 합니다"라고 조언해주셨습니다. 사실 청약 점수가 낮아 가능성이 없다고 생각해 청약 공부를 제대로 하고 있지 않았어요. 그런데 존경하는 선생님께서 그렇게 조언해주시니 곧바로 청약을 파고들기로 결심했죠.
자세히 알아보니 청약 분야에서 가장 유명한 분은 열정로즈 선생님이셨어요.
청약 1일 특강을 듣고 곧바로 멤버십 12개월을 가입했죠. 하루는 멤버십 가입 특권으로 정규 수업 전에 열정로즈 선생님과 함께 청량리 롯데캐슬하이루체 모델하우스에 방문하게 되었습니다. 모델하우스 방문 일주일 전에 임장을 했기에 청량리 입지 공부는 되어 있었어요. 열정로즈 선생님께 모하 관람 팁, 입지 분석 방법 등을 배우며 멤버십을 먼저 시작하길 잘했다고 생각했습니다.
그리고 정규 수업이 시작되었습니다. 첫 수업을 듣고 청약은 운이 아닌 전략이라는 사실을 깨달았습니다. 그렇게 저는 청약 공부에 더욱더 빠져들었습니다.

당첨이 되어야 돈을 법니다

1주 차 수업이 끝나고 휴가를 가게 되었는데, 그날이 바로 청량리 롯데캐슬하이루체 청약 접수일이었습니다. 전 이렇게 생각했죠.
'음, 나는 자녀가 1명이라 신특은 당첨 확률이 낮아. 생애최초로 넣어야겠다. 들어가서 살 수도 있으니 59타입에 넣어야지? A타입은 박 터질 테니 B타입으로!'
그런데 오후 3시쯤 열정로즈 선생님의 답글이 달렸습니다.
'신혼부부 특공으로 51A에 넣으세요.'
저는 순간 멈칫했지만, 결국 열정로즈 선생님의 조언대로 51A로 변경했습니다. 감사하게도 정규 수업 1주 차에 청약에 대한 마인드세팅이 완료되어 큰 어려움 없이, 망설임 없이 선생님의 조언을 따를 수 있었습니다.
당첨이 되어야 돈을 벌 수 있습니다. 같은 단지의 큰 평수가 오르면 작은 평수도 따라 오르기 마련입니다. 청량리 롯데캐슬하이루체는 청량리역 10개 노선

호재, 현재 비규제지역으로 실거주 의무 폐지, 작은 평수 희소성 등 매력이 넘치는 곳입니다. 가장 중요한 건 분양가가 저렴하고, 부동산은 장기적으로 우상향한다는 사실! 심지어 분양가도 쭉쭉 오르고 있습니다.
저는 그렇게 청약 공부를 시작하고 처음 도전한 청량리 롯데캐슬하이루체에 당첨이 되었습니다. 지금까지 '청약은 로또'라고 생각하며 요행을 바라던 제가 한 번에 당첨이 되다니요! 드디어 무주택자 신분에서 벗어났습니다!

29

무자녀 신혼부부라면 생애최초 특별공급

조건만 된다면 무조건 도전!

요즘 생애최초 특별공급의 인기가 상당합니다. 1인 가구(미혼생초)도 신청할 수 있고, 무엇보다 특별공급 중에서 유일한 추첨제이기 때문이죠. 특히 신혼부부 특별공급과 조건이 상당히 비슷해 신혼부부 특별공급에 해당하는 사람이라면 생애최초 특별공급도 눈여겨볼 필요가 있습니다. 연령대와 상관없이 일정 수준 소득, 자산 기준을 맞춘다면 누구나 참여할 수 있으며, 선정 방식이 100% 추첨이라 더욱 매력적입니다. 만약 신혼부부 특별공급에 해당하지만 무자녀인 세대라면, 생애최초 특별공급이 유리할 수 있습니다. 조건은 다음과 같습니다.

생애최초 국민주택 특별공급 자격 조건

1. 생애최초로 주택을 구매하는 경우(세대원 모두 과거 주택을 소유한 사실이 없어야 함)
2. 일반공급 1순위인 무주택 세대의 세대주 또는 세대 구성원
3. 청약통장 저축액 600만 원 이상(공고문 전날까지 채워놓으면 인정)
4. 입주자모집공고일 현재 혼인 중이거나 미혼인 자녀(임신 및 입양 포함)가 있는 사람
5. 입주자모집공고일 현재 근로자 또는 자영업자로서 5년 이상 소득세를 낸 사람 (과거 1년 내에 소득세를 납부한 경우 포함)

* 1인 가구는 추첨제로만 청약 가능
* 1인 가구 중 '단독세대가 아닌 자(주민등록표등본에 직계존속과 함께 등재된 경우)'는 전 주택형에 청약 가능
* 1인 가구 중 '단독세대(주민등록표등본에 직계존속이 함께 등재되지 않은 경우)'는 전용면적 60m² 이하 주택형에 한해 청약 가능

생애최초 국민주택: 2023년 도시근로자 가구원 수별 월평균 소득 기준

공급 유형		기준	3인 이하	4인	5인
신생아 우선공급(기준소득, 15%)		100% 이하	~7,004,509원	~8,248,467원	~8,775,071원
신생아 일반공급(상위소득, 5%)		100% 초과 130% 이하	7,004,510~ 9,105,862원	8,248,468~ 10,723,007원	8,775,072~ 11,407,592원
우선공급(기준소득, 35%)		100% 이하	~7,004,509원	~8,248,467원	~8,775,071원
일반공급(상위소득, 15%)		100% 초과 130% 이하	7,004,510~ 9,105,862원	8,248,468~ 10,723,007원	8,775,072~ 11,407,592원
추첨공급	혼인 중이거나, 미혼 자녀가 있는 경우	세대의 월평균 소득이 전년도 도시근로자 월평균 소득의 130% 초과하나, 부동산가액이 3억 3,100만 원 이하인 경우			
	1인 가구	세대의 월평균 소득이 전년도 도시근로자 월평균 소득의 130% 이하이거나, 부동산가액이 3억 3,100만 원 이하인 경우			

출처: 청약홈

이제는 민영주택에서도 가능하다!

생애최초 특별공급은 국민주택에서만 가능한 특별공급이었습니다. 그런데 2020년 9월 29일부터 민영주택에도 도입되었고, 국민주택 내 비율도 20%에서 25%로 확대되었습니다.

민영주택에서는 공공택지와 민간택지가 각각 다른 비율로 공급되는데, 공공택지는 19%, 민간택지는 9%입니다. 그동안 민영주택에서 생애최초 특별공급이 없어 아쉬웠던 저가점자 분들에게 좋은 기회가 되리라 봅니다.

— 생애최초 민영주택 특별공급 자격 요건

구분	자격 요건
대상 주택	85m² 이하 민영주택
공급량	민간택지: 건설량의 9%(공공택지는 19%) 내
자격 요건	아래 ①~⑥까지 요건을 모두 충족
적용 시점	2021년 11월 16일 이후 입주자모집 승인 신청하는 분양단지
요건	① 입주자모집공고일 현재 생애최초로 주택 구입 요건을 충족(세대구성원 모두 과거 주택을 소유한 사실이 없는 경우로 한정) ② 일반공급 1순위인 무주택의 세대주 또는 세대 구성원(국민주택과 달리 선납금을 포함한 600만 원 이상 납부 대상 아님) ③ 입주자모집공고일 현재 혼인 중이거나 미혼 자녀(임신 및 입양 포함)가 있는 자 ④ 입주자모집공고일 현재 근로자 또는 자영업자로서 5년 이상 소득세를 납부한 자(과거 1년 내에 소득세를 납부한 경우 포함) * 1인 가구는 추첨제로만 청약 가능 * 1인 가구 중 '단독세대가 아닌 자(주민등록표등본에 직계존속과 함께 등재된 경우)'는 전 주택형에 청약 가능 * 1인 가구 중 '단독세대(주민등록표등본에 직계존속이 함께 등재되지 않은 경우)'는 전용면적 60m² 이하 주택형에 한해 청약 가능

출처: 국토교통부

생애최초 선정 방법은 다음과 같습니다.

(1단계)신생아 우선공급(15%): 입주자모집공고일 현재 2세 미만(2세가 되는 날을 포함)의 자녀가 있는 신청자로서, 세대의 월평균 소득이 전년도 도시근로자 월평균 소득의 130% 이하인 분. 단, 경쟁이 있는 경우 지역 우선 공급기준에 따르며, 지역 내 경쟁 시 추첨으로 입주자 선정

(2단계)신생아 일반공급(5%): 입주자모집공고일 현재 2세 미만(2세가 되는 날을 포함)의 자녀가 있는 신청자로서, 세대의 월평균 소득이 전년도 도시근로자 월평균 소득의 130% 초과 160% 이하인 분. 단, 1단계 낙첨자를 포함하고, 경쟁이 있는 경우 지역 우선 공급기준에 따르며 지역 내 경쟁 시 추첨으로 입주자 선정

(3단계)우선공급(35%): 세대의 월평균 소득이 전년도 도시근로자 월평균 소득의 130% 이하인 분. 단, 2단계 낙첨자 중 1단계 신청자를 포함하고, 경쟁이 있는 경우 지역 우선 공급기준에 따르며 지역 내 경쟁 시 추첨으로 입주자 선정

(4단계)일반공급(15%): 세대의 월평균 소득이 전년도 도시근로자 월평균 소득의 130% 초과 160% 이하인 분. 단, 2단계 낙첨자 중 2단계 신청자 및 3단계 낙첨자를 포함하고, 경쟁이 있는 경우 지역 우선 공급기준에 따르며 지역 내 경쟁 시 추첨으로 입주자 선정

(5단계)추첨공급: 다음 ① 또는 ②에 해당하는 분

① 입주자모집공고일 현재 입주자모집공고일 현재 혼인 중이거나 미혼인 자녀(임신 및 입양 포함, 신청자가 혼인 중이 아닌 경우에는 동일한 주민등록표등본에 올라 있는 자녀)가 있는 분으로서, 세대의 월평균 소득이 전년도 도시근로자 월평균 소득의 160% 초과하나, 부동산가액이 3억

3,100만 원 이하인 분

② 1인 가구로서, 세대의 월평균 소득이 전년도 도시근로자 월평균 소득의 160% 이하이거나, 부동산가액이 3억 3,100만 원 이하인 분

단, 4단계 낙첨자 포함하고, 경쟁이 있는 경우 지역 우선 공급기준에 따르며, 지역 내 경쟁 시 추첨으로 입주자 선정

— 생애최초 민영주택: 2023년 도시근로자 가구원 수별 월평균 소득 기준

<table>
<tr><th colspan="2">공급 유형</th><th>기준</th><th>3인 이하</th><th>4인</th><th>5인</th></tr>
<tr><td colspan="2">신생아 우선공급(기준소득, 15%)</td><td>130% 이하</td><td>~9,105,862원</td><td>~10,723,007원</td><td>~11,407,592원</td></tr>
<tr><td colspan="2">신생아 일반공급(상위소득, 5%)</td><td>130% 초과
160% 이하</td><td>9,105,863~
11,207,214원</td><td>10,723,008~
13,197,547원</td><td>11,407,593~
14,040,114원</td></tr>
<tr><td colspan="2">우선공급(기준소득, 35%)</td><td>130% 이하</td><td>~9,105,862원</td><td>~10,723,007원</td><td>~11,407,592원</td></tr>
<tr><td colspan="2">일반공급(상위소득, 15%)</td><td>130% 초과
160% 이하</td><td>9,105,863~
11,207,214원</td><td>10,723,008~
13,197,547원</td><td>11,407,593~
14,040,114원</td></tr>
<tr><td rowspan="2">추첨
공급</td><td>혼인 중이거나, 미혼 자녀가 있는 경우</td><td colspan="4">세대의 월평균 소득이 전년도 도시근로자 월평균 소득의 160% 초과하나, 부동산가액이 3억 3,100만 원 이하인 경우</td></tr>
<tr><td>1인 가구</td><td colspan="4">세대의 월평균 소득이 전년도 도시근로자 월평균 소득의 160% 이하이거나, 부동산가액이 3억 3,100만 원 이하인 경우</td></tr>
</table>

출처: 청약홈

앞의 표에서 우선공급(기준소득)은 해당 세대의 전년도 도시근로자 가구당 월평균 소득의 130%를 초과하지 않아야 합니다. 또 일반공급(상위소득)은 해당 세대의 전년도 도시근로자 가구당 월평균 소득의 160%를 초과하지 않아야 합니다.

추첨제(30%)의 경우 해당 세대의 전년도 도시근로자 가구원 수별 월평균 소득 기준(160%)은 초과하나, 해당 세대의 부동산가액이 3억 3,100만 원 이하인 자와 1인 가구 '자산 기준 충족' 또는 '소득 기준 충

족' 신청자는 '소득초과 추첨제' 자격으로 신청 가능합니다.

1인 가구는 입주자모집공고일 현재 혼인 중이 아니면서 미혼인 자녀도 없는 신청자를 말합니다. 1인 가구는 추첨제로만 청약 가능하며, 단독세대와 단독세대가 아닌 자로 구분합니다(단독세대는 세대별 주민등록표등본에 신청자의 배우자나 직계존비속이 없는 경우를 말함). 단독세대는 전용면적 60m² 이하 주택형에 한하여 청약이 가능하며, 1인 가구는 소득 기준 또는 자산 기준 중 하나를 반드시 충족해야 합니다.

30대 초반 21점, 서울에 내 집 마련 성공

더샵강동 센트럴시티 당첨 / 닉네임: Gracekim

청약 특강으로 시작된 로즈님과의 인연

본격적으로 후기를 작성하게 전에 제 스펙을 간략하게 소개하겠습니다. 저는 30대 초반 미혼이고, 21점 저가점자로 민간 미혼 생애최초 특공으로 청약에 당첨되었습니다. 2년 동안 지방에서 근무하며 서울의 중요성을 뼈저리게 깨닫고 서울로 돌아왔습니다. 서울 청약은 매우 어려울 거라 생각했지만 그래도 기회를 잡고 싶어 청약 특강을 수강했습니다. 강의는 놀라웠습니다. 하지만 그 당시는 서울이 비규제지역으로 풀리기 전이라 당첨은 불가능해 보였습니다. 그렇게 시간이 흘렀고, 한 달 뒤에 역사에 남을 만한 둔촌주공 분양이 시작되었습니다. 저는 당연히 안 될 거라 생각해 분양 결과를 주시하지 않았습니다. 그런데 그 후 소형 평수는 무순위 줍줍까지 진행되었어요. 서울 당해 무주택자인 저는 큰 기회를 놓쳐버렸다는 사실을 깨달았습니다. 그리고 다음에 기회가 찾아오면 절대 놓치지 않겠다고 결심했죠. 둔촌주공 계약일에 원희룡 장관의 둔주 구하기 대책이 발표되었고, 서울이 비규제지역으로 풀렸습니다. 저는 무릎을 탁! 치며 이렇게 생각했습니다.

'내게도 곧 기회가 찾아오겠구나!'
그 후 저는 영등포 자이디그니티, 휘경 자이 등 가리지 않고 청약에 도전하고, 또 도전했습니다. 하지만 이상하게 예비번호도 나오지 않았습니다. 그때 저는 일반공급 추천제로만 청약을 넣었습니다. 지금 생각해보면 정말 나라를 구해야 되는 상황이었습니다. 그렇게 저는 청약 특강을 재수강해야만 했습니다. 공부를 해나가던 중 저는 제가 미혼생초 특별공급이 가능하다는 사실을 알게 되었습니다.

끊임없는 공부 그리고 당첨

정부는 특례보금자리론으로 유동성을 풀어주고 있었고, 서울도 비규제지역으로 풀려 올해를 그냥 보낸다면 내년에는 100% 후회할 것이라고 생각했습니다. 수업을 듣고 처음으로 넣은 단지는 래미안라그란데였는데, 그때 처음으로 예비번호를 받았습니다. 비록 당첨은 되지 않았지만 너무나 감격스러웠습니다. 제 선택에 확신이 들었습니다. 그 후 로즈님이 추천해주시는 서울 단지는 가리지 않고 모두 넣었습니다. 서울 저가점자가 서울을 가린다는 것은 말도 안 되는 일이라고 생각했습니다.
저는 보문 센트럴아이파크까지 떨어진 뒤 용기를 내 더샵강동 센트럴시티 멤버십 모하 임장에 참여했습니다. 그런데 처음으로 예비 앞 번호가 나온 게 아니겠어요? 마침 집 근처라 모하 임장을 신청했던 건데 그곳이 제 계약 장소가 될 줄은 상상도 하지 못했습니다. 그리고 신기하게도 10월부터 참여한 모하 임장에서 전부 예비 앞 번호를 받았습니다. 모두 당첨이 가능한 번호였죠. 저는 그렇게 서울 신축 예비 앞 번호를 3개나 받았습니다.
아니! 이게 말이 된다고? 로즈님과 수강생분들의 말씀대로 모하 임장을 가면 정말 특별한 기운을 받는 것 같습니다. 그렇게 저는 계약날 펑펑 울며 더샵강동 센트럴시티 계약을 마쳤습니다.

꿈은 계속된다

서울 신축 당첨! 너무나 꿈만 같지만 저는 여기서 멈추지 않을 것입니다. 로즈님을 본받아 더 열심히 공부해 꼭 강남에 입성할 거예요. 11월에 청약에 당첨된 뒤 바로 은행으로 달려가 청약통장을 다시 만들고, 분양권 정규 강의를 수강했습니다. 로즈님 말씀대로 당첨이 끝이 아닙니다. 더 열심히 공부해야 그다음이 있지 않겠어요?

청약은 계약금만으로 2~3년의 시간을 벌 수 있는 기회입니다. 그 시간 동안 자금 계획을 세우고, DSR을 높이고, 잔금을 벌고, 결혼을 할 수 있습니다. 너무 소중한 시간입니다. 분양가가 비싸다고 외면하지 마세요. 주변 구축 시세를 봤을 때 자신이 그 구축을 살 수 있는 자금 여력이 안 된다면 청약을 넣는 것이 맞다고 생각합니다. 비싸다고 외면하며 집값이 떨어지기만을 기다리는 건 시간을 낭비하는 것입니다. 청약은 기회이자 전략입니다. 제 후기를 읽으신 모든 분들이 당첨의 기쁨을 맛보셨으면 좋겠습니다.

30

두 자녀 이상이라면 다자녀 특별공급

수도권 전체에 특별공급으로 도전 가능

2자녀 이상 다자녀가구를 대상으로 하는 다자녀 특별공급의 가장 큰 무기는 무엇일까요? 바로 수도권 거주자라면 수도권 전체가 당해라는 점입니다. 당해 50%, 기타 지역 50%로 당첨자를 뽑는데요. 예를 들어 서울에서 분양하는 단지라면 서울 50%, 나머지 수도권 50%로 선정합니다.

다자녀가구는 다음 배점 기준표에 따라 점수를 합산해 점수가 높은 순으로 당첨자를 선정합니다. 모든 자녀는 미성년이어야 하고, 태아도 가능합니다. 자녀가 모두 영유아라면 추가 점수를 받을 수 있습니다. 다자녀 특별공급은 동일 점수로 경쟁이 있을 경우 다음의 우선순위로 선정합니다.

다자녀 동일 점수 경쟁 시 우선순위

1. 미성년 자녀 수가 많은 자
2. 자녀 수가 같으면 공급 신청자의 연령(연월일 계산)이 많은 자

공공주택의 경우 소득과 자산 기준이 충족되어야 하지만, 민영주택과 국민주택(공공주택 특별법 미적용)은 신혼부부, 생애최초 특별공급과 달리 소득이나 자산 기준을 적용하지 않습니다.

— 다자녀 특별공급 배점 기준표

배점표(해당 사항 있는 항목에 √ 표기)					
평점 요소	총배점	배점 기준		해당 사항	비고
		기준	점수		
계	100				
① 미성년 자녀 수	40	4명 이상	40		자녀(태아나 입양아, 전혼 자녀 포함)는 입주자모집공고일 현재 미성년자인 경우만 포함
		3명	35		
		2명	25		
② 영유아 자녀 수	15	3명 이상	15		영유아(태아, 입양아, 전혼 자녀 포함)는 입주자모집공고일 현재 만 6세 미만인 경우
		2명	10		
		1명	5		

③ 세대 구성	5	3세대 이상	5		공급 신청자와 직계존속(배우자의 직계존속을 포함하며 무주택자로 한정)이 입주자모집공고일 현재로부터 과거 3년 이상 계속하여 동일 주민등록표등본에 등재
		한부모 가족	5		공급 신청자가 「한부모가족지원법 시행규칙」 제3조에 따라 여성가족부 장관이 정하는 한부모 가족으로 5년이 경과된 자
④ 무주택 기간	20	10년 이상	20		배우자의 직계존속(공급 신청자 또는 배우자와 동일 주민등록표등본에 등재된 경우에 한정)도 무주택이어야 하며, 무주택 기간은 공급 신청자 및 배우자의 무주택 기간을 산정
		5년 이상 10년 미만	15		
		1년 이상 5년 미만	10		
⑤ 해당 시·도 거주 기간	15	10년 이상	15		공급 신청자가 해당 지역에 입주자모집공고일 현재까지 계속하여 거주한 기간. 시는 광역시·특별자치시 기준이고, 도는 도·특별자치도 기준이며, 수도권의 경우 서울·경기·인천 지역 전체를 해당 시·도로 본다.
		5년 이상 10년 미만	10		
		1년 이상 5년 미만	5		
⑥ 입주자저축 가입 기간	5	10년 이상	5		입주자모집공고일 현재 공급 신청자의 가입 기간을 기준으로 하며 입주자저축의 종류, 금액, 가입자 명의변경을 한 경우에도 최초 가입일 기준으로 산정

강남에 등기를 치는 꿈이 이루어졌어요

강남 메이플자이 당첨 / 닉네임: 큐마미

미리 준비하지 않으면 기회가 와도 모른다

결혼 후 처음 넣은 청약에서 신혼특공 예비 2번(청량리 해링턴플레이스 84타입)을 받았습니다. 청약에 무지했고, 그 탓에 추첨에 가지 않았습니다. 좋은 기회를 날린 거죠. 84타입이 9억 원이었는데요! 이후 넣은 청약에서 번번이 낙첨했고, 이 시기에 원데이 특강에서 로즈님을 처음 뵈었습니다. 열심히 공부를 하고 총알이 준비되어 있어도 저가점자에게는 청약의 문이 좁았기에, 결국 청약에 대한 기대를 접고 구축을 매수했습니다.

코로나19 유동성으로 운 좋게 구축의 가격도 올랐지만 서울 내 신축이 워낙 귀하다 보니 오름폭이 더 커 갈아타기가 쉽지 않았습니다. 뒤늦게 놓쳐버린 청량리가 아쉬워 어쩌다 근처를 지나갈 일이 생기면 속상해했던 기억이 납니다. 그때 '나에게 또 기회가 온다면, 절대 놓치지 말아야지' 하고 다짐했습니다.

기회는 기다리지 않고, 만들어가는 것

시간이 흘러 쌍둥이를 낳고 기르다 보니 자연스럽게 속세와 멀어지더군요. 그러다 셋째를 임신하게 되면서 정신이 번쩍 들었습니다.

'더 넓은 집으로 가야 한다. 갈아타야 한다.'

저는 고민 끝에 집을 팔고, 다자녀 특공 청약에 도전해보기로 결심했습니다. 그런데 아무도 집을 보러오지 않더라고요. 콧대가 높았던지라 가격 조정을 시원시원하게 하지 않았고, 이후엔 이러다 죽도 밥도 안 되겠다 싶어 여러 노력을 한 끝에 1년 만에 무주택자가 되었습니다.

무주택자가 되고 가장 먼저 찾은 건 열정로즈님의 원데이 특강이었습니다. 청약에 대해 어렴풋하게 알고 있었기에 원데이 특강이면 충분하지 않을까 하고 생각했는데 웬걸! 제가 생각했던 것보다 훨씬 방대했고, 어설프게 알면 모르느니만 못하겠다는 생각이 들었습니다. 부적격이 될 경우 향후 1년간 쏟아지는 청약에 도전조차 할 수 없으니까요. 제대로 알고 전략을 짜야겠다는 생각에 바로 정규 강의를 신청했습니다.

61기 강의를 듣고 있는데 메이플자이 모집공고가 났고, 특공 신청 전에 꼭 로즈님께 대면 상담을 받고 싶어 과제를 정말 열심히 했습니다. 그런데 무주택기간 점수가 0점이라 다자녀 특공에 도전해도 될지 고민되었습니다. 강남권은 꿈도 못 꿀 점수였거든요. 그래도 로즈님께서는 도전해보자고 하셨고, 가장 작은 43타입을 추천해주셨습니다. 다섯 식구가 살기에 매우 작은 평형이었지만, 남편과 저의 목표는 '하루라도 빨리 강남에 등기치기'였기에 미니멀하게 살아보기로 결심하고 지원했습니다.

대면 상담이 아니었다면 43타입은 생각도 못했을 것 같아요. 그나마 방이 하나 더 있는 49타입에 도전해 고배를 마셨겠죠. '청약은 전략'이라는 로즈님의 말씀이 실감나는 순간이었습니다.

경쟁률 2:1 그리고 당첨

정규 수업을 통해 알 수 없는 것들이 있죠. 바로 현장 분위기입니다. 저의 첫 임장지는 메이플자이였습니다. 삼성동 모델하우스에서 잠원동 준공 현장으로 이동할 때 로즈님께서 "내가 큐마미님 당첨시킬 거예요"라고 말씀하셨습니다. 그 순간 로즈님을 믿고 따라 하면 되겠다는 생각이 들었습니다. 로즈님이 현장 소장님께 "저희 조합원이에요. 잘 지어지는지 보러왔어요"라고 말씀하시는 모습을 보며 처음에는 '재밌다! 색다른 경험이네!'라고 생각했는데 "큐마미님! 여기 큐마미님 집이에요! 땅 밟고 와요"라고 말씀하셨을 때는 저도 모르게 동화되어 정말 그런 것처럼 행동하게 되더라고요.

/ 이곳이 바로 내 집!

그렇게 간절한 마음으로 기다렸던 특공 접수 당일 오후 7시 30분. 다자녀 특공 43B 타입 경쟁률을 확인했습니다. 결과는 2:1! 온몸에 힘이 풀리더라고요. 됐다! 이제 층만 잘 뽑으면 된다! 2:1이라는 경쟁률을 보고 나서는 왜인지 모르지만 확신이 들었습니다. 발표 전날 남편이 손흥민 선수와 위스키 마시는 꿈을, 시아버지가 트럼프 대통령 꿈을, 저희 아버지가 강남역 인근 새 아파트를 사람들에게 보여주는 꿈을 꾸신 덕분일까요. 바라던 고층에 당첨되었습니다! 저의 당첨 소식을 들은 주변의 반응은 크게 두 가지였습니다. "축하해! 어떻게 당첨된 거야? 궁금해. 나도 알려줘." 혹은 "부럽다. 나는 이번 생은 망했어" 이렇게요. 성공하는 사람들은 성공한 사람에게 방법을 구하고 묻는다고 합니다.

반대로 실패하는 사람들은 성공한 사람을 시기질투하고 본인은 그렇게 할 수 없는 변명거리를 찾고요.
제가 분명 운이 좋았던 것은 맞습니다. 그렇지만 단순히 결과만이 아닌 결과를 만들기 위해 노력하고 준비했던 과정을 보셨으면 좋겠습니다. 로즈님께서 본인의 지식과 경험을 레버리지하라는 말씀을 자주 하시는데, 성공한 사람에게 적극적으로 도움을 요청하고 배워 원하는 것을 이루어나가시길 바랍니다.

31

만 65세 이상 부모님과 함께라면 노부모 부양 특별공급

부모님과 3년 이상 함께 살았다면 도전!

입주자모집공고일 기준 부모님의 나이가 만 65세 이상일 경우 가능하며, 주민등록상 부모님과 3년 이상 함께 거주했어야 합니다. 실제로 함께 살았지만 주소가 다르다면 신청이 불가합니다.

일반공급에서 1순위에 해당하는 자로서 무주택 세대주만 청약이 가능하며(세대원은 청약 불가), 투기과열지구 또는 청약과열지구의 주택에 특별공급 청약 시 과거 5년 이내 다른 주택에 당첨된 자가 세대원 중에 있다면 청약이 불가합니다. 국민주택(순차제)과 민영주택(가점제)으로 나누어 당첨자를 선발합니다.

── 노부모 부양 특별공급 선정 방법

· 국민주택: 지역 우선 공급기준에 따르며, 지역 내 경쟁 시 순차제 적용

순차	전용면적 $40m^2$ 초과 주택	전용면적 $40m^2$ 이하 주택
1	무주택 기간이 3년 이상이며 저축총액이 많은 자	무주택 기간이 3년 이상이며 납입 횟수가 많은 자
2	저축총액이 많은 자	납입 횟수가 많은 자

· 민영주택: 지역 우선 공급기준에 따르며, 지역 내 경쟁 시 가점제 적용

구분		무주택 기간	부양가족 수	청약통장 가입 기간
가점 항목	최저	2점(1년 미만)	5점(0명)	1점(6개월 미만)
	최대	32점(15년 이상)	35점(6명)	17점(15년 이상)

※ (노부모 부양 특별공급 무주택 기간) 피부양자 및 피부양자의 배우자가 주택을 소유하고 있었던 기간은 무주택 기간에서 제외

※ 가점이 동일한 경우 입주자저축 가입기간이 긴 자가 우선함

출처: 청약홈

이때 국민주택은 소득과 자산이 일정 기준을 충족해야 청약 자격을 얻을 수 있습니다. 민영주택과 국민주택(공공주택 특별법 미적용)은 소득이나 자산 기준을 적용하지 않습니다.

노부모 부양 특별공급, 최저 가점으로 당첨되다!

안산 푸르지오브리파크 당첨 / 닉네임: 네버낫

모든 것이 애매했던 청약 스펙, 로즈님 강의로 길을 찾다!

로즈님의 정규 강의를 듣고 한 달 만에 청약에 당첨되었는데 이렇게 빨리 당첨될 줄 몰랐기에 정말 놀랐다. 내가 가진 청약 스펙은 무척 애매했다. 노부모 부양 특별공급이 가능했지만, 고작 27점이었고, 비슷한 조건의 당첨 사례도 많지 않았다. 그전에 혼자 청약에 도전해봤는데 경쟁률이 높지 않아도 배정 세대수가 적어 매번 탈락하기 일쑤였다.

그러다 로즈님의 블로그를 알게 되었고, 강의까지 수강하게 되었다. 나는 유레카를 외쳤다! 청약 시기가 겹칠 때 전략적으로 어떤 선택을 해야 하는지, 당첨에 유리한 타입은 어떤 것인지, 나의 객관적 위치는 어떤지 등 고민하고 있던 모든 것을 알려주는 알찬 강의였다.

안산 푸르지오브리파크와의 인연

로즈님의 강의를 통해 안산 푸르지오브리파크를 알게 되었다. 로즈님은 역세권 예정으로 교통 호재가 넘치고, 대단지 신축 입주로 주거 환경이 크게 변화

될 것이라고 했다.

하지만 다른 카페를 찾아보니 외국인 밀집 지역 인근이라 안산 토박이 주민들에게는 의구심이 드는 단지라는 평이 많아 청약을 넣어야 할지 말아야 할지 한참을 고민했다. 나는 오랜 고민 끝에 로즈님의 말을 따르기로 했다. 신안산선 개통 이후 초역세권이라는 사실이 마음에 들었고, 조합원들이 59m² 이상 물량을 싹쓸이해 49m²밖에 남지 않아 경쟁률이 낮을 것 같다는 예상도 들었다. 게다가 49m²지만 방 3개에, 맞통풍이 되는 판상형이어서 작지만 꽤 괜찮은 물건이라는 생각이 들었다. 결정적으로 로즈님의 말이 귀에 맴돌았다.

"작은 평수도 다 같이 프리미엄이 붙어요. 조건이 되는 분들은 무조건 넣으세요!"

그렇게 나는 과감히 노부모 부양 특별공급으로 청약을 넣었다.

최저 합격 점수로 청약 당첨!

서울과 더 가깝고, 좀 더 큰 평수의 아파트를 가졌으면 하는 미련도 남지만 이렇게 당첨 경험이 쌓였으니, 계속해서 나아가보려 한다. 로즈님 덕분에 전략적인 청약에 대해 알게 되었고, 상담을 통해 내 상황을 객관적으로 확인해본 것이 큰 도움이 되었다. 당첨 이후 모델하우스에 전화했더니 최저 합격 점수로 당첨이 되었다고 이야기해주었다. 왠지 더 기분이 좋았다.

32

한눈에 보는 특별공급 총정리

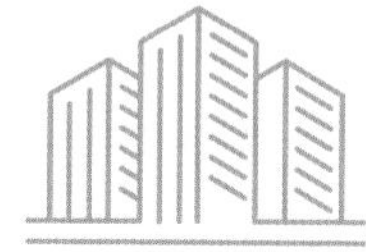

분양가와 관계없이 모든 주택에서 특별공급 가능!

앞서 설명한 특별공급을 하나의 표로 정리했습니다. 특별공급은 무주택 세대 구성원에게만 자격이 주어집니다. 무주택 세대 구성원이란 동일한 주민등록표등본에 등재된 세대[청약 신청자의 배우자, 직계존속(배우자의 직계존속 포함) 및 직계비속(직계비속의 배우자 포함)] 전원이 주택 또는 분양권 등을 소유하고 있지 않은 세대 구성원을 말합니다.

다만, 청약 신청자의 배우자가 별도의 주민등록표등본에 등재되어 있는 경우(배우자 분리세대)에는 그 배우자와 배우자의 주민등록표등본에 등재된 직계존·비속을 포함합니다. 형제, 자매, 동거인 등은 청약자와 동일한 주민등록표등본에 등재되어 있어도 청약자의 세대에 속한 것으로 보지 않습니다.

기관 추천, 신혼부부, 다자녀가구의 경우 청약통장을 6개월만 유지하면 청약 신청이 가능합니다(장애인, 철거민, 국가유공자, 이전기관종사자, 외국인 등은 청약통장 없이 신청 가능).

— 특별공급 총정리

특별공급	기관 추천	신혼부부	다자녀가구	노부모 부양	생애최초	이전기관 종사자
대상주택	국민, 민영 전용 85m² 이하		국민, 민영 모든 면적		국민, 민영 전용 85m² 이하	아래 대상자에게 공급하는 분양 및 임대주택
특별공급 물량	국민 10%, 민영 10%	국민 30%, 민영 18%	국민 10%, 민영 10%	국민 5%, 민영 3%	국민 25%, 민영 공공택지 19%, 민영 민간택지 9%	
대상자	국가유공자, 보훈대상자, 중소기업근무자, 장애인	혼인 기간 7년 이내(무자녀 포함)	미성년인 자녀 2명 이상(태아, 입양자녀 포함)	만 65세 이상의 직계존속을 3년 이상 계속 부양	생애최초(세대 구성원 모두)로 주택을 구입하는 분	세종시, 혁신도시 등으로 이전하는 학교, 공공기관 등 종사자
청약자격	무주택 세대 구성원 (민영은 신혼부부, 생애최초만 소득 또는 자산 기준 적용/공공은 기관특공 제외 모두 소득과 자산 기준 적용)					
청약통장	통장 가입 6개월 이상, 예치금*			일반공급 1순위에 해당(규제지역 24개월/비규제 수도권 12개월, 지방 6개월)		해당기관에서 '주택특별공급대상자 확인서'를 발급받은 분

선정 방법	관련 기관의 장이 정하는 우선순위로 결정	1. 지역 우선 공급기준 적용 2. 미성년 자녀 수 3. 추첨	배점기준표에 따라 점수가 높은 순	국민주택(순차제), 민영주택(가점제)**	추첨제	추첨제

* 장애인, 철거민, 국가유공자, 이전기관종사자, 외국인 등은 청약통장 없이 신청 가능

** 세대주

※ 모든 특공은 지역 우선 공급기준(해당 주택건설지역 거주자)을 적용하며, 신혼부부 공공분양은 배점제 적용

출처: 국토교통부

— 주택 종류별 특별공급과 일반공급 비율

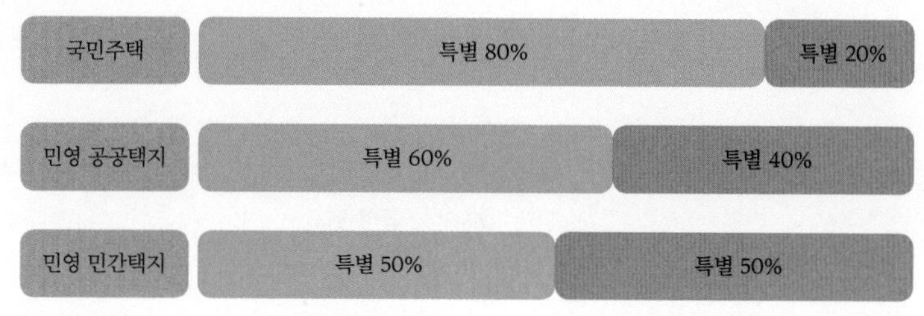

— 특별공급과 일반공급 종류별 비율

구분	국민주택	민영주택	
		공공택지	민간택지
기관 추천	10%	10%	10%
신혼부부	30%	18%	18%
다자녀가구	10%	10%	10%
노부모 부양	5%	3%	3%
생애최초	25%	19%	9%
일반공급	20%	40%	50%
계	100%	100%	100%

출처: 국토교통부

공급 물량이 높은 특별공급에 집중하자!

신혼부부 특별공급의 경우 전체 물량의 국민 30%, 민영 18%, 생애최초 특별공급의 경우 전체 물량의 국민 25%, 민영 9~19%로 특별공급 내에서도 배정 물량이 많은 편입니다.

생애최초 특별공급은 100% 추첨제이고, 신혼부부 특별공급도 민영 주택은 미성년 자녀 수가 같은 경우 추첨으로 당첨자를 선정합니다.

예비입주자는 주택 수의 500%를 선정하며, 특별공급 접수 종류 구분 없이 주택형별 경쟁이 있는 경우 추첨으로 선정합니다. 이때 특별공급 예비입주자는 일반공급처럼 지역 우선공급을 적용하지 않고 추첨으로 선정하니 기타 지역도, 배점이 낮은 특공도, 무자녀도 당첨이 가능합니다. 그러니 특공을 찾아 모두 도전해보세요.

특별공급 유의 사항

당첨자 발표일이 동일한 주택 전체에 대하여 1인 1건만 신청 가능하며, 1인 2건 이상 청약을 신청할 경우에는 모두 무효
단, 동일 주택에 대하여 1인이 특별공급과 일반공급 중복 신청이 가능하나 특별공급 당첨자로 선정될 경우 일반공급 당첨자 선정에서 제외

열정로즈의 한마디

2단계: 가점이 낮아도 일반공급에 당첨될 수 있다!

많은 사람이 낮은 가점 때문에 청약을 포기합니다. 소득이 높아서, 부양가족이 없어서, 청약통장 납입 횟수가 적어서 등의 이유로 지레 포기하는 일이 많죠. 하지만 앞서 말했듯 청약은 운이 아닌 전략입니다. 저가점자도 전략을 세워 접근하면 얼마든지 청약 당첨의 주인공이 될 수 있습니다.

이 장에서는 저가점자도 당첨되는 청약 전략을 알아보겠습니다.

33

비규제지역의 추첨 청약을 노려라

저가점자의 기준은 60점 이하!

지금까지 여러 차례 '저가점자라면'이라는 말을 사용했습니다. 그렇다면 저가점자의 기준은 몇 점일까요? 냉정하게 말해 60점 이하는 모두 저가점자입니다. 서울 인기 단지의 선호도 높은 84타입은 최소 60점 이상, 경기나 인천은 50점 이상이어야 당첨될 수 있습니다.

가점이 낮다면 추첨으로 도전!

저가점자라면 가점이 아닌 추첨을 노려야 합니다. 청약은 규제지역, 비규제지역, 공공주택, 주거전용면적 등에 따라 가점제와 추첨제 선정 비율이 다릅니다. 규제지역은 대부분 가점제로 뽑지만, 비규제지역에는 추첨 물량이 많습니다. 85m^2 이하는 추첨제 60%, 85m^2 초과는 추첨이 100%입니다. 게다가 비규제지역은 거주 기간 제한이 거의 없어 입주자모집공고일 당일까지 전입하면 당해 조건을 갖출 수 있습니다. 단, 비규제지역이어도 지자체에 따라 거주 기간 조건이 있는 곳이 있으니 청약 전에 꼭 입주자모집공고를 확인해보세요.

34

틈새 공략!
비선호 타입을 노려라

청약은 분명 가점이 높은 순으로 당첨이 되는 구조이지만, 가점이 낮다고 해서 포기하긴 이릅니다. 지금부터 저가점이어도 일반공급에 당첨될 수 있는 전략을 알려드리겠습니다. 틈새 공략, 버거킹 전략 그리고 분산 청약까지 세 가지 전략을 통해 낮은 가점으로도 청약 당첨 확률을 높일 수 있습니다.

무엇보다 중요한 것은 당해 조건 충족!

그런데 위 세 가지 전략을 모두 이길 수 있는 방법이 있다는 사실을 알고 계신가요? 바로 '당해 찬스'입니다. 서울과 수도권의 인기 단지는 늘 당해에서 마감됩니다. 아무리 좋은 전략을 써도 당해가 아니라면 기회조차 얻기 힘들죠. 예를 들어 현재 거주하는 지역에 분양 물량이 없다면, 당장 주소를 옮겨야 합니다. 분양단지가 없는데 당첨을 기대하는 건 당연히 무리겠죠? 가점이 낮다면 앞으로 설명드릴 전략들을 배우기 전에 무조건 당해 조건을 갖추도록 하세요.

비선호 타입을 노려라

한 가지 퀴즈를 낼게요. 다음 두 가지 유형 중 당첨 확률이 높은 곳은 어디일까요?

- 판상형
- 중소형
- 세대수가 많은 단지

- 타워형
- 중대형
- 세대수가 적은 단지

판상형은 남쪽을 향해 성냥갑처럼 일자형으로 길게 설계하여 베란다가 남쪽, 부엌이 북쪽에 배치된 일반적인 아파트 구조 형태입니다. 타워형은 Y형, V형 등 다양한 모양으로 토지이용률을 극대화하기 위해 고층이나 주상복합 아파트를 지을 때 사용되는 아파트 구조 형태입니다.

대부분의 사람은 아파트를 고를 때 '판상형', '중소형', '세대수가 많은 단지'를 선호합니다. 따라서 '타워형', '중대형', '세대수가 적은 단지'는 상대적으로 경쟁률이 낮습니다. 여러분이 저가점자라면, 두 번째 유형을 노려야 합니다. 그래도 좋아하는 유형을 고르고 싶다고요? 타워형, 중대형 아파트는 가격이 오르지 않을 것 같나요? 상승장에는 단지 전체가 다 같이 오릅니다. 부동산은 유닛보다 흐름(타이밍)이 더 중요합니다.

중소형보다 중대형을 골라야 하는 이유는 중대형이 추첨 물량이 훨씬 많기 때문입니다. 세대수도 볼까요? 많은 사람이 대단지를 선호합니다. 하지만 세대수가 적은 단지도 입지가 좋고 상승 흐름을 타면 가격이 오른다는 사실을 기억하세요.

2020년 4월에 청약한 부평 한라비발디는 달랑 4개 동으로 세대수가 매우 적었습니다. 프리미엄 브랜드도 아니었죠. 하지만 세대수가 적은 아파트라고 무시해서는 안 됩니다. 12세대를 추첨한 84A 타입의 1순위 경쟁률은 무려 341:1이었습니다. 96세대밖에 뽑지 않아 가점으로 당첨되려면 나라를 구해야만 했죠. 이 아파트는 부평역, GTX-B(예정) 초역세권으로 서울 접근성이 뛰어나 수요가 많은 곳입니다. 세대수가 적다고, 브랜드가 좋지 않다고 무시하면 절대 안 됩니다.

청약은 당첨되는 것이 중요합니다. 떨어지면 인기 지역의 아파트는 억대 프리미엄을 주어야 살 수 있습니다. 프리미엄을 주고 살 생각이 아니라면 무조건 당첨을 목표로 하세요.

타워형을 노려라

다음은 열정로즈 블로그에 포스팅하는 '실시간 분양 결과 모니터링', 일명 '시분모'입니다. 각 단지의 분양 정보, 특별공급과 일반공급의 경쟁률, 당첨 가점을 한눈에 볼 수 있게 정리한 저만의 데이터입니다. 제 블로그에 들어와 시분모 표만 잘 읽고 활용해도 큰 도움을 받을 수 있습니다.

e편한세상문래(18.05.09 공고), 총 263세대, 20년 10월 입주 Copyright Rose															
주택구분	주택형	주거전용면적 + 주거공용면적	공급세대수			일반 분양 최종	특공 접수	특공 경쟁률	당해 1순위 접수건수	경쟁률	당첨가점			분양가 (단위:만원)	평단가 (공급)
			일반	특별	계						최저	최고	평균		
민영주택	059.9854A	79.318	73	51	124	73	630	12.35	2,006	27.48	53	69	57.32	56,868	2,370
	059.9833B	80.2451	22	14	36	22	76	5.43	531	24.14	49	69	52.45	56,962	2,347
	059.9700C	80.1106	30	25	55	30	161	6.44	693	23.10	51	65	54.97	57,232	2,362
	84.9914	111.7286	9	5	14	9	147	29.40	1,006	111.78	63	69	66.89	71,997	2,130
계			134	95	229	134	1,014	10.67	4,236	31.61					2,302

출처: 열정로즈의 내꿈사

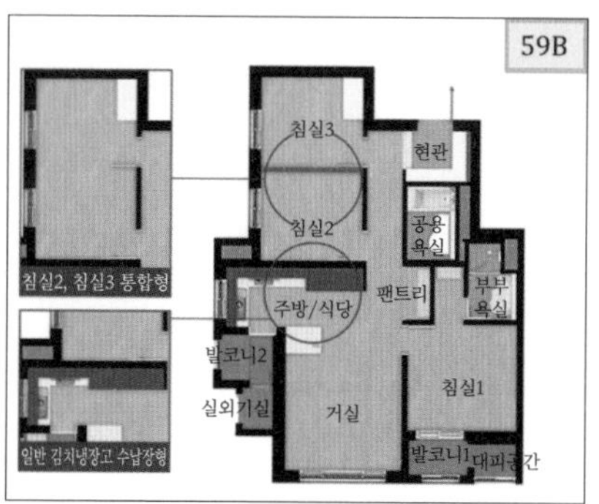

출처: e편한세상문래 평면도

2020년 10월에 입주한 e편한세상문래의 시분모 표를 함께 살펴볼까요? 가장 먼저 주택형에 따른 공급 세대수와 특별공급에서 미달이 난 물량까지 모두 합한 일반분양 최종 물량 수를 확인할 수 있습니다. 표를 통해 알 수 있듯 서울에서 미달이 날 확률은 1%도 없었습니다.

이번에는 특별공급 접수를 봅시다. 여기서 특별공급에 신청한 통장 수를 확인할 수 있습니다. 59A는 정남향에 판상형으로 51개를 뽑는데 총 630개의 통장이 들어와 12.35:1의 경쟁률을 기록했습니다. 여기서 가장 경쟁률이 낮은 주택형이 보이나요? 바로 5:1의 경쟁률을 기록한 59B입니다. 단지도를 보면 알 수 있듯 59B는 뒤가 막힌 남동향의 타워형입니다.

1순위를 넣을 때 가장 쉬운 전략은 특별공급 결과를 따라가는 것입니다. 특별공급 결과를 보고 경쟁률이 제일 낮은 타입에 넣으면 해당 타입이 1순위에서도 경쟁률이 가장 낮을 확률이 매우 높습니다. 시분모표에서 특별공급 경쟁률과 1순위 경쟁률을 보면 바로 알 수 있겠죠? 세대수가 적고, 단일 타입이었던 84타입의 경쟁률이 가장 높았고, 특별공급에서도 경쟁률이 낮았던 59B와 59C의 경쟁률이 1순위에서도 역시 가장 낮았습니다. 그리고 가점 커트라인을 보면 특별공급 결과에서처럼 59B가 가장 낮습니다. 가점이 50점인 사람이 59C에 넣었다면 떨어졌겠지만, 59B에 넣었다면 당첨되었겠죠? 청약에서는 1점도 이렇게 매우 소중합니다. 규제지역이라면 부부 중 1점이라도 가점이 높은 사람을 세대주로 바꿔 청약해야 하는 이유가 바로 이 때문입니다.

전략이라고 하기엔 너무 쉬워 보이나요? '이렇게 단순한 전략이면 누구나 알 텐데 괜찮을까?' 싶을 수도 있습니다. 사실 저도 그랬습니다. 이 전략이 얼마나 갈까 궁금했죠. 그리고 수강생들을 관찰해봤습니다. 전략대로 59B 아파트에 넣으라고 조언을 해줬는데, 이상하게 다른 타입에 넣는 경우가 꽤 많았습니다. 물론 떨어졌죠. 왜 그랬을까요? 수억짜리 아파트를 사는 거니 본인이 직접 보고 고른 예쁜 평형, 마음이 가는 단지에 넣고 싶어 차마 비선호 타입 단지를 고르지 못했던 겁니다.

그럴 수 있습니다. 머리는 알겠는데, 막상 접수하는 순간 마음은 반대의 말을 합니다. 분명 내 점수로는 59B 못난이 타워형에 넣어야 하는데, 모델하우스에서 본 84A 유닛이 눈앞에 아른거리는 것이죠. 그래서 이 전략은 여전히 유효합니다. 또 이렇게 책을 읽고, 강의를 들으면서까지 청약을 하는 사람은 아직 많지 않습니다. 따라서 지금 이 책을 읽고 있는 여러분에게는 기회가 무궁무진합니다.

낀 평형을 노려라

분양단지에서 가장 인기가 많은 타입인 59m²는 24~25평, 84m²는 33~34평입니다. 그리고 72~78m²는 29~30평 초반인데, 이 타입을 '낀 평형'이라고 합니다. 신혼부부는 내 집 마련을 할 때 주로 24평을 선호합니다. 그리고 아이를 하나둘 낳고 집을 늘릴 때는 30평이 아닌 조금 더 돈을 보태 34평으로 가려고 합니다. 그러다 보니 30평은 수요가 애매할 때가 많습니다. 결과적으로 경쟁률도 낮죠. 다음 시분모 표에서 확인할 수 있듯 75타입은 특별공급에서도, 1순위에서도 경쟁률이 가장 낮았고, 가점 커트라인도 46점으로 가장 낮았습니다.

용마산역 쌍용예가 더 크라우드(18.05.17 공고), 총 245세대, 20년 12월 입주 Copyright Rose

주택구분	주택형	주거전용면적 +주거공용면적	공급세대수			일반 분양 최종	특공 접수	특공 경쟁률	당해 1순위 접수건수	경쟁률	당첨가점			분양가 (단위:만원)	평단가 (공급)
			일반	특별	계						최저	최고	평균		
민영주택	59.9676	79.7866	15	13	28	15	246	18.92	710	47.33	57	64	60.27	43,943	1,821
	75.058	100.3651	26	17	43	26	109	6.41	354	13.62	46	64	50.77	55,819	1,839
	84.9731	113.6347	34	22	56	34	143	6.50	622	18.29	48	63	53.24	59,915	1,743
계			75	52	127	75	498	9.58	1,686	22.48					1,801

출처: 열정로즈의 내꿈사

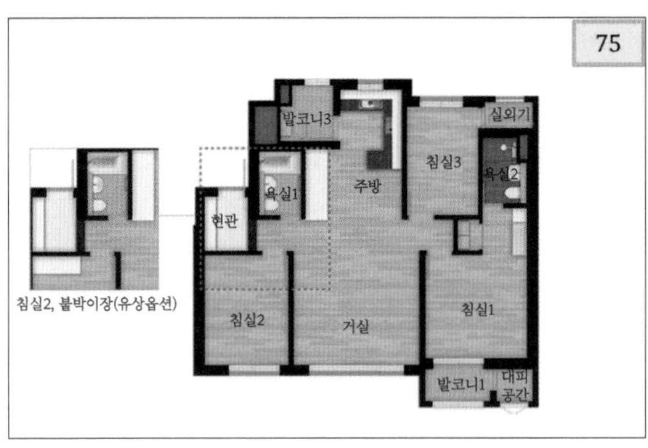

출처: 용마산역 쌍용예가더크라우드 평면도

그럼 낀 평형은 구조가 이상할까요? 유닛을 보면 그렇지도 않습니다. 그래서 낀 평형이 모든 상황에서 경쟁률이 낮은 건 아닙니다. 84m^{2}가 적게 분양하면 그 수요가 74m^2, 75m^{2}로 몰리기도 합니다. 서초그랑자이 아파트는 조합에서 84m^2 이상 대형 평형을 대부분 가져가 84m^{2}가 단 1세대만 분양해 가점제로 당첨자를 선정했습니다. 만약 저 가점자 4인 가족이라면 59m^{2}와 74m^2 중 어디에 넣을까요? 당연히 74m^{2}에 넣을 수밖에 없겠죠.

따라서 모든 단지에 이 전략이 통하는 것은 아닙니다. 낀 평형을 노리는 전략은 59m^{2}나 84m^2 분양 물량이 풍성할 때 유효하니 참고하세요.

알파벳 뒷자리를 노려라

주택형 타입이 A부터 F까지 다양하면, 사람들은 뒷 알파벳 타입은 거의 선호하지 않습니다. 대부분 A, B, C 등 앞쪽 알파벳 타입을 선호하죠. 다음 신길 파크자이의 시분모 표를 보면 84m^2 타입의 가점 커트라인이 A부터 C까지는 60점대로 높은 데 반해 D에서 59점으로 급격히 떨어집니다. 같은 평형인데 최고점과 무려 8점이나 차이가 납니다. 게다가 D타입은 타워형이라 인기가 덜했습니다. 당시 신길 파크자이의 84D 타입 분양가는 7억 원도 채 되지 않았지만 현재는 14억 원을 호가할 만큼 올랐습니다(2024년 3월 기준). 비선호 타입이어도 당첨만 되면 좋은 흐름에 매도할 경우 시세 차익을 볼 수 있습니다.

신길파크자이(18.06.07 공고), 총 641세대, 20년 12월 입주 Copyright Rose

주택구분	주택형	주거전용면적	공급세대수			일반 분양 최종	특공 접수	특공 경쟁률	당해 1순위 접수건수	경쟁률	당첨가점			분양가 (단위:만원)	평단가 (공급)
		+주거공용면적	일반	특별	계						최저	최고	평균		
민영주택	059.9700A	80.6015	2	0	2	2			1,168	584.00	78	78	78.00	52,600	2,157
	059.9500B	82.1665	2	0	2	2			835	417.50	70	72	71.00	48,440	1,949
	084.9800A	112.6962	8	4	12	8	161	40.25	635	79.38	65	75	69.38	72,990	2,141
	084.9900B	113.7587	97	73	170	97	1,576	21.59	4,709	48.48	63	74	66.67	72,990	2,121
	084.9800C	113.5962	6	4	10	6	83	20.75	421	70.17	67	69	67.83	72,820	2,119
	084.9900D	113.9187	27	22	49	27	296	13.45	1,110	41.11	59	66	61.67	69,900	2,028
	111.59	149.2449	8	0	8	8			3,072	384.00	74	79	75.25	82,640	1,830
계			150	103	253	150	2,116	20.54	11,944	79.63					2,049

출처: 열정로즈의 내꿈사

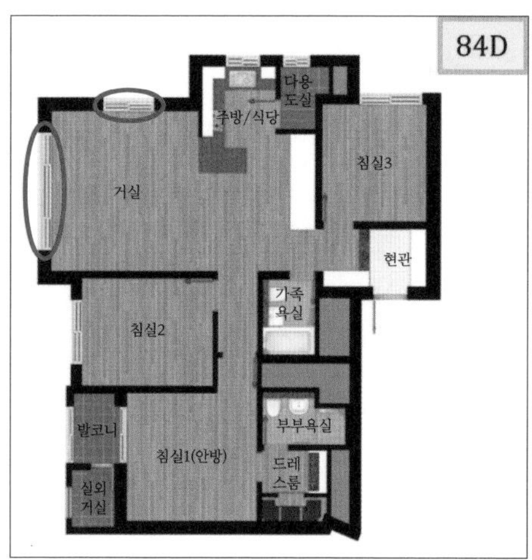

출처: 신길 파크자이 평면도

뿐만 아니라 타워형이라고 해서 모두 못난이 타입만 있는 건 아닙니다. 타워형은 창문이 양쪽으로 나지 않아 통풍이 힘든 경우가 많은데, 이 아파트의 타워형은 거실 양쪽으로 창이 나 있는 '이면개방형'으로, 맞통풍은 되지 않더라도 통풍이 가능한 구조였습니다. 타워형 중에는 3면 개방형도 있어 뒤에서 소개할 인지판상형보다 더 인기가 있는 유닛도 있습니다.

각이 진 타입을 노려라

'모서리에는 앉지 말라'라는 옛말이 있습니다. 그만큼 사람들은 집 안에 모서리 공간이 있는 것을 좋아하지 않습니다. 미신 때문이 아니더라도 각이 지면 가구를 배치하기가 참 어렵죠. 다음 84B 타입의 경우 다행히 방은 괜찮았지만, 주방 쪽 모서리가 각이 져 인기가 덜했습니다. 84B 경쟁률과 가점 커트라인을 보면 다른 타입에 비해 경쟁률이 낮다는 것을 알 수 있습니다.

래미안 목동아델리체(2018.06.14 공고), 총 644세대, 21년 1월 입주 Copyright Rose

주택구분	주택형	주거전용면적 + 주거공용면적	공급세대수			일반분양최종	특공접수	특공경쟁률	당해1순위접수건수	경쟁률	당첨가점			분양가(단위:만원)	평단가(공급)
			일반	특별	계						최저	최고	평균		
민영주택	059.8200A	83.66	82	60	142	82	1,006	16.77	3,051	37.21	57	76	61.77	62,100	2,454
	059.9800B	83.23	10	9	19	10	217	24.11	598	59.80	67	74	69.20	64,900	2,578
	059.8200C	82.9	11	9	20	11	190	21.11	569	51.73	69	74	69.82	66,800	2,664
	084.9400A	109.43	51	37	88	51	145	3.92	981	19.24	55	70	59.65	87,500	2,643
	084.7200B	108.52	38	32	70	38	117	3.66	517	13.61	51	69	56.71	86,300	2,629
	084.8400C	126.78	5	0	5	5			180	36.00	55	66	59.40	93,600	2,441
	084.9000D	111.35	63	46	109	63	322	7.00	1,509	23.95	56	71	60.75	85,000	2,524
	084.9500E	110.59	26	19	45	26	90	4.74	466	17.92	58	79	63.73	87,500	2,616
	084.5800F	110.41	42	33	75	42	150	4.55	622	14.81	58	69	62.29	87,300	2,614
	115.97	152.68	71	0	71	71			1,697	23.90	48	62	52.92	109,100	2,362
계			399	245	644	399	2,237	9.13	10,190	25.54					2,552

출처: 열정로즈의 내꿈사

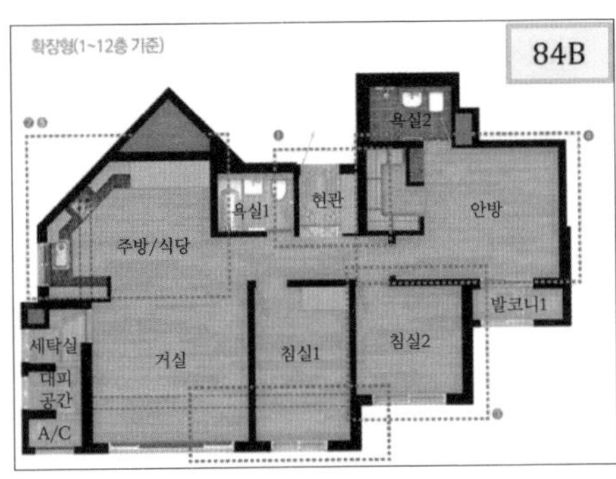

출처: 래미안목동 아델리체 평면도

무늬만 판상형을 찾아라

서울의 재개발·재건축은 일반 신도시보다 평면 구조가 좋지 않습니다. 발코니 삭제 규정 때문에 서비스 면적이 줄어 신도시 평면보다는 협소한 느낌이 들죠. 게다가 3베이도 많고 구조가 다채롭지 않습니다. 다음은 힐스테이트신촌의 시분모 표입니다. 서울에 있는 아파트지만 4베이에, 드레스룸도 넓고 창문까지 있는 괜찮은 유닛이었습니다. 그런데 이 중 B타입 경쟁률이 낮았습니다.

힐스테이트 신촌(2018.06.28 공고), 총 345세대, 20년 8월 입주 Copyright Rose

주택구분	주택형	주거전용면적 + 주거공용면적	공급세대수			일반 분양 최종	특공 접수	특공 경쟁률	당해 1순위 접수건수	경쟁률	당첨가점			분양가 (단위:만원)	평단가 (공급)
			일반	특별	계						최저	최고	평균		
민영주택	037.9690A	58.3841	1	0	1	1			161	161.00	66	66	66.00	37,000	2,095
	037.9690B	58.4381	2	0	2	2			244	122.00	58	71	64.50	37,000	2,093
	042.0740A	64.3959	5	3	8	5	115	38.33	783	156.60	67	74	68.80	41,500	2,130
	52.8449	74.8265	2	2	4	2	436	218.00	1,388	694.00	69	74	71.50	51,000	2,253
	084.9715A	115.0058	41	28	69	41	188	6.71	1,254	30.59	59	74	62.90	89,900	2,584
	084.9136B	114.1196	12	12	24	12	67	5.58	331	27.58	55	68	59.67	89,500	2,593
	084.9557C	114.002	21	24	45	21	176	7.33	692	32.95	63	78	66.86	88,500	2,566
	084.9876D	107.6126	18	17	35	18	76	4.47	481	26.72	56	63	57.89	84,700	2,602
	084.6043E	114.3372	58	50	108	58	470	9.40	2,334	40.24	61	74	64.86	89,700	2,593
	084.9154F	117.6345	3	3	6	3	10	3.33	172	57.33	62	65	63.33	89,900	2,526
	084.9680G	117.9091	9	6	15	9	44	7.33	298	33.11	57	69	63.44	89,700	2,515
	119.958	151.9452	28	0	28	28			1,466	52.36	54	72	60.50	119,000	2,589
계			**200**	**145**	**345**	**200**	**1,582**	**10.91**	**9,604**	**48.02**					**2,428**

출처: 열정로즈의 내꿈사

왜일까요? 인지판상형이기 때문입니다. 인지판상형은 '무늬만 판상형'인 구조입니다. 판상형의 장점은 맞통풍이 가능하다는 것인데, 이곳은 맞통풍이 불가능합니다. 맞통풍이 되려면 주방에도 창이 있어야 하겠죠? 그런데 평면도를 보면 막혀 있는 것을 확인할 수 있습니다.

출처: 힐스테이트신촌 평면도

하나의 팁으로 모델하우스에 갔을 때 1초 만에 RR(로열동 로열층) 찾는 법을 알려드릴까요? 모델하우스에 있는 팸플릿을 보면 조합원이 가져간 물건은 흰색으로, 일반 물량 물건은 다른 색으로 칠해져 있습니다.

아파트 분양 홈페이지에서도 단지 배치도를 볼 수 있는데, 앞의 그림처럼 '총 24세대 중 일반분양 24세대'라고 쓰여 있는 것을 볼 수 있습니다. 재개발·재건축 정비사업은 일반분양을 하기 전에 조합원들이 먼저 동·호수 추첨을 합니다. 가장 좋은 층과 단지의 물건을 조합원들이 먼저 가져가고 남은 물건으로 일반분양을 하죠. 조합원들이 가장 많이 가져간 타입과 동, 라인이 바로 RR입니다.

그런데 앞의 그림에서처럼 인지판상형 84B 타입은 조합원들이 물건을 하나도 가져가지 않아 총 24세대 중 일반분양이 24세대 그대로 나왔습니다. 저가점자는 바로 이런 타입을 노려야 합니다.

타워형&적은 세대를 노려라

타워형은 언제나 판상형에 비해 인기가 덜합니다. 그런 사례는 어느 단지에서나 쉽게 찾아볼 수 있죠. 그리고 또 하나, 사람들은 물량이 적은 세대를 피합니다. 단순한 심리지만 사람들은 물량이 많은 세대에 넣으면 당첨 확률이 높을 것이라고 기대합니다. 물론 84A가 100개를 뽑고, 84B가 10개를 뽑는다면, 84B에 넣는 건 물량이 너무 적어 위험합니다. 하지만 84A 판상형은 500세대, 84B 타워형은 100세대를 뽑는다고 하면 이야기가 달라집니다. 대다수 사람은 선호하는 타입에다 물량까지 압도적으로 많은 84A에 넣습니다. 물량이 많으니 될 것이라 착각하는 거죠. 이런 경우 전략적으로 세대수가 적은 것을 노려야 합니다. 세대수가 많은 건 함정입니다. 전시되지 않은 타입을 노리는 것도 또 하나의 전략입니다. 많은 사람이 모델하우스에서 직접 본 전시 타입을 선호하기 때문입니다.

나는 남들과 다르게 간다

세종 리첸시아파밀리에 당첨 / 닉네임: 꿈꾸는행복

당해도 아닌 '기타'로 세종시 입성 성공

오늘 저는 세종 리첸시아파밀리에 계약을 마쳤어요. 얼른 당첨 후기를 쓰고 싶었는데 계약일까지는 어찌 될지 모른다는 소심함에 오늘에서야 씁니다.

/ 당첨 인증!

저는 세종 84타입 기타로 당첨되었습니다. 아시는 분은 아실 텐데 세종에서 기타로 당첨되기는 정말 쉽지 않습니다. 세종은 전국구잖아요. 일반 물량도 적은데 50%는 세종 거주자가 가져가죠. 실제로 제가 당첨된 84U 타입은 일반

물량이 3개였고, 세종 거주자가 2개, 제가 기타 1개를 가져갔습니다!
정말 공부하지 않고서는 도전할 수 없는 단지죠. 하지만 저는 정규 25기! 즉, 로즈님과 함께 청약을 공부한 자! 공부한 대로 전략을 짰고 결국 세종에 깃발을 꽂았습니다!

남들이 고르지 않을 물건을 골라라

제가 당첨될 수 있었던 이유를 가만히 생각해보니 운과 몇 가지 전략이 통했던 것 같아요.

1. 쪼개진 타입, 비선호 구조, 비선호 향

세종 리첸시아파밀리에는 실거주자가 살기에 예쁜 평면도가 아닙니다. 디자인 특화 주상복합단지로, 처음 보는 특이한 평면도가 가득했어요. 복층, 옆으로 기울어진 평면도, 창이 없는 부엌 등. 이런 이유로 향도 북향, 북서향, 안 좋은 향들이 많았죠. 그래서 세종 고가점자들이 고민을 하더라고요. 그렇기에 이것이 기회일 수도 있다고 생각했어요! 그들이 고민할 때 우리는 잡아야 합니다. 개미굴이어도, 해가 하나도 들어오지 않아도 세종은 오릅니다! 제가 로즈님의 강의를 듣지 않았다면, 아마 저도 패스했을 거예요.

2. 안전하게 20평대? 모험해서 30평대? 꿈에 그리는 40평대?

가점 61점이 결코 낮은 점수는 아니지만 세종 84타입은 쉽지 않죠. 20평대 중 비선호 타입으로 안전하게 갈 것인가, 모험을 할 것인가 고민했습니다. 거주지역이 세종시였다면 안전하게 20평대를 선택했을 거예요. 하지만 저는 거주지역이 수원이어서 굳이 그럴 필요가 없다고 생각했어요. 수원에 대기 중인 분양이 많거든요. 주상복합이라 아파트보다 공간이 좁게 나와 40평대가 인기가 많을 거라 생각하고 40평대는 패스했습니다.

3. 선호 타입? 비선호 타입?

선호 타입에 넣을까, 비선호 타입에 넣을까 고민하고 또 고민하다 결국엔 정규 강의 때 배웠던 방법으로 접근했습니다. 결과적으로 대성공이었어요! 다른 타입들은 기타 최저 가점이 64~65점이었어요. 61점으로 가질 수 있었던 타입은 딱 2개뿐이었어요!

시야를 넓히면 당첨이 가까워진다

청약을 공부하는 방법은 여러 가지가 있어요. 책도 있고, 블로그도 있고, 유튜브도 있죠. 청약에 대해 어중간하게 알고 계시는 분들은 항상 이렇게 말합니다.

"청약, 뭐 공부할 거 있어?"

제 남편도 마찬가지였어요. 하지만 이제 제 남편은 청약은 철저히 공부하고 철저히 전략적으로 접근해야 한다는 사실을 누구보다 잘 알고 있답니다. 그 과정에서 로즈님이 큰 힘이 되어주셨어요! 부동산을 보는 안목, 시장을 보는 눈을 키워주셨죠. 앞서 말씀드렸듯, 로즈님이 아니었으면 저는 세종은 생각지도 않았을 거예요. 살고 있는 곳만 주구장창 바라봤겠죠. 그렇기에 청약으로 내 집 마련을 꿈꾸시는 분들은 한 번쯤 꼭! 로즈님의 정규 강의를 들어보시길 바랍니다. 내꿈사 분들의 당첨을 응원합니다!

35

버거킹 전략, 비인기 단지에 청약하라

버거킹 입지를 찾아라

다음 사진 속 근사한 아파트는 2019년 화제의 단지였던 청량리역 롯데캐슬입니다. 고층에서는 잠실 롯데타워까지 보인다고 합니다. 그리고 그 옆의 사진 속 아파트는 e편한세상청계 센트럴포레입니다. 제 기준에 청량리역 롯데캐슬이 '맥도날드 입지'라면, e편한세상청계는 '버거킹 입지'입니다.

/ 청량리역 롯데캐슬 / e편한세상청계 센트럴포레

맥도날드 따라 오르는 버거킹

대부분의 사람은 본인의 가점은 생각하지 않고, 1등 맥도날드 입지만 봅니다. 물론 제일 좋은 단지에 당첨되면 좋겠지만, 여러분의 스펙이 부족하다면 버거킹 입지를 노리세요. 청량리역 롯데캐슬 84m² 타입은 9~10억 원대에 분양했고, 2023년 7월에 입주했습니다. 청량리역은 10개 노선이 지나가는 강북 최대 교통의 요지가 될 곳입니다. 청량리역 롯데캐슬은 이 최고 입지에 있는 단지로 지하철, 백화점과 이어져 있어 비 한 방울 맞지 않고 내 집까지 올라갈 수 있습니다. 이곳은 입주 시 20억 원의 감정평가를 받았습니다. 만약 2년 뒤 비과세 조건을 채우고 20억 원 이상에 매도된다면 근처에 있는 e편한세상청계는 가만히 있을까요? 형님이 가면 아우는 따라갑니다. 이런 상황을 '갭 메우기', '키 맞추기', '상향 여과 현상'이라 부릅니다.

e편한세상청계는 청량리역 롯데캐슬 반경 2km 안에 있는 신축 단지입니다. 그런데 이 아파트는 분양 당시 인기가 없었습니다. 9억 원에 육박하는 분양가로 나왔기 때문이죠. 분양 직전 상암 DMC SK뷰가 7억 원대에 분양한 것도 영향이 있었습니다.

당시에는 수색·증산뉴타운과 주변이 낙후된 용두동 중 사람들은 수색·증산을 더 선호했습니다. 그런데 'DMC가 7억 원인데, 용두동 아파트가 9억 원이라니'라는 반응이 많았죠. 저는 머뭇거리는 수강생들에게 청량리의 미래가치를 설명해주며 청약에 도전해볼 것을 추천했습니다. 저가점자라면 더 좋은 기회였죠. DMC SK뷰의 최저 가점은 55점, 최고 가점은 84점이나 되었던 반면, e편한세상청계의 최저 가점은 50점이었습니다. 심지어 서울에서는 흔치 않은 현장 잔여 세대 추첨까지 진행되었죠. 줍줍으로 서울 신축 아파트를 가질 수 있었습니다.

DMC SK VIEW (2018.12.13공고), 250세대, 2021년 10월 입주예정 Copyright Rose																	
주택구분	주택형	주거전용면적 + 주거공용면적	공급세대수			일반 분양 최종	특공 접수	특공 경쟁률	당해 1순위 접수건수	경쟁률	당첨가점			분양가 (단위:만원)	발코니 확장비	토탈	평당가 (공급)
			일반	특별	계						최저	최고	평균				
민영주택	59A	85.23	21	17	38	21	1,937	113.94	5,002	238.19	69	74	70.62	47,500	1,200	48,700	1,889
	59B	84.89	7	5	12	7	313	62.60	1,339	191.29	65	69	67.14	47,500	1,200	48,700	1,896
	84A	117.73	28	20	48	28	476	23.80	2,180	77.86	63	69	66.14	72,500	1,300	73,800	2,072
	84B	114.32	13	10	23	13	235	23.50	956	73.54	63	74	66.92	72,620	1,300	73,920	2,137
	84C	118.36	19	15	34	19	124	8.27	599	31.53	55	67	58.37	72,500	1,300	73,800	2,061
	84D	117.67	18	14	32	18	132	9.43	610	33.89	56	78	60.22	72,620	1,300	73,920	2,077
	84E	117.53	19	16	35	19	166	10.38	760	40.00	59	73	62.63	72,620	1,300	73,920	2,079
	112	149.89	25	3	28	25	24	8.00	2,297	91.88	61	84	66.77	89,000	1,400	90,400	1,994
계	중도금 대출40%(자납20%)		150	100	250	150	3,407	34.07	13,743	91.62	85㎡ 이하 100% 가점제 85↑50%가점, 50%추첨			계약금20%, 중도금60%, 잔금20%			2,026

e편한세상 청계 센트럴포레 (2018.12.27 공고), 403세대, 2021년 11월 입주예정 Copyright Rose																	
주택구분	주택형	주거전용면적 + 주거공용면적	공급세대수			일반 분양 최종	특공 접수	특공 경쟁률	당해 1순위 접수건수	경쟁률	당첨가점			분양가 (단위:만원)	발코니 확장비	토탈	평당가 (공급)
			일반	특별	계						최저	최고	평균				
민영주택	51	74.79	2	0	2	2			559	279.50	64	64	64	52,661	640	53,301	2,356
	59A	80.70	54	35	89	54	309	8.83	1,730	32.04	53	78	57.11	72,105	1,100	73,205	2,999
	59B	81.13	20	12	32	20	80	6.67	435	21.75	50	59	53.8	70,819	1,100	71,919	2,931
	59C	81.59	23	14	37	23	91	6.50	428	18.61	50	61	53.87	70,888	1,100	71,988	2,917
	74	97.88	71	51	122	71	189	3.71	1,203	16.94	50	78	54.77	82,622	1,140	83,762	2,829
	84A	106.69	7	4	11	7	86	21.50	849	121.29	59	79	65.86	84,788	1,150	85,938	2,663
	84B	107.09	55	38	93	55	363	9.55	1,944	35.35	54	72	58.87	86,867	1,150	88,017	2,717
	109	133.98	17	0	17	17			1,159	68.18	53	62	56.56	93,235	1,340	94,575	2,333
계	중도금 대출40%(자납20%)		249	154	403	249	1,118	7.26	8,307	33.36	85㎡ 이하 100% 가점제 85↑50%가점, 50%추첨			계약금10%, 중도금60%, 잔금30%			2,718

출처: 열정로즈의 내꿈사

36

분산청약은 절호의 기회

청약은 눈치싸움이다

여러 아파트가 비슷한 시기에 분양하면 당첨자 발표일이 겹치기도 합니다. 2018년 말에 분양한 판교 대장지구의 2개 단지(판교 퍼스트힐푸르지오, 판교 더샵포레스트)와 북위례 포레자이가 그랬습니다. 판교와 위례에서 비슷한 시기에 주택을 분양하니 수요가 자연히 분산되었죠. 특히 판교 대장지구는 도시 개발지구로 성남 거주민이 당해 100%였습니다. 이렇게 되면 수요는 더 적어집니다.

반면 북위례 포레자이는 하남시 1년 이상 거주자 30%, 경기도 1년 이상 거주자 20%, 나머지 수도권 거주자 50%로 당첨자를 선정해 수도권 거주자라면 청약할 수 있었습니다. 게다가 6억 원대라는 저렴한 분양가 때문에 언론에서는 '북위례 포레자이는 로또'라는 자극적인 기사를 연일 내기도 했죠.

여러분이 성남 당해라면 어디에 넣었을 건가요? 분양가가 저렴하고, 서울·수도권 거주자라면 50%의 기회가 있었던 위례가 아니었을까요? 당시 북위례 포레자이에는 무려 6만 3,000개의 통장이 들어왔습니다. 하남 당해라면 50점대도 가능했지만, 서울, 수도권의 경우 65점은 돼야 당첨될 수 있었습니다. 경쟁이 정말 어마어마했죠.

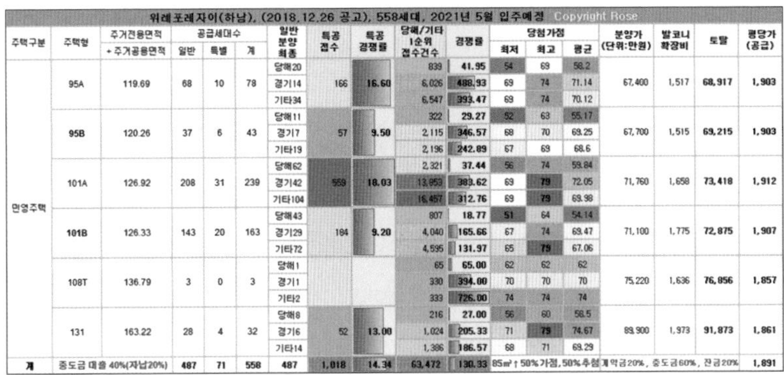

위례포레자이(하남), (2018.12.26 공고), 558세대, 2021년 5월 입주예정 Copyright Rose

주택구분	주택형	주거전용면적 +주거공용면적	공급세대수			일반 분양 최종	특공 접수	특공 경쟁률	당해/기타 1순위 접수건수	경쟁률	당첨가점			분양가 (단위:만원)	발코니 확장비	토탈	평당가 (공급)
			일반	특별	계						최저	최고	평균				
민영주택	95A	119.69	68	10	78	당해20	166	16.60	839	41.95	54	69	58.2	67,400	1,517	68,917	1,903
						경기14			6,026	488.93	69	74	71.14				
						기타34			6,547	393.47	69	74	70.12				
	95B	120.26	37	6	43	당해11	57	9.50	322	29.27	52	63	55.17	67,700	1,515	69,215	1,903
						경기7			2,115	346.57	68	70	69.25				
						기타19			2,196	242.89	67	69	68.6				
	101A	126.92	208	31	239	당해62	559	18.03	2,321	37.44	56	74	59.84	71,760	1,658	73,418	1,912
						경기42			13,853	383.62	69	79	72.05				
						기타104			16,457	312.76	69	79	69.98				
	101B	126.33	143	20	163	당해43	184	9.20	807	18.77	51	64	54.14	71,100	1,775	72,875	1,907
						경기29			4,040	165.66	67	74	69.47				
						기타72			4,595	131.97	65	79	67.06				
	108T	136.79	3	0	3	당해1			65	65.00	62	62	62	75,220	1,636	76,856	1,857
						경기1			330	394.00	70	70	70				
						기타2			333	726.00	74	74	74				
	131	163.22	28	4	32	당해8	52	13.00	216	27.00	56	60	58.5	89,900	1,973	91,873	1,861
						경기6			1,024	205.33	71	79	74.67				
						기타14			1,386	186.57	68	71	69.29				
계	중도금 대출 40%(자납20%)		487	71	558	487	1,018	14.34	63,472	130.33	85㎡↑50%가점, 50%추첨			계약금20%, 중도금60%, 잔금20%			1,891

출처: 열정로즈의 내꿈사

반면 판교 대장지구는 어땠을까요? 북위례 포레자이의 경우 최고 726:1까지 경쟁률이 치솟았지만, 판교 퍼스트힐푸르지오와 판교 더샵 포레스트는 한 자리대 경쟁률을 기록했습니다.

판교 퍼스트힐 푸르지오 A2BL (2018.12.13공고), 445세대, 2021년 5월 입주예정 Copyright Rose																	
주택구분	주택형	주거전용면적	공급세대수			일반분양최종	특공접수	특공경쟁률	당해/기타 1순위 접수건수	경쟁률	당첨가점			분양가 (단위:만원)	발코니 확장비	토탈	평당가 (공급)
		+주거공용면적	일반	특별	계						최저	최고	평균				
민영주택	84A	114.37	90	70	160	100	60	0.86	171 2,496	1.71	20	65	41.89	72,540	1,598	74,138	2,143
	84B	114.74	78	56	134	84	50	0.89	148 1,502	1.76	21	64	40.45	72,060	1,647	73,707	2,124
	84C	115.15	27	18	45	27	26	1.44	88	3.26	36	69	49.96	73,040	1,651	74,691	2,144
	84D	114.73	60	43	103	62	41	0.95	192	3.10	37	57	44.16	71,330	1,505	72,835	2,099
	84PA	117.23	3	0	3	3			62	20.67	62	69	64.67	80,980	1,665	82,645	2,331
계	중도금 대출 40%(자납10%)		258	187	445	276	177	0.95	4,659	16.88	85㎡ 이하 100% 가점제			계약금20%, 중도금50%, 잔금30%			2,168

성남판교대장 A12 판교 더샵 포레스트 (2018.12.13공고), 542세대, 2021년 5월 입주예정 Copyright Rose																	
주택구분	주택형	주거전용면적	공급세대수			일반분양최종	특공접수	특공경쟁률	당해 1순위 접수건수	경쟁률	당첨가점			분양가 (단위:만원)	발코니 확장비	토탈	평당가 (공급)
		+주거공용면적	일반	특별	계						최저	최고	평균				
민영주택	84A	113.18	139	137	276	139	339	2.47	990	7.12	52	69	58.46	75,190	1,489	76,679	2,240
	84B	114.11	92	68	160	92	180	2.65	662	7.20	55	69	61.05	76,330	1,522	77,852	2,255
	84C	113.98	51	35	86	51	54	1.54	259	5.08	47	69	53.9	71,120	1,441	72,561	2,104
	84D	114.65	12	8	20	12	13	1.63	117	9.75	50	66	54.83	72,020	1,616	73,636	2,123
계	중도금 대출 40%(자납10%)		294	248	542	294	586	2.36	2,028	6.98	85㎡ 이하 100% 가점제			계약금20%, 중도금50%, 잔금30%			2,181

출처: 열정로즈의 내꿈사

성남 당해 저가점자가 이런 단지를 노렸다면 무혈입성할 수 있었습니다. 경쟁률이 이렇게 낮으니 별 볼 일 없는 곳 같나요? 판교 대장지구는 제1, 제2, 제3 판교 테크노벨리라는 엄청난 일자리가 들어오는 인근의 신축 대단지 마을입니다.

한 가지 사례를 더 보겠습니다. 2019년 말에 미아의 꿈의숲한신더휴와 용산의 효창파크뷰데시앙이 동시에 분양했습니다. 당첨자 발표일 역시 같았죠. 미아와 용산 중 어느 곳의 입지가 더 좋나요? 당연히 용산이겠죠. 많은 사람이 효창파크뷰데시앙에 넣어 186:1이라는 높은 경쟁률로 마감했습니다. 이때 꿈의숲한신더휴의 최저 가점은 52점, 효창파크뷰데시앙의 최저 가점은 57점으로 같은 서울 안에서도 무려 5점 차이가 났습니다. 이렇게 당첨자 발표일이 같으면 A급 단지에 청약 수요가 몰립니다. 이때 전략적으로 A급 단지가 아닌 B급, C급 단지에 넣으면 당첨 확률이 높아집니다.

꿈의숲 한신더휴(서울), 2019.11.21공고, 117세대, 2022년 4월 입주예정 Copyright 열정로즈																	
주택구분	주택형	주거전용면적 + 주거공용면적	공급세대수			일반 분양 최종	특공 접수	특공 경쟁률	1순위 접수건수	경쟁률	당첨가점			분양가 (단위:만원)	발코니 확장비	토탈	평당가 (공급)
			일반	특별	계						최저	최고	평균				
민영주택	55	76.90	1	0	1	1			83	83.00	54	54	54	48,000	1,000	**49,000**	2,106
	59A	82.56	21	12	33	21	178	14.83	532	25.33	52	64	56.29	52,000	1,200	**53,200**	2,130
	59B	82.23	39	23	62	39	540	23.48	1,359	34.85	53	64	56.18	50,000	1,200	**51,200**	2,058
	75	102.62	8	9	17	8	218	24.22	405	50.63	59	77	65.75	61,000	1,300	**62,300**	2,007
	84A	114.86	1	0	1	1			116	116.00	65	65	65	68,500	1,300	**69,800**	2,009
	84B	115.08	1	0	1	1			100	100.00	64	64	64	69,000	1,300	**70,300**	2,019
	84C	114.17	1	1	2	2	-	-	192	96.00	56	57	56.5	69,000	1,300	**70,300**	2,036
계	중도금이자후불제		72	45	117	73	936	20.80	2,787	38.18	85㎡ 이하 100% 가점제			계약금10%, 중도금60%, 잔금30%			2,052

효창 파크뷰 데시앙(서울), 2019.11.21공고, 78세대, 2022년 3월 입주예정 Copyright 열정로즈																	
주택구분	주택형	주거전용면적 + 주거공용면적	공급세대수			일반 분양 최종	특공 접수	특공 경쟁률	1순위 접수건수	경쟁률	당첨가점			분양가 (단위:만원)	발코니 확장비	토탈	평당가 (공급)
			일반	특별	계						최저	최고	평균				
민영주택	**45A**	66.60	5	1	6	5	40	40.00	395	79.00	57	69	60.4	55,220	-	**55,220**	2,741
	45B	67.38	2	0	2	2			182	91.00	59	63	61	56,140	-	**56,140**	2,754
	59B	79.39	25	17	42	25	1,520	89.41	4,414	176.56	65	77	68.92	67,480	1,200	**68,680**	2,860
	84B	111.65	8	4	12	8	275	68.75	1,686	210.75	65	69	67.25	88,840	1,330	**90,170**	2,670
	84C	110.71	9	4	13	9	291	72.75	2,013	223.67	64	69	65.78	89,870	1,330	**91,200**	2,723
	84D	110.72	3	0	3	3			1,024	341.33	69	72	70	88,480	1,330	**89,810**	2,682
계	중도금유이자		52	26	78	52	2,126	81.77	9,714	186.81	85㎡ 이하 100% 가점제			계약금10%, 중도금60%, 잔금30%			2,738

출처: 열정로즈의 내꿈사

이와 같이 당첨자 발표일이 같거나 비슷한 시기에 여러 개의 단지가 분양하면 수요가 분산됩니다. 수요가 분산되면 당첨 기회가 찾아올 수도 있다는 점을 기억하세요.

37

예비당첨은 무조건 가라

당첨자 발표일, 떨리는 마음으로 청약홈에 들어갔는데 '예비당첨 번호'가 떴습니다. 기분이 어떨까요? 번호가 앞쪽이라면 기대감이 생기겠지만, 너무 뒤라면 아쉬운 마음이 크겠죠. 그럴 땐 고민이 됩니다. 예비당첨 추첨일에 가야 하나? 말아야 하나? 그리고 꽤 많은 사람이 저에게 의견을 묻습니다. 14번인데 가야 하나요? 87번은요? 제 대답은 한결같습니다.

"번호와 상관없이 예비당첨은 무조건 가세요."

가점 40점인 수강생이 있었는데, 가점 커트라인이 41점이라 예비당첨 통보를 받았습니다. 수강생의 예비당첨 번호는 11번이었습니다. 40점과 41점 사이에 무려 11명이나 있었던 거죠. 그런데 미달 물량은 딱 10개였습니다. 번호보다 남은 물량 수가 적으니 수강생의 당첨 확률은 낮았죠. 수강생이 예비당첨 추첨일에 가야 하는지 제게 물었습니다. 저는 예비당첨은 무조건 가라고 합니다. 10번이든 50번이든 무조건 가야 합니다.

당첨이 간절했던 수강생은 예비당첨자 서류 검토 기간 내내 모델하우스에 전화를 걸어 혹시 서류를 접수하지 않은 사람이 있는지 물었습니다. 안타깝게도 1번부터 10번까지 모든 사람이 서류를 접수했다는 대답을 들었습니다. 즉, 10명 모두 예비당첨에 참여할 의사를 밝힌 것이죠. 그럼 예비당첨에 가지 말아야 할까요? 그래도 가야 합니다.

수강생은 예비당첨 추첨일에 조마조마한 마음으로 모델하우스를 찾았습니다. 그런데 놀랍게도 2명이 그 자리에 오지 않았습니다. 서류를 제출하기 위해 모델하우스에 찾아가는 수고까지 했는데 정작 예비당첨 당일에는 오지 않았죠. 결국, 11번이었던 수강생은 계약을 했습니다. 그 단지는 바로 청량리역 롯데캐슬이었습니다.

예비당첨은 현장 추첨입니다. 현장 추첨의 좋은 점은 날씨가 좋지 않거나 개인 사정이 생기면 오지 않는 사람이 있다는 것입니다. 잔여 세대 추첨도 마찬가지입니다. 인터넷 잔여 세대 추첨이면 어마어마한 경쟁률을 보이지만 현장 잔여 세대 추첨일 때는 경쟁률이 덜합니다. 이게 바로 기회입니다. 기회는 스스로 만드는 것입니다. 앞서 말한 수강생도 '안 될 거야'라고 생각하고 포기했다면 당연히 계약하지 못했겠죠. 이러한 사례는 매우 많습니다. 예비당첨 번호를 부여받았다면 어떤 번호든 무조건 서류를 접수하고 현장에 찾아가세요. 설령 당첨되지 않더라도 현장에서 배우는 게 있습니다. 끝날 때까지 끝난 게 아닙니다.

열정로즈의 한마디

3단계: 다주택자, 기타 지역을 위한 당첨 전략

정부의 정책 기조상 지금의 청약은 무주택자, 저소득층에 집중되어 있는 게 사실입니다. 그래서 1주택자 혹은 다주택자라서, 당해가 아니라서 포기하는 분들이 많죠. 이 장에서는 다주택자나 기타 지역도 청약 당첨을 노려볼 수 있는 전략을 소개하겠습니다.

38

당해 미달을 노려라

비선호 단지, 비선호 타입을 노려라

다주택자나 기타 지역 거주자라면 당해에서 미달이 날 것 같은 타입을 노려야 합니다. 당해 미달이 나려면 그만큼 인기가 덜한 주택 타입을 골라야겠죠.

실수요장으로 갈수록 입지 좋은 단지의 59~84m² 평형은 미달이 거의 나지 않습니다. 이럴 땐 전략적으로 20평 이하 소형 평형을 노려야 합니다.

다음 쌍용더플래티넘부평의 시분모 표를 볼까요? 빨간색으로 표시한 부분이 바로 39m²와 51m² 소형 평형입니다. 경쟁률이 두 칸으로 나뉘는 건 당해 미달이라 기타 지역으로 넘어갔다는 뜻입니다. 39A는 기타에서도 미달이 나 2순위까지 넘어갔습니다. 물론 59~84m²는 당해에서 마감되었습니다.

쌍용 더 플래티넘 부평. (2019.1.17공고), 408세대, 2021년 12월 입주예정 Copyright Rose																	
주택구분	주택형	주거전용면적	공급세대수			일반분양최종	특공접수	특공경쟁률	당해/기타 1순위 접수건수	경쟁률	당첨가점			분양가(단위:만원)	발코니확장비	토탈	평당가(공급)
		+주거공용면적	일반	특별	계						최저	최고	평균				
민영주택	39A	59.37	28	21	49	48	1	0.05	15	(△33)	-	-	-	22,630	발코니 확장비 포함	22,630	1,260
									22	(△11)	-	-	-				
	39B	59.37	10	4	14	14	-	-	8	(△6)	-	-	-	22,630		22,630	1,260
									17	2.83	31	33	32				
	51	77.23	17	9	26	26	-	-	17	(△9)	-	-	-	30,720		30,720	1,315
									28	3.11	28	43	32.75				
	59B	81.93	20	13	33	20	19	1.46	98	4.90	39	59	48.63	36,920		36,920	1,490
	59C	81.93	11	9	20	14	6	0.67	38	2.71	37	63	43.83	36,920		36,920	1,490
	72B	98.72	3	4	7	3	5	1.25	17	5.67	38	47	42.5	41,590		41,590	1,393
	72C	98.70	6	8	14	9	5	0.63	28	3.11	37	65	48.25	42,430		42,430	1,421
	84A	114.67	27	22	49	31	18	0.82	128	4.13	37	65	47.69	47,870		47,870	1,380
	84B	114.58	74	52	126	100	26	0.50	192	1.92	35	59	43.08	47,810		47,810	1,379
	84C	115.10	40	30	70	56	14	0.47	126	2.25	34	57	40.39	47,330		47,330	1,359
계	중도금 후불제 이자		236	172	408	321	94	0.55	1,253	3.90	85↓40%가점, 60%추첨			계약금10%, 중도금60%, 잔금30%			1,375

출처: 열정로즈의 내꿈사

이 단지에는 없었지만 비규제지역에서는 85m² 초과 대형 평수를 노리는 것도 방법입니다. 85m² 초과는 분양가 절대가가 가장 비싸고 100% 추첨제라 자금력이 되는 저가점자가 당첨되기 좋습니다. 또한 예비입주자를 추첨으로 뽑아 저가점자에게 매우 유리합니다.

39

신도시, 구도심 첫 분양을 노려라

허허벌판이어도 기회가 있다

신도시의 첫 분양은 언제나 경쟁률이 낮습니다. 허허벌판에 인프라가 하나도 갖춰 있지 않은 데다 첫 분양이라 이전 흥행 성적이 없기에 대부분 확신이 없어 청약을 하지 않죠. 구도심도 마찬가지입니다.

2019년 1월에 있었던 부평 산곡지구 재개발 단지 중 첫 분양인 쌍용더플래티넘부평이 그런 경우였습니다. 산곡지구 일대는 약 10년 동안 분양이 전혀 없었습니다. 그런데 그런 곳에 84A 타입의 분양가가 4억 7,000만 원으로 책정되니 처음에는 모두 비싸다고 했습니다. 그래서 신도시나 구도심 정비 사업의 첫 분양은 저조한 경쟁률로 마감되거나 미분양이 나는 경우가 많습니다. 그 지역의 미래가치가 상상이 되지 않기 때문이죠.

첫 분양을 노려라

이렇게 구도심이나 신도시의 첫 분양에 당첨되는 분들이 승자입니다. 경쟁률이 제일 낮기도 하지만 결정적으로 첫 분양이라 분양가가 가장 싸기 때문입니다. 검단신도시를 예로 들어보겠습니다. 가장 처음으로 분양한 호반, 금호, 우미린은 검단신도시 중 입지도 가장 좋고, 분양가도 3억 원대 후반에서 4억 원대 초반이었습니다. 신도시는 일반적으로 입지가 가장 좋은 곳을 첫 분양으로 내놓기 때문이죠. 아무리 분양가상한제 지역이어도 인플레이션으로 지가(땅값), 인건비, 자재비 등이 따라 오를 수밖에 없고, 이는 결국 분양가 상승으로 이어집니다. 검단신도시에서 최근에 분양한 단지는 5억 원대가 넘었습니다. 최초 분양가와 1억 원 이상 차이가 나는 겁니다.

부동산 투자를 잘하려면 미래를 상상할 수 있어야 합니다. 아파트를 짓기 전 재개발 지역에 가보면 깜짝 놀라실 겁니다. 낙후된 집에 도로도 협소하고 인적이 드물어 동네가 정말 무섭습니다. 하지만 지금 모습만 보면 안 됩니다. 이후 아파트가 들어섰을 때의 모습을 상상할 수 있어야 합니다.

신길, 고덕 모두 마찬가지였습니다. 특히 신길뉴타운은 노후한 집이 다닥다닥 붙어 있는 데다 중국인이 많은 우범지역이었죠. 하지만 지금은 어떨까요? 깔끔하게 재정비되어 누구나 살고 싶어 하는 새로운 동네로 거듭났습니다. 오히려 한 동네에 오래 산 사람은 과거 모습에 너무 익숙해져 자기 동네의 미래가치를 보지 못하는 경우가 많습니다.

다음은 인천 계양구에 분양한 e편한세상계양 더프리미어의 시분모입니다. 앞서 말한 부평 산곡지구보다는 입지가 아쉬웠지만 산곡 분양이 끝난 뒤 이어서 분양했을 때 초소형부터 84m²까지 1순위 당해 마감

되었던 단지입니다. 기타 지역까지 단 한 세대도 기회가 오지 않았습니다. 이게 바로 학습 효과입니다. 인천분들이 쌍용더플래티넘부평이 완판되고 프리미엄까지 붙는 걸 보더니 뒤늦게 청약에 뛰어든 것이죠. 그래서 언제나 첫 분양에 당첨되는 분들이 결국엔 승자가 됩니다.

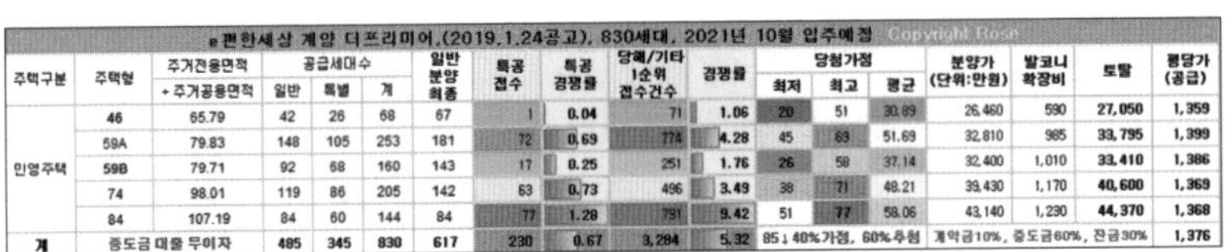

e편한세상 계양 더프리미어.(2019.1.24공고). 830세대. 2021년 10월 입주예정 Copyright Rose

주택구분	주택형	주거전용면적 +주거공용면적	공급세대수			일반 분양 최종	특공 접수	특공 경쟁률	당해/기타 1순위 접수건수	경쟁률	당첨가점			분양가 (단위:만원)	발코니 확장비	토탈	평당가 (공급)
			일반	특별	계						최저	최고	평균				
민영주택	46	65.79	42	26	68	67	1	0.04	71	1.06	20	51	30.89	26,460	590	27,050	1,359
	59A	79.83	148	105	253	181	72	0.69	774	4.28	45	69	51.69	32,810	985	33,795	1,399
	59B	79.71	92	68	160	143	17	0.25	251	1.76	26	58	37.14	32,400	1,010	33,410	1,386
	74	98.01	119	86	205	142	63	0.73	496	3.49	38	71	48.21	39,430	1,170	40,600	1,369
	84	107.19	84	60	144	84	77	1.28	791	9.42	51	77	58.06	43,140	1,230	44,370	1,368
계	중도금 대출 무이자		485	345	830	617	230	0.67	3,284	5.32	85↓40%가점, 60%추첨			계약금10%, 중도금60%, 잔금30%			1,376

출처: 열정로즈의 내꿈사

40

특별공급을 적절하게 활용하라

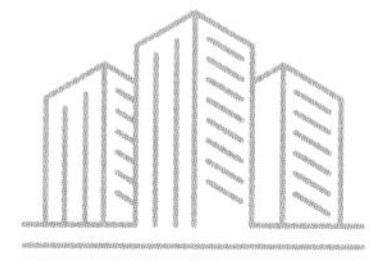

생애 단 한 번! 특별공급을 활용하자

앞서 다주택자에겐 적용되지 않지만 저가점자, 기타 지역이라면 특별공급을 적극 활용하라고 말씀드렸습니다. 힐스테이트송도 더스카이 51층에 1순위로 당첨된 수강생이 있었습니다. 수강생은 당첨 직후 저에게 이렇게 물었습니다.

"송도에 당첨되었는데, 앞으로 특별공급을 쓸 수 있나요?"

물론 쓸 수 있습니다. 이 수강생은 1순위로 당첨된 거라 아직 중소기업 특별공급을 사용하지 않았죠. 특별공급은 생애 딱 한 번 쓸 수 있습니다. 당첨된 분양권을 매도해 다시 무주택이 되면 특별공급을 사용할 수 있습니다. 청약은 이렇게 아는 만큼 보입니다.

수도권 특별공급 중에서 중소기업과 다자녀 특별공급은 수도권 전체가 당해입니다. 특히 중소기업 특별공급은 거주지가 아닌 회사 주소가 당해이므로, 근무지가 주택건설지역 소재 및 주택건설지역 반경 6km 이내에 있으면 5점을 추가로 받습니다. 나머지 장애인, 노부모, 신혼부부, 생애최초 특별공급은 당해 우선입니다. 당해에 해당하는 사람이라면 적극적으로 활용해야 합니다. 물론 특별공급은 당해가 아니어도 기타 지역과 함께 접수를 받아 청약이 가능하니 기타 지역분들은 당해 미달 혹은 예비당첨을 노리면 됩니다.

특별공급 예당은 가점제가 아닌 추첨제

또 하나, 특별공급의 가장 큰 매력은 예비당첨이 추첨제라는 점입니다. 다음 시분모 표에 나온 DMC SK뷰는 7억 원대에 분양해 인기가 정말 많았던 단지입니다. 제가 1자녀, 무자녀까지 신혼부부 특별공급에 당첨시켰던 첫 사례이기도 하죠.

DMC SK VIEW (서울) Copyright Rose

특별공급 청약접수 현황

주택형	공급 세대수	지역	접수 건수: 다자녀 가구	신혼 부부	노부모 부양	기관 추천	당해 경쟁률: 다자녀경쟁률	신혼특공경쟁률	노부모경쟁률	기관추천(예비제외)	전체 경쟁률: 다자녀경쟁률	신혼특공경쟁률	노부모경쟁률	기관추천(예비포함)
59A	17	배정세대수	4	8	1	4	11.00	178.25	57.00	1.00	18.25	223.88	68.00	1.25
		해당지역	44	1426	57	4(1)								
		기타지역	29	365	11									
59B	5	배정세대수	2	2	0	1	8.00	105.50		1.00	13.50	142.00		2.00
		해당지역	16	211	0	1(1)								
		기타지역	11	73	0									
84A	20	배정세대수	4	10	1	5	5.75	30.90	11.00	1.00	9.50	41.60	13.00	1.80
		해당지역	23	309	11	5(4)								
		기타지역	15	107	2									
84B	10	배정세대수	2	5	1	2	5.00	32.60	10.00	1.00	7.50	41.00	12.00	1.50
		해당지역	10	163	10	2(1)								
		기타지역	5	42	2									
84C	15	배정세대수	4	7	1	3	0.75	11.86	5.00	0.33	1.00	16.00	5.00	1.00
		해당지역	3	83	5	1(2)								
		기타지역	1	29	0									
84D	14	배정세대수	4	6	1	3	0.75	13.50	5.00	0.67	1.50	19.50	6.00	1.00
		해당지역	3	81	5	2(1)								
		기타지역	3	36	1									
84E	16	배정세대수	4	7	1	4	0.75	14.57	6.00	1.00	2.25	20.57	7.00	1.50
		해당지역	3	102	6	4(2)								
		기타지역	6	42	1									
112	3	배정세대수	2	0	1	0	7.00		5.00		9.00		6.00	
		해당지역	14	0	5	0(0)								
		기타지역	4	0	1									

출처: 열정로즈의 내꿈사

사례를 소개하기 전에 신혼부부 특별공급의 중요한 전략 한 가지를 알려드리겠습니다. 신혼부부는 특별공급을 넣을 때 대부분 59m²에 넣습니다. 아무래도 가용자금이 적기 때문이겠죠. 하지만 당첨을 목표로 한다면 84m²에 넣어야 합니다. 표에서 59m² 타입의 경쟁률을 보세요. 어마어마합니다. 84m²와 비교하면 그 차이가 정말 큽니다.

다자녀 특별공급은 반대입니다. 80점은 넘어야 인기 단지 당첨 안정권입니다. 만약 저가점자라면 84m² 이하에 넣어야 합니다. 다자녀 특공 기준이 바뀌기 전 다자녀는 보통 부부와 아이 셋의 5인 가구 이상이라 84m² 초과에 넣습니다. 저가점자라면 당첨을 목표로 84m² 이하에 넣는 게 현명한 전략입니다.

다시 표로 돌아가보겠습니다. 저는 1자녀, 무자녀 신혼부부에게 84m², 그것도 못난이 C타입에 넣을 것을 추천했습니다. 7개밖에 뽑지 않았지만 많은 통장이 들어왔죠. 이 정도 경쟁률이면 2자녀, 당해가 아니면 당첨이 안 되는 상황이었습니다. 그런데 당첨됐다고 연락이 온 건 무자녀, 1자녀인 수강생이었습니다. 어떻게 가능했을까요?

표의 특별공급 경쟁률 중 기관 추천을 보면 84C 타입의 경우 세대수는 3개인데 통장은 딱 1개가 들어왔습니다. 84C 타입에서 2개가 미달이 난 것이죠. 옆의 괄호 속 숫자는 기관에서 가지고 있는 예비 물량입니다. 그런데 이 예비 물량은 기관 추천 예비당첨자에게 바로 주는 것이 아니라 84C 타입의 특별공급 초과 접수자들과 합쳐 무작위 추첨으로 당첨자를 선정합니다. 그런데 다른 유형의 초과 접수자를 합해 뽑은 2개의 물량에서 기적적으로 제 수강생 2명이 당첨된 것이죠. 저도 믿기 어려울 만큼의 기분 좋은 행운이었습니다. 저는 이때부터 무자녀, 1자녀, 기타 지역 특별공급 당첨 가능성을 보고, 많은 수강생에게 적극적으로 알렸습니다. 실제로 그 뒤에도 이런 방식으로 당첨된 사례가 매우 많습니다.

— 기타 지역, 다주택자 분양권 당첨 비법

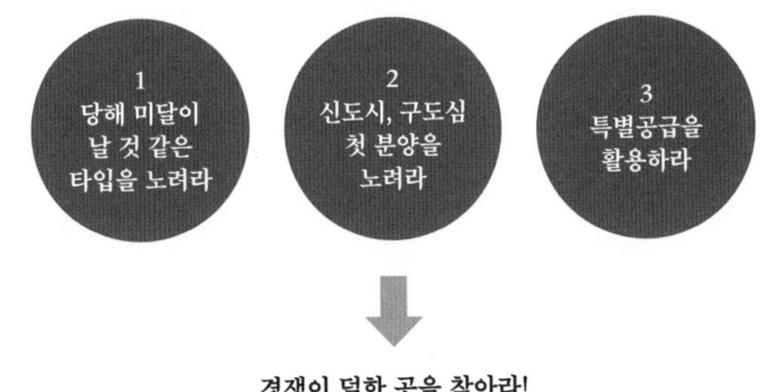

열정로즈의 한마디

4단계: 청약통장 없이도 새 아파트에 살 수 있다!

여기서부터는 '부동산 투자 좀 한다' 하는 사람들은 이미 알고 있는, 통장 없이도 새 아파트에 살 수 있는 전략을 설명하겠습니다.

보류지 입찰, 분양권 매수 등 용어가 생소하겠지만 하나하나 살펴보면 크게 어렵지 않다는 사실을 알 수 있을 것입니다.

41

눈여겨봐야 할 보류지 입찰

보류지 입찰이란?

일반적으로 재개발·재건축 정비사업은 분양한 사업지에서 착오로 조합원 물량이 누락되는 등 만일의 사태에 대비해 예비로 여분을 남겨둡니다. 전체 가구 수의 최대 1%를 남겨두는데, 통상적으로 일반 물량의 10~20가구 정도라고 생각하면 됩니다. 이런 재개발·재건축 정비사업의 예비 물량을 '보류지'라고 합니다. 이런 보류지는 완공을 6개월 정도 앞둔 시점에(입찰 시점은 조합이 정하기 때문에 사업지마다 다름) 조합의 재량으로 일반인들에게 경매 방식을 통해 판매합니다.

— 12·16 대책 이후 서울 아파트 보류지 입찰 결과

입찰일	지역	이름	전용면적(보류지)	최저 입찰가	결과	낙찰가
2020년 12월 20일	강남구 개포동	디에이치 아너힐스	76m² (1가구)	27억 1,100만 원	유찰	-
			84m² (3가구)	27억 6,500만 원~29억 2,700만 원	유찰	-
			106m² (1가구)	38억 1,200만 원	낙찰	38억 5,500만 원
2020년 12월 24일	영등포구 신길동	보라매 SK뷰	59m² (4가구)	11억 원	4가구 중 3가구 낙찰	11억~11억 7,900만 원
			84m² (5가구)	13억 3,000만 원	5가구 모두 낙찰	13억 4,800~14억 1,100만 원
			117m² (1가구)	17억 원	유찰	-

보류지 입찰의 장단점

보류지 입찰의 가장 좋은 점은 청약통장이 없어도 누구나 참여할 수 있다는 점입니다. 또 잔금(등기) 후 바로 매매가 가능합니다. 하지만 그만큼 감수해야 할 것도 많죠. 보류지 입찰은 사업주체가 대출을 알선하지 않습니다. 자금을 개인이 알아서 조달해야 하기 때문에 현금을 많이 보유한 사람들이 참여하는 경우가 많습니다. 계약을 포기할 경우 입찰보증금 회수도 불가합니다. 그래서 보류지 입찰은 자금 계획을 더욱 철저

히 세워야 합니다. 보통은 계약금 20%, 잔금 80%로 나누어 한 달 안에 내는데, 사업장마다 계약금, 잔금일 등이 모두 다르므로 해당 보류지 입찰공고문을 꼭 확인해보아야 합니다.

앞서 설명한 대로 보류지 입찰은 부동산 경매 방식으로 진행합니다. 원하는 금액을 적어 내면 그중 최고가를 적은 사람에게 낙찰됩니다. 신길뉴타운의 84m² 낙찰가는 14억 원대였습니다. 실투자금이 비슷하다면 오히려 대출을 승계받을 수 있는 입주권을 사는 게 나을 수도 있습니다. 보류지 입찰을 알아볼 때는 근처 부동산을 직접 방문해 낙찰받을 수 있는 가격 등을 꼼꼼하게 확인해야 합니다.

서울 정비사업 보류지 정보는 정비사업 정보몽땅(cleanup.seoul.go.kr) 홈페이지에서 확인할 수 있습니다. '알림마당 → 조합입찰공고'에 들어가 검색창에 '보류지'를 입력해보세요.

/ 정비사업 정보몽땅 홈페이지

1주택자, 투자자를 위한 보류지 입찰 전략

보류지 입찰은 새 아파트로 갈아타고 싶은 구축을 가진 1주택자라면 도전해볼 만합니다. 보류지 입찰로 물건을 낙찰받아 계약한 뒤 잔금일 전에 가지고 있던 주택을 팔아 잔금을 치르면 됩니다. 이미 집이 팔렸고 보류지 잔금일까지 매도잔금을 받기로 했다면 더없이 좋겠죠.

투자자 입장이라면 일단 낙찰을 받아 계약금만 내고 이후에 전세를 받아 잔금을 치르는 방법도 있습니다. 이 경우 해당 단지의 매매가와 전세가의 시세를 조사하고, 주변 전세 상황까지 체크해보세요. 해당 단지의 전세가율이 높고, 잔금을 치를 시기에 인근 전세 물량이 거의 없다면 높은 전세금으로 잔금을 치르는 것이 가능합니다.

앞으로 서울 아파트 입주 물량은 더욱 부족해질 전망입니다. 따라서 전세가 부족한 지역은 보류지 입찰 투자가 적합하니 이에 대해서도 잘 알아두기 바랍니다.

42

대출까지 나오는 잔여 세대 추첨, '줍줍'

잔여 세대 공급 유형과 방법

최초 입주자모집공고 후 미계약, 미분양 및 공급질서 교란 행위 적발 등으로 인해 잔여 세대가 발생하는 경우, 무순위 사후 접수 → 임의 공급 → 계약 취소 주택 재공급의 방식으로 잔여 세대를 공급합니다.

무순위 사후 접수는 최초 입주자모집공고 시 경쟁이 발생하여 당첨자 및 예비입주자를 선정하였으나 부적격, 계약 포기 등으로 잔여 물량이 발생한 경우로, 일명 '미계약 줍줍'입니다. 임의 공급은 최초 및 무순위 입주자모집공고 시 경쟁이 발생하지 않아 미분양이 발생한 경우로, 일명 '미분양 줍줍'입니다.

계약 취소 주택 재공급은 공급질서 교란 행위(불법 전매 등) 적발로 인한 계약 해제 세대가 발생한 경우로, 당해 무주택자에게 분양 당시 분양가로 재공급해 시세 차익이 큰 편입니다.

규제지역에서 공급하는 주택의 무순위 사후 접수, 계약 취소 주택 재공급의 경우 한국부동산원 청약홈에서 청약 접수 및 입주자 선정 의무가 있습니다. 단, 비규제지역의 무순위 사후 접수와 임의 공급은 청약홈(선택) 혹은 사업주체 재량(홈페이지 접수 혹은 선착순)으로 접수를 받습니다.

유형별 세부 내용은 다음과 같습니다.

—— 잔여 세대 추첨 유형별 세부 내용

구분		무순위 사후 접수		임의 공급	계약 취소 주택 재공급	
청약 자격	대상자	성년자 (공공주택의 경우 무주택 세대 구성원인 성년자)		사업주체가 별도로 정하는 요건 적용	무주택 세대 구성원인 성년자 중 - 특별공급: 각 특별공급 자격 요건 충족자 - 일반공급: 무주택 세대주	
	거주지역	국내 거주			해당 주택건설지역 거주	
시행 지역		규제지역	비규제지역	전국	규제지역	비규제지역
청약 접수 주체		청약홈 (의무)	- 청약홈 (선택) - 사업주체	- 청약홈 (선택) - 사업주체	청약홈(의무)	
당첨자 관리		○	×	×	○	○
청약통장 사용 여부		×	×	×	×	×
재당첨 제한 적용 여부		적용	미적용	미적용	적용	미적용 (분양가상한제 주택 등의 경우 적용)
유주택자 (세대원 포함)		청약 가능 (공공주택 제외)	청약 가능 (공공주택 제외)	청약 가능	청약 불가	청약 불가

재당첨 제한자 (세대원 포함)	청약 불가	청약 가능	청약 가능	청약 불가 (재당첨 제한자 본인과 그 배우자에 한함)	청약 가능
동일 주택 기당첨자	청약 불가	청약 불가	청약 가능	청약 가능	청약 가능
부적격 당첨자	청약 불가	청약 불가	청약 가능	청약 불가	청약 불가
공급질서 교란자	청약 불가	청약 불가	청약 가능	청약 불가	청약 불가

13점 저가점자 줍줍 후기

마포 푸르지오어반피스 당첨 / 닉네임: 핫하랏

2023년 1월 기회가 왔으나 놓치다

저는 수도권에 이미 주택 1채를 가지고 있는 1주택자에, 청약 점수가 13점인 저가점자였습니다. 2021년 1월 한창 불장일 때 분양권을 매수하고 2022년 9월 등기를 칠 때까지 부동산에 관심을 끄고 있었죠. 그리고 우여곡절 끝에 등기를 쳤는데, 당시 금리가 미친 듯이 오르기 시작했고, 시장 상황은 너무나 좋지 않았습니다.

2023년 1월 규제가 해제되면서 '줍줍'이 나왔습니다. 장위자이, 둔촌주공 등 서울에서 줍줍이라니! 저는 2020년부터 청약에 관심을 갖기 시작했는데, 당시 서울 줍줍은 말도 안 되었고, 청약도 전부 가점제였습니다. 그래서 서울을 포기하고 수도권 주택을 매수했던 건데 서울에 기회가 생긴 것입니다. 그런데 기회가 왔을 때 제대로 공부를 하지 않아 청약을 해야 하는 건지, 하지 말아야 하는 건지 잘 모르겠더라고요. 세금부터 입지 분석까지 그 어느 것 하나 제대로 공부해놓은 것이 없었습니다.

2023년 2월 정규 강의 신청과 청약 신청

꾸준히 공부를 했어야 했는데! 하지만 아쉬움은 접어두고 지금부터라도 열심히 공부해보기로 결심했습니다. 그리고 로즈님의 정규 강의를 처음 들었습니다. 로즈님의 닉네임이 왜 '열정' 로즈인지 알 수 있었습니다. 늘 열정 가득한 모습이 너무나 대단하게 느껴졌습니다. 로즈님과 대면 상담을 할 기회가 있었는데, 제가 가지고 있던 주택과 관련하여 현실적인 조언을 해주셔서 바로 실행으로 옮겼습니다.

그렇게 정규 강의를 모두 들은 뒤 멤버십을 신청했습니다. 로즈님은 매주 청약홈에 나온 공고와 줍줍 정보를 통틀어 추천 단지에 대한 입지 분석을 해주셨는데, 부동산 시야를 키우는 데 엄청난 도움이 되었습니다. 저는 1주택자, 저가점자였기에 가능성이 적었지만, 내꿈사에 1주택자임에도 당첨되신 분들이 생각보다 많았습니다. 그런 분들의 인터뷰를 보면 '그래! 기회가 있는 게 어디야!' 하며 희망의 끈을 놓지 않았습니다. 저는 청약을 넣고 관심 고객으로 등록해 혹시나 빠르게 진행될 줍줍에 대비했습니다. 주말에는 현장 임장도 꼬박꼬박 다녔습니다.

드디어 계약!

회사에서 일하고 있는데 문자 한 통이 왔습니다. 마포 푸르지오어반피스 잔여분에 대해 선착순 계약을 진행한다는 내용이었습니다. 바로 전화를 해보니 잔여 동·호수는 알려주지 못한다고 이야기하셨어요. 대신 남아 있는 라인과 고층도 남아 있다는 정보를 주셨죠. 당장 휴가를 내기가 불편했지만, 이건 정말 안 되겠다 싶어 팀장님께 양해를 구한 뒤 모하로 달려갔습니다.

보통 줍줍도 추첨으로 돌렸기에 선착순은 정말 기회라고 생각했습니다. 게다가 제가 원했던 아파트였고요! 입주 기간이 꽤 남아 있었고(무려 3년), 정 안 되면 1년 후 전매도 가능하기에 절대 놓치고 싶지 않았습니다. 모하에 도착하니 고층은 하나밖에 남아 있지 않아 고민할 필요가 없었습니다. 게다가 로즈님이 추천해주신 라인이었죠.

2023년 한 해 동안 로즈님 밑에서 공부하고 시장 상황을 주시하며 꼭 서울 아파트를 갖고 싶다고 생각했는데, 결국 이루게 되어 무척이나 기쁩니다. 이게 끝이 아님을 알고 있기에 앞으로도 계속 공부해나갈 생각입니다. 로즈님, 앞으로도 잘 부탁드립니다. 정말 감사합니다.

역사에 남을 둔촌 줍줍!
예비 800번대가?

올림픽파크포레온 당첨 / 닉네임: 눈덩이

로즈님의 강의를 수강하던 중에 둔촌주공 줍줍이 있었습니다. 그때까지만 해도 "분양가가 너무 비싸다", "누가 그 좁은 29타입, 39타입, 49타입에 사냐" 등 말이 많았습니다. 그런 와중에 저와 예랑이, 가족들, 친척들까지 둔촌주공 줍줍 39타입을 노렸었는데요. 다 떨어지고 아버지는 2,700번대, 예랑이는 800번대 번호를 받았습니다. 예랑이는 사실 '800번까지 기회가 오겠어?' 하고 서류 준비를 하지 않으려 했어요.

그런데 생각해보니 일단 전국 단위로 줍줍을 모집했기 때문에 선당후곰(선 당첨 후 고민)할 생각으로 사람들이 마구 넣었을 것 같았고, 지방에서 넣으신 분 중에 서류를 준비해 서울까지 올 예비당첨자가 많지 않을 것 같았습니다. 지금이야 둔주에 프리미엄이 붙었지만, 그때까지만 해도 '39에 프리미엄이 붙겠어?'라는 인식이 있어 예랑이에게 무조건 서류를 준비하라고 이야기했어요.

모델하우스는 49평형만 있었는데, "49가 이렇게 좁은데 39는 혼자밖에 못살겠다" 이런 말들도 들려와 기회가 올 수도 있겠다는 생각이 들었습니다.

결론적으로, 거의 저층만 남은 상황에서 무려 28층을 주웠습니다! 정말 기적적인 일이죠? '2층만 아니면 괜찮아'라고 생각했는데 몇 개 남지 않은 고층을 800번대가 주워 로즈님도 놀라셨습니다. 끝까지 포기하지 않았기에 가능했습니다. 그 당시 대구에 있다가 제 말만 믿고 서류를 준비하기 위해 서울에 올라온 예랑이에게도 고마웠습니다.

끝까지 포기하지 않은 것! 그것이 이런 기회를 만들어주었고, 그 기회를 잡아 너무나 기쁩니다. 이런 기회를 볼 줄 아는 눈을 만들어주신 로즈님께 이 영광을 돌립니다.

43

입주 전 분양권 매수

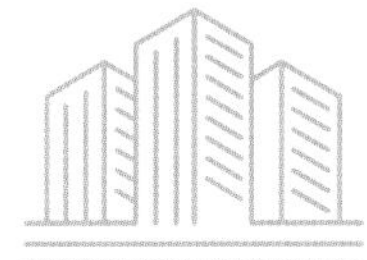

앞서 설명한 방법이 모두 안 된다면 분양권을 매수하는 방법도 있습니다.

분양권 거래 절차

분양권은 어떻게 사고팔까요? 부동산에 전화를 걸어 매수하는 경우가 많습니다. 직거래하는 사례도 있는데, 분양권은 실체가 없는 물건이라 직거래는 매우 위험합니다. 아무리 가격이 싸다 해도 가능하면 부동산을 통해 거래하는 것을 추천합니다.

부동산에 전화 또는 방문하여 분양권을 문의하면 몇 동 몇 호의 분양권이 나왔는지 알려줍니다. 해당 아파트 홈페이지나 팸플릿 등을 통해 도면, 집의 방향, 위치 등을 살펴본 뒤 금액이 마음에 든다면 매수 의사를 밝힙니다. 그러면 부동산에서 당첨자의 신분증, 분양계약서, 당첨 화면, 계좌번호 등을 문자로 보내줍니다.

내용에 문제가 없다면 가계약금을 이체합니다. 날짜를 정해 매도자와 매수자가 만나 매매계약서를 작성하고 계약금을 주고받으면 중개사는 실거래가를 신고합니다. 증여나 공동명의 변경인 경우 관할 지자체 시, 군, 구에 가 검인도장을 받습니다. 분양권 거래 시 대출은 매수자에게 승계됩니다. 함께 은행을 방문해 대출승계를 합니다.

마지막으로 시행사 및 시공사를 찾아가 권리의무승계를 진행합니다. A에서 B로 명의변경을 해주고 분양계약서 뒷면에 시행사, 시공사, 신탁사의 도장을 받으면 모든 절차가 끝납니다. 매수자는 분양계약서를 수령하고, 매도자는 양도월 말일에서 2개월 이내에 양도소득세를 신고해야 합니다. 분양권은 일반적으로 계약금부터 중도금, 잔금까지 한 달 이내에 이루어집니다. 그러나 잔금 일정은 매도자와 협의하여 늦출 수도 있다는 점을 기억해두세요.

— 분양권 전매 절차

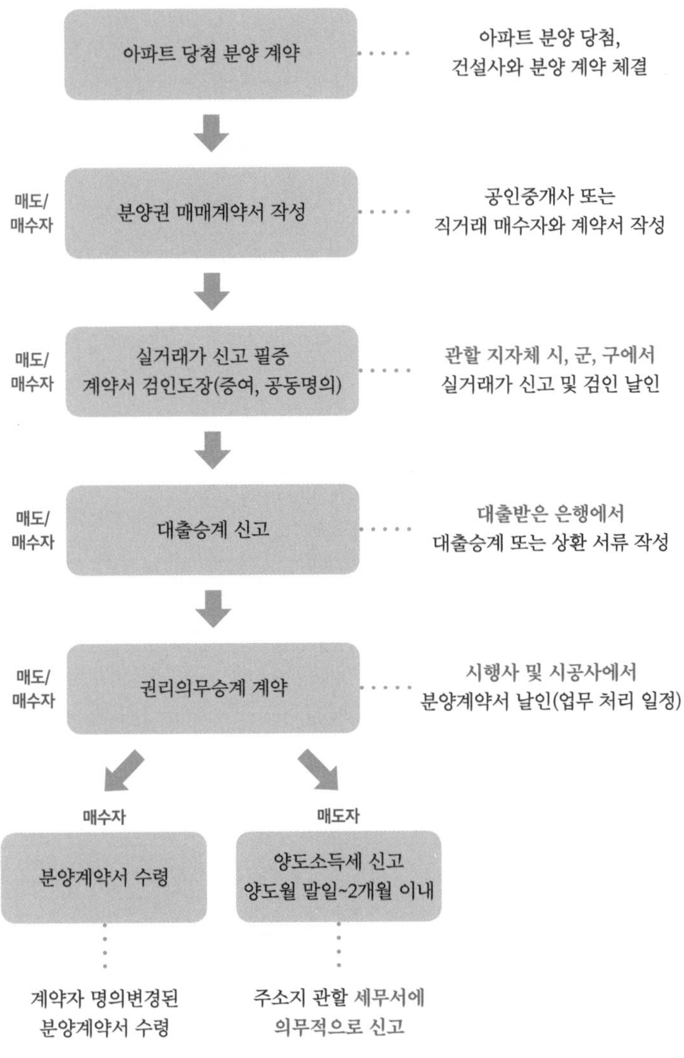
아파트 당첨 분양 계약
아파트 분양 당첨,
건설사와 분양 계약 체결
매도/
매수자
분양권 매매계약서 작성
공인중개사 또는
직거래 매수자와 계약서 작성
매도/
매수자
실거래가 신고 필증
계약서 검인도장(증여, 공동명의)
관할 지자체 시, 군, 구에서
실거래가 신고 및 검인 날인
매도/
매수자
대출승계 신고
대출받은 은행에서
대출승계 또는 상환 서류 작성
매도/
매수자
권리의무승계 계약
시행사 및 시공사에서
분양계약서 날인(업무 처리 일정)
매수자
분양계약서 수령
계약자 명의변경된
분양계약서 수령
매도자
양도소득세 신고
양도월 말일~2개월 이내
주소지 관할 세무서에
의무적으로 신고

분양권을 구매하려면 얼마가 필요할까?

분양권을 구매하려면 필요한 자금은 얼마나 될까요? 먼저 분양계약금이 필요합니다. 그리고 발코니 확장, 시스템 에어컨 등에 들어간 옵션비가 있겠죠. 옵션비는 당첨자가 계약 시 전체 비용의 10%를 납부했을 거예요. 매수자는 이 10%만 지불하면 됩니다. 옵션비의 잔금은 매수자가 입주 시 내면 되고, 분양권을 전매하면 옵션 잔금은 내지 않아도 됩니다. 즉, 입주하는 최종 매수자가 내는 것입니다.

— 분양권 구매 시 지불 항목

분양계약금	+	옵션비(발코니 확장, 시스템 에어컨) 중도금대출승계 프리미엄	+	양도세(협의) 중개수수료

대출이 있다면 승계를 받습니다. 단, 매도자가 중도금대출을 자납했다면 그 회차만큼 매수자도 중도금대출이 나오지 않습니다. 자납 이후 회차부터 중도금대출이 나오니 매수자는 분양권 매수 전에 자납 물건인지 아닌지를 꼼꼼히 체크해야 합니다.

자납한 물건은 투자금이 많이 들어 선호도가 높지 않습니다. 여러분이 매도자 입장이고 분양권을 전매할 계획이라면 중도금대출 60%가 다 나오는 단지에서는 돈이 있어도 되도록 자납은 하지 마세요. 그리고 분양권에 붙은 프리미엄을 내면 됩니다.

프리미엄은 동, 층, 향, 뷰에 따라 각기 다릅니다. 분양권을 살 때는 돈을 좀 더 주고서라도 RR을 매수하는 것을 추천합니다. RR이 상승폭도 크고 추후 매도하기도 편해 환금성이 좋습니다. 자신이 가진 가용자금 내에서 최고로 좋은 물건을 매수하세요. 양도세의 경우 매도자가 내는 것이 원칙이나 매수자 부담으로 거래가 되기도 하며, 이는 양측의 협의사항입니다.

중개수수료의 경우 지역마다 모두 다르니 계약 전에 확인해봐야 합니다. 분양권 중개수수료는 요율제가 아닌 정액제입니다.

실전 분양권 구입 무작정 따라 하기

그럼, 연습해볼까요? 분양가가 5억 원인 아파트의 분양권을 매수하려고 합니다. 계약금 10%는 납부했고, 옵션은 발코니 확장비 1,000만 원, 시스템 에어컨 500만 원이며, 각각 10%만 납부한 상황입니다. 프리미엄은 1억 원입니다. 이 아파트의 분양권을 구매하려면 얼마가 필요할까요? 프리미엄을 제외한 모든 금액의 10%로 계산하면 됩니다.

— 분양권 구입 자금 계산(예시)

항목	비율	금액
분양가 5억 원인 아파트의 계약금	10%	5,000만 원
발코니 확장비 1,000만 원		100만 원
시스템 에어컨 500만 원		50만 원
프리미엄	-	1억 원
합계		1억 5,150만 원

따라서 이 경우 분양권 구입 자금의 총액은 1억 5,150만 원입니다. 편의상 양도소득세와 중개수수료는 포함하지 않았습니다.

44

꼭 알아두어야 할 분양권 전매제한

분양권 전매 가능 지역

앞서 설명했듯 2023년 1월 3일 발표한 부동산 대책으로 전매제한이 대폭 완화되었습니다. 수도권의 경우 공공택지(분양가상한제 적용) 및 규제지역은 3년, 과밀억제권역은 1년, 그 외 지역은 6개월이며, 비수도권의 경우 공공택지(분양가상한제 적용) 및 규제지역은 1년, 광역시 도시지역은 6개월, 그 외 지역은 전매제한이 없습니다.

— 수도권 권역 지정 현황

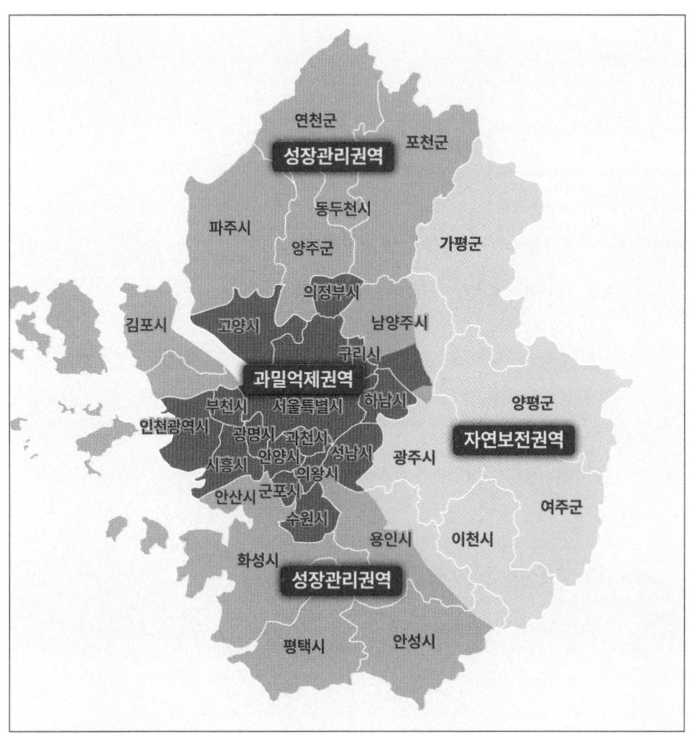

— 전매제한 현황

수도권	비수도권
• 공공택지 및 규제지역 3년 • 과밀억제권역 1년 • 그 외 6개월	• 공공택지 및 규제지역 1년 • 광역시(도시지역) 6개월 • 그 외 폐지

그럼, 전매 가능한 날은 어떻게 계산할까요? 당첨자 발표일 기준으로 제한 기간 만큼 세면 됩니다. 네이버 부동산에서 본인의 아파트를 검색한 뒤 단지 정보를 누르면 나오는 단지 내 면적별 정보를 통해서도 확인할 수 있습니다.

공급/전용	80.52㎡/59.99㎡(전용률 75%)
방수/욕실수	3개/2개
해당면적 세대수	117세대
거래가능일	2024년 3월 14일~
현관구조	계단식
분양가	8억 6,900(층별(동호수) 분양가는 다를 수 있음)
해당면적 매물	매매 2 | 전세 0 | 월세 0 | 단기 0 • 매매 11억 5,905~12억 5,300 (4,759~5,144만원/3.3㎡)
	매물가격(중개소 매물 호가) 기준

출처: 네이버 부동산 '영등포 자이디그니티'

분양권 전매 해제 단지를 노리자

다음 표는 2023년 서울이 비규제지역으로 풀리고 분양한 단지 중 전매가 가능한 단지들입니다. 분양권으로 내 집 마련을 하고 싶으신 분들은 다음 단지들을 주의 깊게 살펴보세요.

— 서울 분양권 전매 가능 단지

위치	단지명	총세대수	당첨자 발표일	입주년월	전매 제한	전매해제일
강동구	힐스테이트천호역젠트리스	160세대	2020년 8월 20일	2024년 3월	1년	전매 가능
	강동밀레니얼중흥S-클래스	999세대	2020년 8월 19일	2024년 9월	1년	전매 가능
	올림픽파크포레온	12,032세대	2022년 12월 15일	2024년 11월	1년	2023년 12월 15일~

강동구	강동헤리티지자이	1,299세대	2022년 12월 29일	2024년 6월	1년	2023년 12월 29일~
영등포구	센트레빌아스테리움 영등포	156세대	2022년 3월 3일	2024년 8월	1년	전매 가능
구로구	신영지웰에스테이트 개봉역	101세대	2022년 3월 11일	2024년 7월	1년	전매 가능
성북구	길음역롯데캐슬트윈 골드	395세대	2020년 7월 23일	2024년 4월	1년	전매 가능
	해링턴플레이스안암	199세대	2021년 12월 20일	2024년 7월	1년	전매 가능
	장위자이레디언트	2,804세대	2022년 12월 16일	2025년 3월	1년	2023년 12월 16일 ~
강북구	한화포레나미아	497세대	2022년 4월 13일	2025년 11월	1년	전매 가능
	북서울자이폴라리스	1,045세대	2022년 2월 4일	2024년 8월	1년	전매 가능
중랑구	리버센SK뷰롯데캐슬	1,055세대	2022년 11월 23일	2025년 11월	1년	2023년 11월 23일~
영등포구	영등포자이디그니티	707세대	2023년 3월 14일	2026년 3월	1년	2024년 3월 14일~
은평구	센트레빌아스테리움 시그니처	752세대	2023년 3월 17일	2025년 11월	1년	2024년 3월 17일~
동대문구	휘경자이디센시아	1,806세대	2023년 4월 11일	2025년 6월	1년	2024년 4월 11일~
강북구	엘리프미아역1단지	66세대	2023년 5월 4일	2026년 8월	1년	2024년 5월 4일~
	엘리프미아역2단지	160세대	2023년 5월 3일	2026년 8월	1년	2024년 5월 3일~
은평구	새절역두산위브트레 지움	424세대	2023년 5월 23일	2025년 11월	1년	2024년 5월 23일~

서대문구	DMC가재울아이파크	283세대	2023년 6월 15일	2025년 11월	1년	2024년 6월 15일~
관악구	서울대벤처타운역푸르지오	571세대	2023년 7월 11일	2025년 5월	1년	2024년 7월 11일~
동대문구	청량리롯데캐슬하이루체	761세대	2023년 7월 18일	2026년 4월	1년	2024년 7월 18일~
광진구	롯데캐슬이스트폴	1,063세대	2023년 8월 9일	2025년 3월	1년	2024년 8월 9일~
동대문구	래미안라그란데	3,069세대	2023년 8월 23일	2025년 1월	1년	2024년 8월 23일~
성동구	청계SKVIEW	396세대	2023년 8월 29일	2025년 7월	1년	2024년 8월 29일~
구로구	호반써밋개봉	317세대	2023년 9월 13일	2024년 12월	1년	2024년 9월 13일~
성북구	보문센트럴아이파크(76/81)	199세대	2023년 10월 10일	2026년 9월	1년	2024년 10월 10일~
관악구	힐스테이트관악센트씨엘	997세대	2023년 10월 10일	2025년 2월	1년	2024년 10월 10일~
동대문구	e편한세상답십리아르테포레(국민)	326세대	2023년 10월 13일	2025년 3월	1년	2024년 10월 13일~
강동구	더샵강동센트럴시티	670세대	2023년 10월 24일	2025년 12월	1년	2024년 10월 24일~
	e편한세상강동프레스티지원	236세대	2023년 11월 2일	2026년 1월	1년	2024년 11월 2일~
동대문구	이문아이파크자이1, 2단지	4,321세대	2023년 11월 8일	2025년 11월	1년	2024년 11월 8일~
도봉구	도봉금호어울림리버파크	299세대	2023년 11월 15일	2026년 3월	1년	2024년 11월 15일~
마포구	마포푸르지오어반피스	239세대	2023년 12월 12일	2027년 3월	1년	2024년 12월 12일~

성동구	청계리버뷰자이	1,670세대	2023년 12월 20일	2027년 2월	1년	2024년 12월 20일~

※ 100세대 미만이나 추천하지 않는 단지는 제외

분양권 전매제한 기한 중이라도 전매가 허용되는 경우

다음의 경우에는 전매제한 기한 중이어도 전매할 수 있습니다. 해당 사항이 있는지 알아봅시다.

분양권 전매제한 기한 중 전매 허용 조건

1. 세대원(세대주 포함)이 근무 또는 생업상의 사정이나 질병치료·취학·결혼으로 인하여 세대원 전원이 다른 광역시, 시 또는 군(광역시의 관할구역에 있는 군 제외)으로 이전하는 경우(수도권으로 이전하는 경우 제외)
2. 상속에 의하여 취득한 주택으로 세대원 전원이 이전하는 경우
3. 세대원 전원이 해외로 이주하거나 2년 이상 해외에 체류하고자 하는 경우
4. 이혼으로 인하여 입주자로 선정된 지위 또는 주택을 그 배우자에게 이전하는 경우
5. 공익사업의 시행으로 주거용 건축물을 제공한 자가 사업시행자로부터 이주대책용 주택을 공급받은 경우로서 시장·군수 또는 구청장이 확인하는 경우
6. 주택의 소유자가 국가·지방자치단체 및 금융기관에 대한 채무를 이행하지 못하여 경매 또는 공매가 시행되는 경우
7. 입주자로 선정된 지위 또는 주택의 일부를 그 배우자에게 증여하는 경우

출처: 「주택법」 시행령 제73조제2항

분양권 싸게 사는 방법

입주장에는 실거주를 고려하고 샀지만 주택 수, 세금에 의해 파는 물건들이 있습니다. 또한 투자용으로 샀지만 입주 물량이 많아 전세가가 낮게 형성되면 투자금이 많이 들어 파는 물건도 있죠. 실거주가 가능한 분들은 이런 물건을 저렴하게 살 수 있습니다. 입주 시기에 투자자들이 던지는 물건을 잡으려면 입주 물량이 많은 곳을 눈여겨보세요. 입주장은 분양권을 싸게 살 수 있는 마지막 기회입니다.

New
아는 만큼
당첨되는
청약의 기술

열정로즈의 한마디

마무리: 청약 완전 정복!

드디어 마지막 단계입니다!

이 장에는 청약제도를 완벽히 파악하여 내 것으로 만들기 위한 모든 정보를 담았습니다. 청약제도를 최대한 활용할 수 있도록 마지막까지 꼼꼼히 공부하세요!

45

공공분양주택 50만 호의 새로운 이름 뉴:홈

뉴:홈이란?

뉴:홈은 윤석열 대통령이 무주택 실수요자의 내 집 마련 기회를 앞당기고, 수도권 청약 대기 수요 해소를 목적으로 공공택지 등에서 공급하는 공공분양주택의 새 이름입니다. 청년, 무주택 서민들의 내 집 마련 기회를 확대하기 위해 공공분양 50만 호를 공급한다고 발표했습니다. 세 가지 유형, 즉 나눔형(25만 가구), 선택형(10만 가구), 일반형(15만 가구)으로 공급하며, 내 집 마련 수요자들이 각각 원하는 유형에 청약할 수 있습니다.

— 뉴:홈의 유형별 특징

구분	나눔형	선택형	일반형
공급 유형	(특별)청년, 신혼부부, 신생아, 생애최초 (일반)일반	(특별)청년, 신혼부부, 신생아, 생애최초, 다자녀, 노부모 부양, 기관 추천 (일반)일반	(특별)신혼부부, 신생아, 생애최초, 다자녀, 노부모 부양, 기관 추천 (일반)일반
특징	분양가 시세 70% 수준, 시세 차익 70% 보장	6년간 임대 거주 후 분양 여부 선택	분양가 시세 80% 수준
모기지	전용 모기지(저금리, 최대 40년, 최대 5억 원)	분양 시 전용 모기지(나눔형 동일)*	일반 모기지(디딤돌, 보금자리론 등)

* 임대 보증금은 80% 전세대출 지원

※ 나눔형, 선택형, 일반형 모두 일반공급 중 잔여공급에는 추첨제(일반공급 물량의 20%) 적용

① 나눔형 25만 호

나눔형은 처음부터 분양받되 장기 모기지로 내 집 마련 기회를 제공하며, 의무 거주 기간 이후 공공에 환매 시 처분 손익의 70%가 귀속되는 주택입니다[토지임대부 분양주택은 거주 의무 기간 5년, 전매제한 기간 10년이 지나면 개인 간 거래가 가능합니다(「주택법」 개정 2023년 12월 26일 공포, 2024년 6월 27일 시행)].

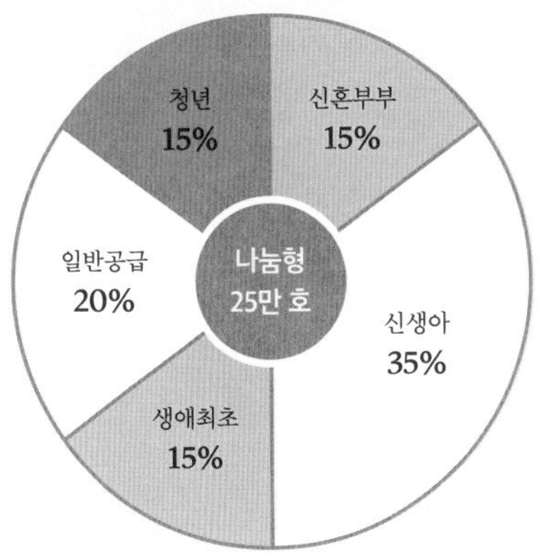

- 처음부터 분양
- 의무 거주 기간 이후 공공에 환매
- 처분 손익 70% 귀속

② 선택형 10만 호

선택형은 6년 임대 거주 후 분양 여부를 선택할 수 있는 주택입니다.

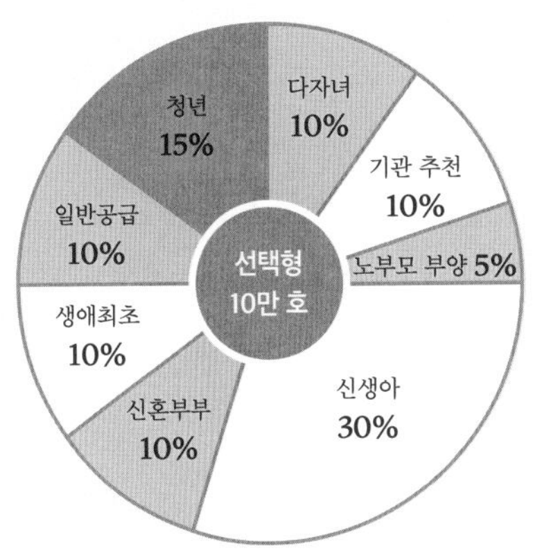

- 저렴한 임대료로 6년간 거주
- 임대 종료 후 분양 여부 자유롭게 선택
- 우선 거주 후 내 집 마련 선택권 부여

③ 일반형 15만 호

일반형은 기존 공공분양주택을 말하며, 일반공급 물량 확대(15% → 30%) 및 일반공급 물량 중 20%를 추첨제로 공급합니다.

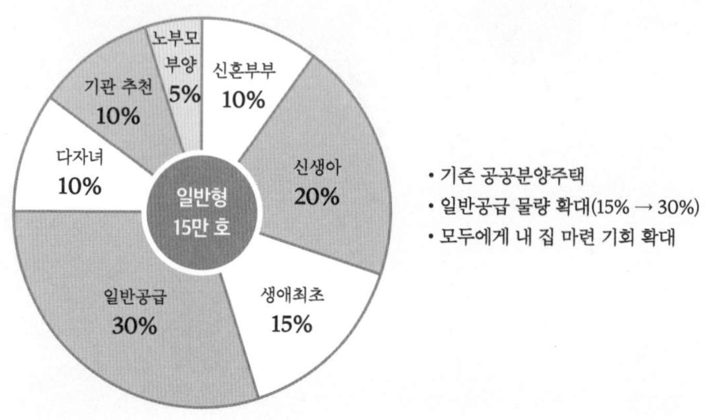

뉴:홈 청약 자격

① 기본 청약 자격

신청자, 배우자, 신청자 및 배우자의 세대별 주민등록표등본에 등재된 직계존속 및 직계비속 등 전원이 무주택이어야 하며, 주택청약종합저축(청약저축 포함) 가입자가 대상입니다. 단, 청년 특별공급의 경우 신청자 본인만 검증합니다.

— 주택청약종합저축(청약저축) 자격 요건(수도권 비규제 기준)

구분		자격 요건
특별공급	청년	6개월 경과, 6회 이상 납부
	신혼부부	6개월 경과, 6회 이상 납부
	신생아	6개월 경과, 6회 이상 납부
	생애최초	청약저축 1순위(1년 경과, 12회 이상 납부)*
	다자녀	6개월 경과, 6회 이상 납부
	노부모 부양	청약저축 1순위(1년 경과, 12회 이상 납부)
일반공급	우선공급	청약저축 1순위(1년 경과, 12회 이상 납부)
	잔여공급	청약저축 가입자

* 선납금 포함 600만 원 이상 납입

② 공급유형별 세부 청약 자격

— 세부 청약 자격 및 선정방법

구분		자격
특별공급	청년	입주자모집공고일 현재 청년(만 19세 이상 39세 이하로 혼인 중이 아니며, 과거 주택을 소유한 사실이 없는 사람)인 분
		(우선공급)5년 이상 소득세를 납부한 청년에게 배정 물량의 30% 우선공급 (잔여공급)우선공급하고 남은 주택에 대해 우선공급에서 입주자로 선정되지 않은 자를 포함하여 공급 *우선공급 및 잔여공급에서 경쟁이 있는 경우 입주자 선정 순서 1. 지역 우선 공급기준(해당 주택 건설 지역 거주자) 2. 배점 다득점순(우선공급 9점 만점, 잔여공급 12점 만점) 3. 추첨
	신혼부부	(신혼부부)입주자모집공고일 현재 혼인기간이 7년 이내이거나 만 6세 이하(만 7세 미만) 자녀가 있는 분

<table>
<tr><td rowspan="10">특별
공급</td><td rowspan="2">신혼
부부</td><td>(예비 신혼부부)혼인을 계획 중이며 해당 주택의 입주 전까지 혼인사실을 증명할 수 있는 분
(한부모가족)입주자모집공고일 현재 만 6세 이하(만 7세 미만)의 자녀를 둔 한부모가족</td></tr>
<tr><td>① 소득구분(우선 70%, 일반 20%, 추첨 10%) → ② 순위 → ③ 지역 → ④ 배점 → ⑤ 추첨</td></tr>
<tr><td rowspan="2">생애
최초
(미혼
불가)</td><td>생애 최초(세대구성원 모두 과거 주택을 소유한 사실이 없는 경우)로 주택을 구입하는 분으로서 다음의 요건을 충족하는 분
- 일반공급 1순위인 무주택 세대의 세대주 또는 세대 구성원으로서 저축액이 선납금을 포함하여 600만 원 이상인 분
- 입주자모집공고일 현재 혼인 중이거나 미혼인 자녀(임신 및 입양 포함, 신청자가 혼인 중이 아닌 경우에는 동일한 주민등록표등본에 올라있는 자녀를 말함)가 있는 분
- 입주자모집공고일 현재 근로자 또는 자영업자(과거 1년 내에 소득세를 납부한 경우 포함)로서 5년 이상 소득세를 납부한 분</td></tr>
<tr><td>① 소득구분(우선 70%, 일반 20%, 추첨 10%) → ② 지역 → ③ 추첨</td></tr>
<tr><td rowspan="2">신생아
(미혼
가능)</td><td>입주자모집공고일 현재 2세 미만(2세가 되는 날을 포함)의 자녀가 있는 분</td></tr>
<tr><td>① 소득구분(우선 70%, 일반 20%, 추첨 10%) → ② 지역 → ③ 배점 → ④ 추첨</td></tr>
<tr><td rowspan="2">다자녀</td><td>입주자모집공고일 현재 미성년인 자녀 2명 이상을 둔 자(태아, 입양자녀 포함)</td></tr>
<tr><td>① 소득구분(우선 90%, 추첨 10%) → ② 지역 → ③ 배점 → ④ 미성년 자녀 수 → ⑤ 청약 신청자의 연령(연, 월, 일 계산)이 많은 분 → ⑥ 추첨</td></tr>
<tr><td rowspan="2">노부모
부양</td><td>일반공급 1순위에 해당하는 자로서 만 65세 이상의 직계존속(배우자의 직계존속 포함)을 3년 이상 계속하여 부양(같은 세대별 주민등록표등본에 등재)하고 있는 세대주
*노부모부양 특별공급은 무주택 세대주만이 신청할 수 있음(세대 구성원은 청약 불가)</td></tr>
<tr><td>① 소득구분(우선 90%, 추첨 10%) → ② 지역 → ③ 순차제 → ④ 추첨</td></tr>
<tr><td rowspan="2">일반
공급</td><td rowspan="2">우선
공급
(80%)</td><td>무주택 세대 구성원</td></tr>
<tr><td><table>
<tr><th>순차</th><th>전용면적 40m² 초과 주택</th><th>전용면적 40m² 이하 주택</th></tr>
<tr><td>①</td><td>무주택기간이 3년 이상이며 저축총액이 많은 자</td><td>무주택기간이 3년 이상이며 납입횟수가 많은 자</td></tr>
<tr><td>②</td><td>저축총액이 많은 자</td><td>납입횟수가 많은 자</td></tr>
</table>
* 경쟁이 있는 경우 지역 우선 공급기준에 따르며, 지역 내 경쟁 시 순차제 적용</td></tr>
</table>

<table>
<tr><td>일반
공급</td><td>잔여
공급
(20%)</td><td>무주택 세대 구성원
* 경쟁이 있는 경우 지역 우선 공급기준에 따르며, 지역 내 경쟁 시 추첨으로 입주자 선정</td></tr>
</table>

③ 대상별 청약 자격 및 소득 자산 요건

—— 청약 자격 및 소득 자산 요건(2023년 기준)

<table>
<tr><th colspan="2" rowspan="2">구분</th><th colspan="6">특별공급</th><th rowspan="2">일반공급</th></tr>
<tr><th>청년</th><th>신혼부부</th><th>신생아</th><th>생애최초</th><th>다자녀</th><th>노부모
부양</th></tr>
<tr><td colspan="2">소득</td><td>(본인)
월평균
소득 140%
이하</td><td>(세대)
월평균
소득 130%
(맞벌이
200%)
이하</td><td>(세대)
월평균
소득 140%
(맞벌이
200%)
이하</td><td>(세대)
월평균
소득 130%
(맞벌이
200%)
이하</td><td colspan="2">(세대)
월평균
소득 120%
(맞벌이
200%)
이하</td><td>월평균 소득 100% 이하(일반형의 경우 전용면적 60m^2 이하만 적용)</td></tr>
<tr><td rowspan="3">자
산</td><td>나눔형
(총자산)</td><td rowspan="2">2억 8,900만 원 이하(부모 총자산 10억 8,300만 원 이하)</td><td colspan="3">3억 7,900만 원 이하</td><td colspan="2">해당 없음</td><td>3억 7,900만 원 이하</td></tr>
<tr><td>선택형
(총자산)</td><td colspan="6">3억 7,900만 원 이하</td></tr>
<tr><td>일반형
(부동산 및
자동차)</td><td>해당 없음</td><td colspan="6">부동산 2억 1,550만 원/자동차 3,708만 원 이하
(일반공급의 경우 전용면적 60m^2 이하만 적용)</td></tr>
</table>

※ 소득 요건은 전년도 도시근로자 가구원 수별 가구당 월평균 소득을 말함

— 공공주택: 2023년도 도시근로자 가구원 수별 월평균 소득 기준

공급 유형			기준	3인 이하	4인	5인
다자녀 가구, 노부모 부양	우선 공급 (90%)	부부 중 한 명만 소득이 있거나 미혼인 경우	120% 이하	~8,405,411원	~9,898,160원	~10,530,085원
		부부 모두 소득이 있는 경우	130% 이하	~9,105,862원	~10,723,007원	~11,407,592원
	추첨 공급	부부 모두 소득이 있는 경우	130% 초과 200% 이하	9,105,863 ~14,009,018원	10,723,008 ~16,496,934원	11,407,593 ~17,550,142원
생애 최초	우선 공급 (70%)	부부 중 한 명만 소득이 있거나 미혼인 경우	100% 이하	~7,004,509원	~8,248,467원	~8,775,071원
		부부 모두 소득이 있는 경우	120% 이하	~8,405,411원	~9,898,160원	~10,530,085원
	일반 공급 (20%)	부부 중 한 명만 소득이 있거나 미혼인 경우	100% 초과 130% 이하	7,004,510 ~9,105,862원	8,248,468 ~10,723,007원	8,775,072 ~11,407,592원
		부부 모두 소득이 있는 경우	120% 초과 140% 이하	8,405,412 ~9,806,313원	9,898,161 ~11,547,854원	10,530,086 ~12,285,099원
	추첨 공급	부부 모두 소득이 있는 경우	140% 초과 200% 이하	9,806,314 ~14,009,018원	11,547,855 ~16,496,934원	12,285,100 ~17,550,142원
신혼 부부 (일반형)	우선 공급 (70%)	부부 중 한 명만 소득이 있거나 미혼인 경우	100% 이하	~7,004,509원	~8,248,467원	~8,775,071원
		부부 모두 소득이 있는 경우	120% 이하	~8,405,411원	~9,898,160원	~10,530,085원
	일반 공급 (20%)	부부 중 한 명만 소득이 있거나 미혼인 경우	100% 초과 130% 이하	7,004,510 ~9,105,862원	8,248,468 ~10,723,007원	8,775,072 ~11,407,592원
		부부 모두 소득이 있는 경우	120% 초과 140% 이하	8,405,412 ~9,806,313원	9,898,161 ~11,547,854원	10,530,086 ~12,285,099원

	추첨 공급	부부 모두 소득이 있는 경우	140% 초과 200% 이하	9,806,314 ~14,009,018원	11,547,855 ~16,496,934원	12,285,100 ~17,550,142원
신혼 부부 (나눔형)	우선 공급 (30%), 일반 공급 (60%)	부부 중 한 명만 소득이 있거나 미혼인 경우	130% 이하	~9,105,862원	~10,723,007원	~11,407,592원
		부부 모두 소득이 있는 경우	140% 이하	~9,806,313원	~11,547,854원	~12,285,099원
	추첨 공급	부부 모두 소득이 있는 경우	140% 초과 200% 이하	9,806,314 ~14,009,018원	11,547,855 ~16,496,934원	12,285,100 ~17,550,142원
청년(신청자 본인 소득)			140% 이하	~4,876,150원		
신생아 (일반형, 나눔형)	우선 공급 (70%)	부부 중 한 명만 소득이 있거나 미혼인 경우	100% 이하	~7,004,509원	~8,248,467원	~8,775,071원
		부부 모두 소득이 있는 경우	120% 이하	~8,405,411원	~9,898,160원	~10,530,085원
	일반 공급 (20%)	부부 중 한 명만 소득이 있거나 미혼인 경우	100% 초과 140% 이하	7,004,510 ~9,806,313원	8,248,468 ~11,547,854원	8,775,072 ~12,285,099원
		부부 모두 소득이 있는 경우	120% 초과 150% 이하	8,405,412 ~10,506,764원	9,898,161 ~12,372,701원	10,530,086 ~13,162,607원
	추첨 공급	부부 모두 소득이 있는 경우	150% 초과 200% 이하	10,506,765 ~14,009,018원	12,372,702 ~16,496,934원	13,162,608 ~17,550,142원

※ 2023년 3월 28일 이후 출산한 자녀(임신 중이거나 2023년 3월 28일 이후 출생한 입양자를 포함하며 미성년 자녀로 한정)가 있는 가구의 경우 소득 요건 및 자산 요건이 기준 대비 최대 20%p 비율을 가산한 금액까지 완화될 수 있으니 자세한 사항은 입주자모집공고문을 참고하시기 바랍니다.

출처: 청약홈

— 3기 신도시 조성규모 및 위치도

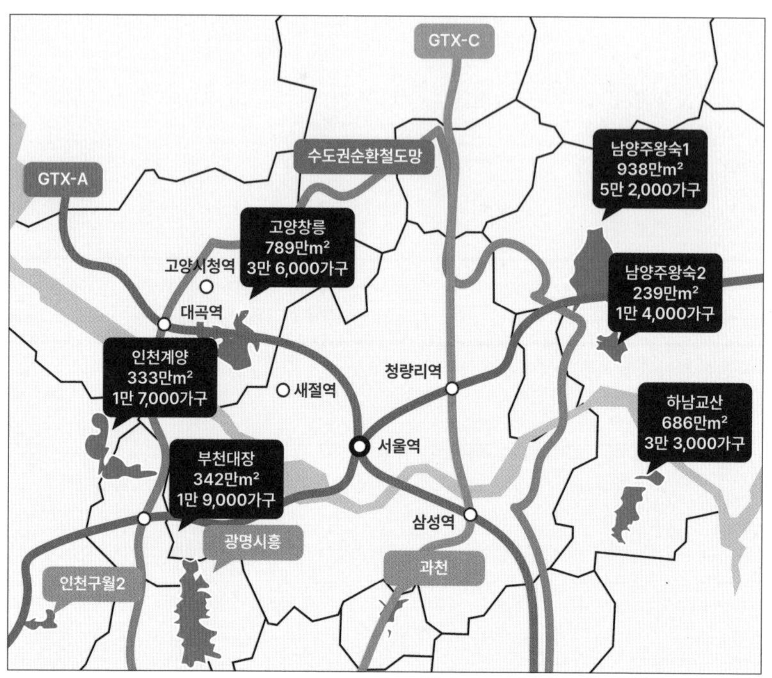

— 2024년 LH 3기 신도시 내 공동주택용지 공급 계획

구분	공고 예정	블록명	주택 유형	가구 수	공급 유형	공급가격 결정 방법
인천계양	4월	A15	분양 아파트	546	임대주택 건설형	감정가격
남양주왕숙2	7월	C01	주상복합	697	입찰	감정가격(주거)+낙찰가격(비주거)
		C04		351		
	9월	B01	분양 용지	280	임대주택건설형	감정가격
남양주왕숙	8월	S-2	분양 용지	624	추첨	감정가격
	10월	M07	주상복합	667	입찰	감정가격(주거)+낙찰가격(비주거)

하남교산	9월	주복6	주상복합	348	입찰	감정가격(주거)+낙찰가격(비주거)
고양창릉	10월	C01	분양 아파트	593	추첨	감정가격
		S07		614		

출처: LH

2023년 6월 사전청약 당시 동작구 수방사가 일반형으로 공급되었고, 255호 모집에 약 7만 2,000명이 지원하여 282:1의 경쟁률을 기록했습니다. 당첨 커트라인은 2,550만 원이었죠. 이는 매월 10만 원씩 약 21년간 납부했어야 도달할 수 있는 금액이며, 서울대방A1 당첨선은 2,580만 원으로 21년 6개월간 납부했어야 합니다. 역대 사전청약 최고 납입금액을 기록했습니다.

역대 공공분양 일반공급 커트라인 순위

순위	단지	당첨선
1	서울대방 A1 (전용 84㎡)	2580만원
2	동작구 수방사 (전용 59㎡)	2550만원
3	위례 A1-14 (전용 59㎡·당해)	2510만원

※ 자료=LH·SH

동작구 수방사 Copyright 열정로즈

모집유형	공급세대수	접수건수	경쟁률	커트라인
신혼부부	51	10,700	210	12점
생애최초	51	9,230	181	추첨
다자녀	26	520	20	80점
노부모 부양	13	761	59	2398만원
특별공급	176	21,000	119	
일반공급	79	51,000	646	2550만원
전체경쟁률	255	72,000	282	

뉴:홈 사전청약은 당첨되어도 계약금을 당장 내지 않아도 되고, 당첨 후에도 다른 본청약을 자유롭게 할 수 있습니다. 본청약 시기와 입주 시기가 지연될 수도 있고, 분양가 상승 리스크도 있으므로 당첨 이후에도 다른 곳에 도전하면서 '보험'으로 가져가는 것을 추천합니다.

• 사전청약 장점

- 계약금이 필요 없다.
- 공공사전청약은 보험이다.

• 사전청약 단점

- 사업이 취소 혹은 지연될 수 있다.
- 본청약 시 분양가가 인상될 수 있다.

공공사전청약 관련 Q&A

① 같은 날짜에 공고되는 나눔형 주택과 일반형 주택에 동시에 신청해도 되나요?

당첨자 발표일이 같은 사전청약 주택 중 1인 1지구만 신청이 가능하며, 2지구 이상 중복 당첨 시 부적격 처리되니 유의하세요. 또한 신청자 및 신청자와 동일 세대 내 1인 이상이 사전청약 입주자모집공고 내(나눔형, 일반형) 단지에 중복 및 교차 청약 시 모두 부적격처리됩니다(단, 부부는 중복 청약 허용, 선 신청분 유효).

② 특별공급과 일반공급에 둘 다 신청 가능한가요?

1세대 내 무주택 세대 구성원 중 1인이 동일 블록 내 특별공급 1개와 일반공급 1개를 중복 신청할 수 있으며, 특별공급 사전청약 당첨자로 선정되면 일반공급 당첨자 선정에서 제외됩니다(단, 부부는 중복 청약 허용, 선 신청분 유효).

③ 공공사전청약 당첨자 발표 때 동·호수도 배정되나요?

사전청약 당첨자 발표일에는 동·호수가 배정되지 않습니다. 동·호수는 본청약 시 주택청약업무수행기관(나눔형의 경우 주택청약업무수행기관 또는 공공주택사업자)의 컴퓨터 프로그램에 의해 무작위 추첨으로 결정됩니다.

④ 달라진 일반공급, 우선공급 및 잔여공급 선정 방식은 무엇인가요?

일반공급 중 우선공급은 일반공급 물량의 80%를 입주자저축 1순위자에게 우선공급하며, 경쟁 시에는 순차제 방식에 따라 선정합니다. 입주자저축 1순위자는 공급지역이 수도권인 경우, 입주자저축 가입 기간 1년 경과 및 월납입금 12회 이상 납부한 사람이며, 순차제란(전용 40m² 초과) 3년 이상 무주택 세대 구성원으로서 저축총액(매월 최대 10만 원까지만 인정)이 많은 분을 말합니다.

또한 우선공급 결과를 반영한 총 잔여 물량은 우선공급 낙첨자와 잔여공급 신청자를 대상으로 추첨제 방식으로 공급하며, 무주택 세대 구성원 및 입주자저축 가입 자격만으로도 잔여공급 청약 신청이 가능합니다.

⑤ 공공사전청약 당첨 포기자 및 부적격 당첨자 제한 기간은 어떤가요?

공공사전청약 당첨 포기자 및 부적격 당첨자와 그 세대에 속한 자는 당첨자 발표일로부터 6개월 동안 공공사전청약 당첨자로 선정될 수 없습니다. 당첨자 발표 이후 소득 및 자산 기준 등을 검증하므로, 자세한 내용은 공고문을 참조하세요.

46

신생아 특례 구입 및 전세자금 대출 도입

신생아 출산가구 대상 지원책

신생아 출산가구에 주택 구입 및 전세자금 융자가 지원됩니다. 대출 신청일 기준 2년 내에 출산한 무주택 가구(2023년 출생아부터 적용, 혼인 여부 관계없음)가 그 대상으로, 주택구입자금대출의 경우 자산 4억 6,900만 원 이하, 2억 원 이하, 연 1.6~3.3% 금리로 최대 5억 원까지[주택가액 9억 원 이하, 전용 85m^2(읍, 면 100m^2) 이하] 빌려주며, 전세자금대출의 경우 자산 3억 6,100만 원 이하, 연소득 1억 3,000만 원 이하, 연 1.1~3.0% 금리로 최대 3억 원까지(보증금 수도권 5억 원, 지방 4억 원 이하) 빌려줍니다.

주택 구입 및 전세자금대출 모두 처음 받은 금리를 5년간 적용합니다. 추가 출산 시 1명당 0.2%p 추가 금리 인하 혜택을 제공해 출산 가구의 주거 부담을 덜어줌으로써 집 걱정 없이 아이를 키울 수 있는 여건을 조성한다는 계획입니다.

신생아특례대출의 경우 기존 디딤돌대출과 조건은 동일해 실거주 의무가 1년 적용되며, 1주택자 대환대출도 가능합니다. 단, 1주택 대환대출의 경우 본인이 거주하는 주택만 가능합니다. 또 신생아특례대출의 경우 새 아파트 중도금대출은 허용하지 않을 계획입니다.

단, 신생아 특별공급에 당첨되면 입주 시점에 자녀 나이가 2세를 초과하더라도 특례대출을 받을 수 있게 됩니다. 기존에 '출산 2년 내'이던

―― 신생아특례 구입·전세자금대출(안)

구분	구입자금대출			전세자금대출		
	기존(신혼·생초)		특례	기존(신혼)		특례
소득	7,000만 원 이하 (8,500만 원 상향 예정)		2억 원 이하	6,000만 원 이하 (7,500만 원 상향 예정)		1억 3,000만 원 이하
자산	5억 600만 원 이하		4억 6,900만 원 이하	3억 6,100만 원 이하		3억 4,500만 원 이하
대상 주택	주택가액 6억 원 이하		주택가액 9억 원 이하*	(보증금)수도권 4억 원, 지방 3억 원 이하		(보증금)수도권 5억 원, 지방 4억 원 이하
대출 한도	4억 원		5억 원	3억 원		3억 원
소득별 금리 (%)**	8,500만 원 이하	1.85~3.0	1.6~2.7	7,500만 원 이하	1.2~2.4	1.1~2.3
	8,500~1억 3,000만 원	이용 불가	2.7~3.3	7,500~1억 3,000만 원	이용 불가	2.3~3.0

* 전용 85m^2(읍, 면 100m^2) 이하

** 1자녀 기준

※ 2023년 1월 1일 출생아부터 적용, 입양아 포함(2살 이하, 혼인신고 없이 출산한 부부도 대출 가능, 임신 중인 태아 미포함)

요건을 변경해 신생아 특별공급 당첨자의 경우 입주 시점 기준 2세를 초과했을 때도 지원하기로 했습니다.

— [우대금리] ①·②·③ 중복 가능, 특례금리 종료 후에도 우대금리 적용 유지

①	②	③		
기존 자녀*	**추가 출산**	**청약 가입**	**신규분양**	**전자계약매매**
1명당 0.1%p	1명당 0.2%p	0.3~0.5%p	0.1%p	0.1%p

* 대출신청일 기준, 출생 후 2년 초과

** 청약(종합)저축통장 가입 5년 이상 0.3%p, 10년 이상 0.4%p, 15년 이상 0.5%p

47

청약할 때 반드시 알아야 할 세금 지식

세금은 무척이나 어려운 분야입니다. 파고들면 끝이 없기에 이 책에서는 청약 당첨자들이 알아두어야 할 부분만 간단히 짚고 넘어가겠습니다. 하지만 앞으로 청약을 할 예정이라면 세금에 대해서는 반드시 따로 공부해야 합니다. 특히 1주택자 이상 다주택자라면 세금 공부는 필수입니다. 이 책을 통해 청약에 당첨되어 몇억 원 이상의 시세 차익을 보게 되더라도 세금을 전혀 모르고 진행하면 비과세를 받지 못하거나 상당한 세금을 내야 할 수도 있습니다. 청약과 세금은 처음부터 함께 공부하는 것이 좋습니다.

분양가에 따라 올라가는 취득세

취득세란 부동산 등의 자산을 취득하면 그에 대해 부과되는 세금입니다. 주택 취득에 따른 취득세는 거래 금액과 전용면적에 따라 다릅니다. 거래 금액이 많고, 전용면적이 넓을수록 취득세 역시 올라갑니다. 다음 표를 살펴볼까요? 85m^2 이하, 거래 금액 6억 원 이하 아파트의 취득세율은 1%, 6억 원 초과~9억 원 이하는 1.01~2.99%(구간별 세율 적용), 9억 원 초과는 3%입니다.

이때 유상옵션 비용이 추가된 총금액에 대한 세율이 적용되기 때문에 유상옵션 비용도 고려하여 취득세를 준비해야 합니다.

— 주택 취득세율

과세표준	취득세	지방교육세	농어촌특별세
6억 원 이하	1%	0.1%	전용면적 85m^2 초과 시 0.2% 과세
6억 원 초과~9억 원 이하	1.01~2.99%	0.1~0.3%	
9억 원 초과	3%	0.3%	

취득세율 인상과 감면 혜택

2020년 7·10 대책으로 주택 수에 따른 취득세율이 인상되었습니다. 개인 1주택은 주택가액에 따라 1~3%, 2주택이 조정대상지역 주택이면 8%, 비조정지역 주택이면 1~3%, 3주택이 조정대상지역 주택이면 12%, 비조정지역 주택이면 8%, 4주택 이상과 법인은 모두 12%로 기존보다 훨씬 강력한 규제를 받게 되었습니다. 또한 증여 취득세율도 인상되어 조정대상지역 3억 원 이상은 12%, 그 외 지역은 3.5%로 강화되었습니다. 주의해야 할 점은 취득세 중과 규정을 적용할 때 법 시행일 이후 새로 취득하는 분양권, 입주권, 주거용 오피스텔도 주택 수에 포함된다는 것입니다(2020년 8월 12일 이후 취득분부터 적용).

— 주택 수에 따른 취득세율 개정안

종전			개정			
개인	1주택	주택가액에 따라 1~3%	개인	1주택	주택가액에 따라 1~3%	
	2주택				조정대상지역	비조정지역
	3주택			2주택	8%	1~3%
	4주택 이상	4%		3주택	12%	8%
				4주택 이상	12%	12%
법인		주택가액에 따라 1~3%	법인		12%	

※ 일시적 2주택의 경우 1주택 세율 적용

— 증여 취득세율 개정안

시 / 도별	2순위
3.5%	• 조정대상지역 내 3억 원 이상: 12% • 그 외 지역: 3.5%

※ 1세대 1주택자가 소유 주택을 배우자 혹은 직계존비속에게 증여한 경우 3.5% 적용

과거 신혼부부는 25평 이하, 수도권 4억 원 이하 아파트를 생애최초로 구매하는 경우 취득세 50% 감면 혜택을 받았습니다. 그러나 2022

년 6월 21일 취득 주택부터 생애최초 주택에 대해서는 연령, 혼인 여부, 연소득, 주택가격 제한 없이 누구나 200만 원 한도 내에서 취득세가 면제됩니다.

— 생애최초 주택 구입 시 취득세 감면 개정안

구분	종전	개정
감면 대상자	생애최초 주택 구입 신혼부부	생애최초 주택 구입 (연령, 혼인 無)
주택가액	수도권 4억 원, 비수도권 3억 원	주택가격 제한없음
주택 면적	전용 $60m^2$ 이하	면적 제한 없음
감면율	50%	200만 원 한도 내
소득 기준	맞벌이 7,000만 원 이하, 외벌이 5,000만 원 이하	소득 기준 없음
감면 기한	2019년 1월 1일~2019년 12월 31일/ 2020년 1월 1일~2020년 12월 31일	2020년 7월 10일(정책 발표 시점)~2025년 12월 31일까지

양도 차익만큼 세금이 붙는 양도소득세

양도소득세란 재산 소유권을 양도하면서 발생하는 소득에 부과하는 세금입니다. 즉, 분양권, 아파트 등을 매매할 때 생기는 차액에 대한 세금을 말합니다. 양도소득세는 차액 자체보다는 부동산을 보유한 기간에 따라 차이가 있습니다. 빨리 팔수록 높게 부과되고, 오래 보유할수록 적게 냅니다.

예를 들어 4억 원에 아파트를 매입하여 5억 원에 팔면 1억 원의 양도 차익이 발생합니다. 이때 1억 원의 차익만큼 세금을 부과하는 것이죠. 계산법은 '과세표준금액×세율(%)-누진공제액'입니다.

― 양도소득세 과세표준 및 기본세율

과세표준	세율	누진공제
1,400만 원 이하	6%	-
5,000만 원 이하	15%	126만 원
8,800만 원 이하	24%	576만 원
1억 5,000만 원 이하	35%	1,544만 원
3억 원 이하	38%	1,994만 원
5억 원 이하	40%	2,594만 원
10억 원 이하	42%	3,594만 원
10억 원 초과	45%	6,594만 원

※ 2021년 1월 1일 이후 양도분부터 적용

― 양도소득세 개정안

<table>
<tr><th colspan="2" rowspan="2">구분</th><th colspan="3">종전</th><th colspan="2">개정</th></tr>
<tr><th>주택 외 부동산</th><th>주택 입주권</th><th>분양권</th><th>주택 입주권</th><th>분양권</th></tr>
<tr><td rowspan="3">보유 기간</td><td>1년 미만</td><td>50%</td><td>40%</td><td rowspan="3">• 조정대상지역: 50%
• 기타 지역: 기본세율</td><td>70%</td><td>70%</td></tr>
<tr><td>2년 미만</td><td>40%</td><td>기본세율</td><td>60%</td><td rowspan="2">60%</td></tr>
<tr><td>3년 미만</td><td>기본세율</td><td>기본세율</td><td>기본세율</td></tr>
</table>

7·10 대책 이후 양도소득세 세율이 일부 변경되었습니다. 주택과 입주권의 경우 1년 미만에 양도하면 70%, 2년 미만에 양도하면 60%

의 양도소득세를 내야 합니다. 2년 이상이어야 기본세율을 적용받습니다. 분양권은 조정대상지역, 비조정지역 구별 없이 1년 미만 양도 시 70%, 소유권 이전 등기 시까지는 60%의 양도소득세를 내야 합니다(2021년 6월 1일 이후 양도분부터 적용).

다주택자라면 양도세 중과

이번에는 조정대상지역 내에서 다주택자에게 적용되는 양도세 규제를 살펴보겠습니다. 다주택자는 기본적으로 기본세율에 중과를 받습니다. 2주택자라면 기본세율에 20%의 세금을 더 내야 하고, 3주택 이상자라면 기본세율에 30%의 세금을 더 내야 합니다(2021년 6월 1일 이후부터 적용). 이때 다주택자가 조정대상지역에서 양도세 중과 시 분양권도 주택 수로 포함됩니다(2021년 1월 1일부터 적용).

1세대 1주택 양도소득세 비과세 및 다주택자 양도소득세 중과와 관련하여 분양권을 주택 수에 포함하는 개정안은 법 시행 이후 새로 취득하는 분양권부터 적용하기로 했습니다.

2020년 12월 31일 이내에 취득한 분양권은 비과세 및 중과 여부 판단 시 주택 수에서 제외하며, 법 시행일(2021년 1월 1일) 이후 취득분부터 주택 수에 포함됩니다. 단, 윤석열 정부는 다주택자에 대한 세금 부담이 과도하다고 보고, 2022년 5월 10일 출범과 동시에 소득세법 시행령을 개정해 다주택자 양도소득세 중과를 한시적으로 배제해왔습니다. 이번 조치는 세 번째 연장으로, 정부는 향후 양도세 중과 규정을 무력화하는 소득세법 개정안을 추진할 예정입니다. 따라서 조정대상지역 다주택자 양도세 중과 배제는 2025년 5월까지 연장되었습니다.

— 다주택자 중과세율 인상 개정안

규제지역 다주택자	종전	개정
조정대상지역 2주택	기본세율+10%p	기본세율+20%p
조정대상지역 3주택 이상	기본세율+20%p	기본세율+30%p
소득세법상 주택의 양도세 최고 세율 적용 시	65% (기본세율 45%+20%p)	75% (기본세율 45%+30%p)

※ 기본세율 6~45%

분양권 관련 세금 변경 사항

1. 2021년 1월 1일부터 취득하는 분양권은 양도세 판단 시 주택 수에 포함
2. 단, 일시적 2주택 비과세 경우처럼 예외적으로 주택 수 제외
3. 2020년 8월 12일부터 취득하는 분양권은 취득세 중과 판단 시 주택 수에 포함
4. 취득세 중과는 '계약일 당시'로 판단하므로 주의
5. 2021년 6월 1일 이후 양도하는 모든 분양권은 양도세 중과세율 적용(1년 미만 70%, 1년 이상 60%)
6. 조정대상지역 다주택자 양도세 중과 배제는 2025년 5월까지 연장

양도세 비과세 12억 원으로 상향, 1주택자라면 공동명의 추천

2021년 12월 8일부터 1주택자 양도소득세 비과세 기준이 9억 원에서 12억 원으로 상향되었습니다. 종합부동산세 기본공제 범위도 기존 공시가격 6억 원에서 9억 원까지, 1주택자는 12억 원까지 완화되었습니다. 1주택자는 공시가격 12억 원(시세 약 17억 원)까지는 종합부동산세를 내지 않아도 된다는 이야기입니다. 반면 부부 공동명의자는 각각 9억 원씩, 총 18억 원을 공제받습니다. 1주택자를 계속 유지할 계획이라면 공동명의가 유리하니 참고하세요.

48

청약은 미인대회가 아니다

다섯 가지 요건 중 두 가지만 충족해도 오케이!

이상우 작가님이 쓴 《대한민국 아파트 부의 지도》를 보면 집값을 좌우하는 다섯 가지 요건이 나옵니다. 1등 요건은 고소득 직장입니다. 일자리가 중요합니다. 두 번째는 그 일자리로 빨리 이동할 수 있는 교통 호재입니다. 직주근접의 중요성은 다들 아시죠? 세 번째는 교육환경, 네 번째는 자연환경, 다섯 번째는 도시계획입니다.

많은 사람이 이 다섯 가지를 모두 갖춘 지역을 찾습니다. 이 모든 것을 갖춘 곳은 어디일까요? 강남밖에 없습니다. 신축이라는 키워드에 다섯 가지 황금열쇠 중 두 가지만 충족해도 'Very Good'입니다.

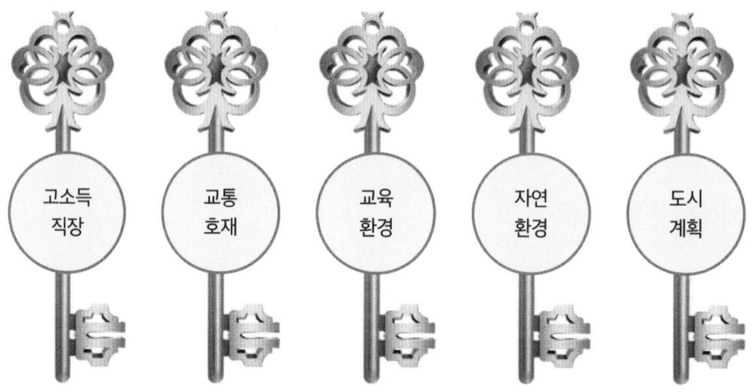

청량리역 롯데캐슬을 예로 들어보겠습니다. 이곳은 다섯 가지 요건을 모두 갖추었을까요? 현재 청량리역의 학군이 좋다고 말할 수 있나요? 아니죠. 자연환경이 뛰어난가요? 아니죠. 청량리역 롯데캐슬의 현재 가장 큰 장점은 교통 호재와 도시계획입니다. 복합환승센터가 들어서면 일자리가 늘어나겠지만, 현재로서는 그 두 가지가 전부입니다. 하지만 앞으로 10개 노선이 지나가는 강북 최대의 교통 중심지가 될 곳으로 미래가치가 매우 높습니다.

현재가치에 집중하기보다는 미래가치를 보고 지금 낙후되어 있거나 저평가된 곳들을 잘 공략하시길 바랍니다. 가장 빨리 당첨되는 비법은 내 가점과 가용자금으로 어느 단지에 넣어 당첨될 수 있는지 현실을 빠르게 받아들이는 것입니다.

49

내 집 마련 전에 스스로 진단하자!

제가 수강생들을 대면 상담할 때 가장 처음에 하는 것은 바로 '진단'입니다. 각자의 가점과 가용자금을 듣고 스펙을 정확하게 파악합니다. 처음에 이야기했듯 청약은 수능과 같기 때문입니다. 모두가 서울 강남 아파트에 청약하고 싶지만 그럴 수 없죠. 각자의 가정과 스펙에 따라 넣을 수 있는 단지가 다릅니다.

"서울에 직장이 있어서 서울에 있는 집을 갖고 싶어요."

서울은 누구에게나 로망입니다. 경기도에 사는 A도, 인천에 사는 B도 같은 마음이죠. 하지만 서울에 산다고 해서, 직장이 서울에 있다고 해서 서울에 있는 아파트만 보는 고정관념을 버려야 합니다. 마찬가지로 경기도 사람이라고, 지방에 산다고 평생 그곳에서만 살라는 법은 없습니다. 하지만 본인의 가점을 냉정하게 파악해야 합니다. 내 가점으로 서울 인기 단지에 당첨될 확률이 낮다면 경기도로 이동해 자산을 불린 뒤 이후에 더 좋은 아파트를 사는 방법을 택하세요. 일보 전진을 위해 이보 후퇴할 줄도 알아야 합니다. 서울이 아니더라도 오르는 곳은 오릅니다.

진단을 통해 각각의 수강생에게 솔루션을 주면, 그에 맞는 서류를 준비하고 전략적으로 택한 타입에 넣으면 됩니다. 하지만 사람 마음이 다 그렇지 않다고 했죠. 비선호 못난이 타입에 차마 넣지 못해 당첨되지 않는 경우가 꽤 많습니다.

청약은 당첨을 목표로 해야 합니다. 당첨을 위해 전략적으로 비선호 타입에 과감하게 넣어야 당첨 확률이 높아집니다. 타입보다 중요한 건 입지이며 흐름입니다. 유닛보다는 입지와 미래가치에 더 집중해보세요.

청약 당첨이든 매수든 서울로 바로 입성하는 것이 어렵다면 서울 접경지역의 교통 호재가 있는 곳을 주목해보세요. 조금만 더 관심을 갖고 공부하면 다른 사람들보다 더 많은 기회를 얻을 수 있습니다.

50

청약통장 증여 기술

청약통장 가입 기간을 단번에 늘릴 수 있는 방법이 있습니다. 바로 청약통장 증여입니다. 이번 장에서는 청약통장 상속과 증여를 소개해드릴게요.

"아버지께서 20년 전에 가입한 청약통장이 있습니다. 제가 물려받을 수 있을까요?"

제 수강생의 사례입니다. 그는 무주택 기간과 부양가족 수로는 만점이었으나 통장 가입 기간이 짧아 4인 가족의 만점 69점이 안 되는 상황이었습니다. 그 수강생은 제 강의를 듣고 아버지의 청약통장을 증여받아 평택고덕국제신도시 EBC1블록에 당첨되었습니다.

청약통장 명의변경 조건

청약통장은 명의변경이 가능합니다. 청약통장의 명의변경은 가입일 및 종류에 따라 다르게 적용됩니다. 2000년 3월 26일 이전에 가입한 청약통장은 가입자의 배우자 또는 세대원인 직계존비속으로 세대주를 변경하는 경우 명의변경이 가능합니다.

— 청약통장 명의변경 조건

청약통장 종류(가입일)		명의변경 가능 사유
주택청약종합저축		• 가입자가 사망한 경우 • 가입자가 개명한 경우
청약저축		• 가입자가 사망한 경우 • 가입자가 개명한 경우 • 가입자가 혼인한 경우 • 가입자의 배우자 또는 세대원인 직계존비속으로 세대주를 변경하는 경우
청약예금, 청약부금	2000년 3월 26일 이전 가입	청약저축과 동일
	2000년 3월 27일 이후 가입	주택청약종합저축과 동일

출처: 청약홈

청약저축과 2000년 3월 26일 이전에 가입한 청약예금, 청약부금 가입자는 직계가족 간, 부부간 명의변경이 가능합니다. 주택종합청약저축은 가입자가 개명했을 경우, 가입자가 사망했을 경우에만 명의변경을 허용하고 있습니다.

또한 명의변경은 횟수 제한 없이 가능하고, 변경 시 납입 횟수, 납입 기간, 납입금액만 승계됩니다. 부양가족 점수, 무주택 기간 점수는 본인 점수로 계산해야 합니다. 청약통장을 증여받으면 통장 가입 기간 점수 최대 17점을 가져올 수 있거나 저축액이 많다면 저축총액을 가져올 수 있습니다. 결론적으로, 납입 기간이 길거나 납입금액이 큰 청약통장이 유리합니다.

청약통장 명의변경은 통장을 개설한 은행에 문의하시면 됩니다. 청약통장 증여 기술로 잠자고 있는 장롱 속 고가점 통장을 증여받아 아파트 당첨이라는 선물을 받아보시기 바랍니다.

51 빅데이터를 활용하면 부동산 투자가 쉬워진다
52 200% 지도 활용법
53 신축 아파트 사전점검 꿀팁
54 교통망을 보면 투자 유망지역이 보인다

PART 4

시야가 넓은 투자자로 거듭나자

열정로즈의 한마디

이 장에서는 부동산 초보에서 고수로 거듭날 수 있는, 시장을 올바르게 바라보는 눈을 키우는 법에 대해 설명하겠습니다.
투자의 흐름을 살피고, 빅데이터를 분석하여 원하는 정보를 선별해서 읽어보세요.
부동산 가격이 언제 오르고 떨어질지 걱정하지 말고 세상을 보는 시각을 넓혀보세요.

51

빅데이터를 활용하면 부동산 투자가 쉬워진다

부동산 투자를 잘하고 싶나요? 그렇다면 지도와 친해져야 합니다. 지도를 보는 것이 어렵고, 재미없게 느껴진다면 지금부터 소개하는 웹사이트에 접속해보세요.

과거에는 큰 지도 위에 개발 호재, 교통망 등의 정보를 일일이 손으로 표시했지만 지금은 웹사이트를 통해 무료로 쉽고 편리하게 볼 수 있습니다. 이제는 전혀 모르는 지역이라도 지도의 다양한 정보를 활용하면 그곳의 지형, 학군, 일자리, 시세 변동까지 모두 파악할 수 있습니다.

부동산 빅데이터의 강자, 부동산지인

부동산지인 홈페이지(aptgin.com)에서 얻을 수 있는 부동산 정보를 함께 알아봅시다.

① 지역분석

부동산지인 홈페이지에 접속한 뒤 메뉴의 첫 번째 탭인 '지역분석'에 들어가면 시장 강도와 가격을 나타내는 그래프가 나옵니다. 시장 강도는 가격이 움직이는 힘을 나타낸 것입니다. 시장 강도 0을 기준으로 플러스 구간에서는 가격 상승의 힘이 있는 것이고, 마이너스 구간으로 진입 시에는 가격이 하락하는 힘이 생긴 것입니다. 지역을 분석할 때는 현재의 시장 강도 수치보다는 흐름을 보는 것이 중요합니다.

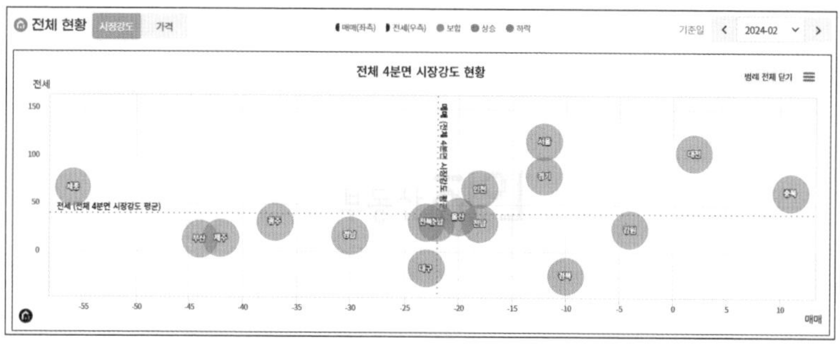

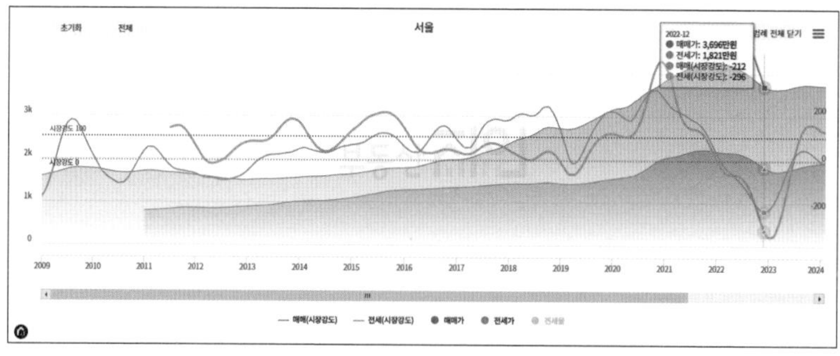

② 빅데이터 지도

저는 수업에서 평당가로 보는 저평가된 지역에 대해 설명할 때 부동산지인의 '빅데이터 지도'를 활용합니다. 빅데이터 지도에 들어가면 전국의 시, 군, 구 그리고 동 단위까지 평당가를 볼 수 있고, 지도를 더 확대하면 각 아파트의 평형별 가격까지 확인할 수 있습니다. 또 아파트 연식에 따라 색으로 표시해두어 동네별로 신축이 많은지, 구축이 많은지도 확인할 수 있습니다.

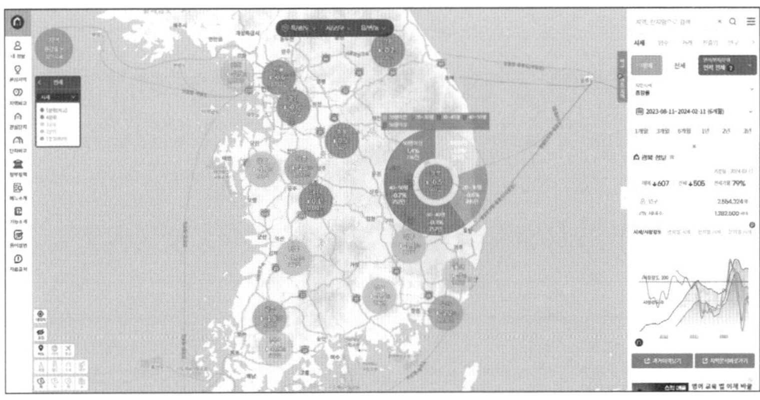

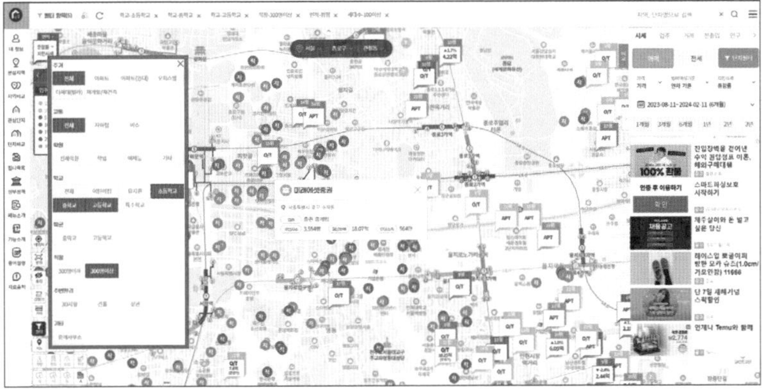

빅데이터 지도의 왼쪽 아래 필터를 누르면 주거, 교육, 교통, 직장 메뉴가 있습니다. 여기에 놀라운 기능이 있는데요. 직장을 누르면 해당 지역의 직장에 아이콘이 표시됩니다. 그 아이콘을 누르면 그곳의 종사자 수는 물론 인당 소득까지 확인할 수 있습니다.

③ 수요/입주

제가 가장 많이 보는 것은 바로 '수요/입주'입니다. 지역을 선택하고 검색을 누르면 2000년부터 지금까지 약 23년간의 입주 물량 그래프를 확인할 수 있습니다. 그래프의 빨간 선은 수요량으로, '인구수×0.5%'로 계산한 값입니다. 스크롤을 내리면 지역별로 수요/입주의 과잉, 초과, 부족, 적정 등의 수치가 모두 나와 한눈에 전국의 수요/입주량을 확인할 수 있습니다.

지역별 수요/입주

출처: 자체수집 (상시)

구분(지역)	인구수	2023 아파트			2024 아파트			2025 아파트			2026 아파트		
		수요량	입주량	범례	수요량	입주량	범례	수요량	입주량	범례	수요량	입주량	범례
전국	51,325,329	257,093	406,132	과잉	257,048	337,510	초과	257,021	250,671	적정	257,073	132,553	부족
서울	9,386,034	48,121	38,782	적정	48,112	19,635	부족	48,114	37,915	부족	48,162	3,650	부족
부산	3,293,362	16,912	31,188	과잉	16,927	15,951	적정	16,930	9,773	부족	16,906	9,733	부족
대구	2,374,960	12,150	38,931	과잉	12,159	24,624	과잉	12,157	10,614	적정	12,169	6,669	부족
인천	2,997,410	14,969	53,081	과잉	14,953	28,981	과잉	14,963	24,875	과잉	14,961	14,010	적정
광주	1,419,237	7,273	6,321	적정	7,275	9,042	초과	7,268	4,300	부족	7,273	6,414	적정
대전	1,442,216	7,337	4,032	부족	7,343	11,910	과잉	7,342	11,047	과잉	7,343	5,639	부족
울산	1,103,661	5,662	9,134	과잉	5,667	3,989	부족	5,672	3,570	부족	5,669	3,041	부족
세종	386,525	1,914	3,493	과잉	1,912	3,833	과잉	1,912	1,035	부족	1,910	301	부족
경기	13,630,821	64,626	126,876	과잉	64,568	106,969	과잉	64,553	65,385	적정	64,570	45,690	부족
충북	1,593,469	8,083	11,570	과잉	8,079	17,552	과잉	8,076	12,898	과잉	8,076	5,526	부족
충남	2,130,119	10,736	24,715	과잉	10,733	21,905	과잉	10,729	11,899	적정	10,729	9,712	적정
전남	1,804,217	9,254	10,858	적정	9,257	10,851	적정	9,256	7,153	부족	9,254	3,545	부족
경북	2,554,324	13,117	11,648	적정	13,119	23,515	과잉	13,127	12,340	적정	13,127	3,863	부족
경남	3,251,158	16,708	16,665	적정	16,715	19,240	적정	16,695	18,785	적정	16,696	4,518	부족
제주	675,252	3,431	1,725	부족	3,430	533	부족	3,431	1,309	부족	3,431	204	부족
강원	1,527,807	7,790	8,695	적정	7,786	10,467	초과	7,783	7,989	적정	7,785	7,416	적정
전북	1,754,757	9,010	8,418	적정	9,013	8,513	적정	9,013	9,784	적정	9,012	2,622	부족

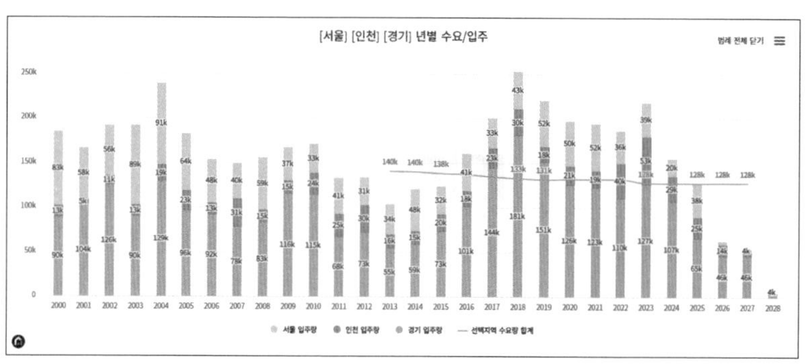

수요/입주 정보는 왜 필요할까요? 여러분이 만약 전세 레버리지 투자를 한다면 2년 뒤의 전세 물량이 매우 중요합니다. 2년 뒤 내가 투자한 지역에 전세 물량이 많다면 전세가가 떨어지거나 역전세를 맞을 수도 있기 때문이죠. 이런 데이터를 통해 입주 물량이 많은 기간을 피해 전월세 기간을 조정할 수 있습니다.

④ 지인 빅데이터

'지인 빅데이터'에서는 지역 시장 강도를 비롯해 거래량, 전출입, 인구/세대수 그리고 가장 중요한 미분양 물량을 확인할 수 있는 그래프를 제공합니다.

제가 시장 하락의 전조증상으로 중요하게 보는 지표는 바로 미분양입니다. 지인 빅데이터를 활용하면 지역별, 기간별로 미분양 현황을 체크해 시장 분위기를 파악할 수 있습니다.

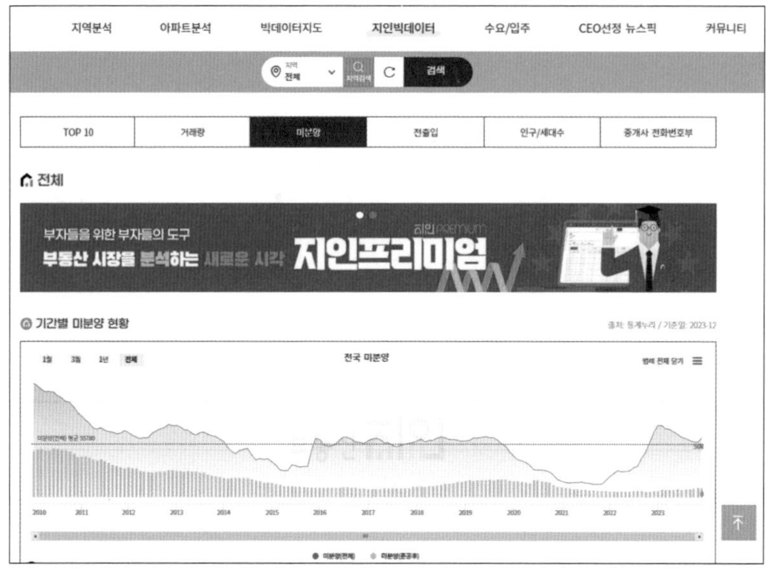

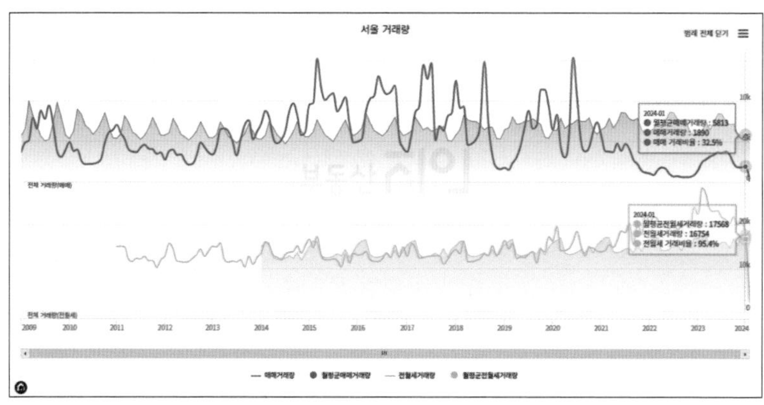

지역 분위기를 살피기 좋은 호갱노노

호갱노노 홈페이지(hogangnono.com)에 들어가면 가장 먼저 지도와 함께 최근 실거래가가 뜹니다.

① 매물 확인

호갱노노에서 단지를 검색하면 과거 실거래가 차트와 함께 현재 매물 차트를 보여줍니다. 상승장에서는 실거래보다 나와 있는 매물이 중요하기 때문입니다. 단지의 차트 앞쪽을 클릭해 드래그하면 기간별로 얼마나 올랐는지도 확인할 수 있습니다.

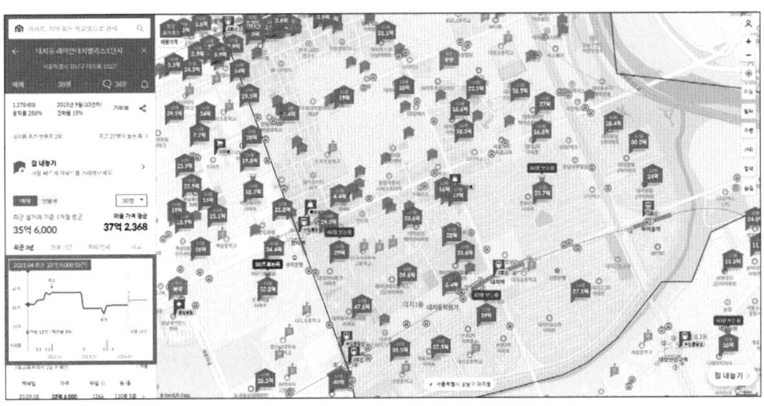

② 분위지도

분위지도는 아파트 가격이 높은 순서대로 색깔로 표시한 지도입니다. 왼쪽 메뉴에서 '분위지도'를 클릭하면 확인할 수 있습니다. 파랑, 빨강, 노랑, 회색순으로 가격이 높습니다. 전혀 모르는 지역에 임장을 가야 한다면, 분위지도를 보고 동네 분위기를 대략적으로 파악할 수 있습니다.

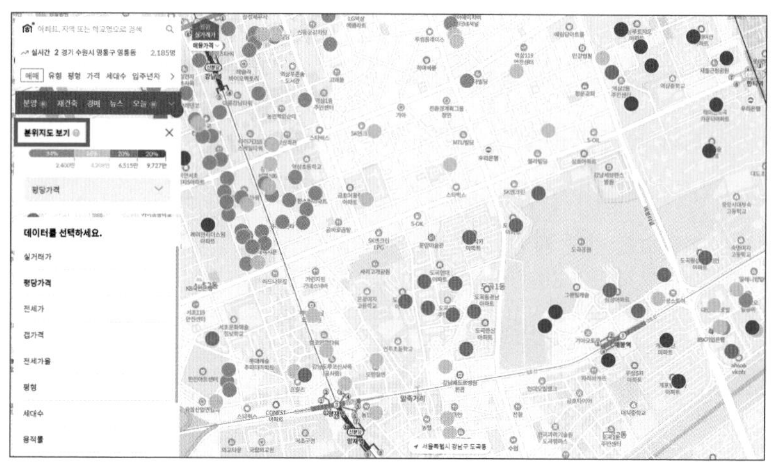

③ 학원가

'맹모삼천지교'라고 하죠. 학군은 아파트 가격을 좌우하는 매우 중요한 요소입니다. 서울·수도권 역시 물론 중요하지만, 지방에서의 학군은 교통보다 더 중요한 조건으로 손꼽힙니다.

서울의 3대 학원가는 대치, 목동, 노원입니다. 좋은 학군을 잘 모르겠다면, 학원이 많은 곳을 찾는 것도 방법입니다. '학원가' 메뉴를 클릭하면 전국 지역별 학원 수가 나옵니다. 서울 최대의 학군답게 대치동에는 무려 800개가 넘는 학원이 있습니다. 그 밖에 목동, 잠실, 반포 등 전국의 학원 분포를 쉽게 확인할 수 있습니다.

④ 개발 호재

부동산을 공부한다면 개발 호재는 무조건 살펴보아야 합니다. 각종 철도, 도로, 건설 지역이 한눈에 들어옵니다. 특히 서울·수도권에 새로 개발·계획 중인 GTX, 신분당선 연장, 신안산선, 고양선, 월판선, 9호선 연장선, 위례신사선 등 핫한 노선들이 지도에 모두 표시되어 있어 앞으로 교통이 좋아질 곳들을 한눈에 확인할 수 있습니다. 이 기능은 로그인을 해야 사용할 수 있습니다.

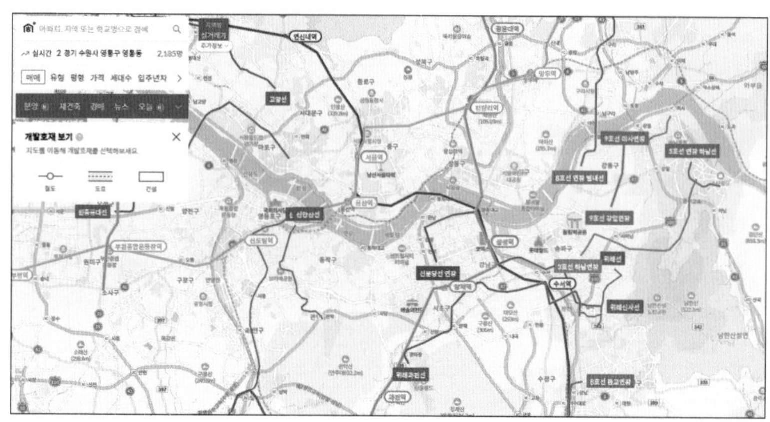

⑤ 인구

전세 레버리지 투자를 하는 경우 앞서 부동산지인에서 수요/입주 물량을 확인해야 한다고 설명했습니다. 투자할 지역의 현재와 2년 뒤 전세 물량이 중요하기 때문이죠. 그런데 이때 해당 지역뿐 아니라 전세 수요가 이탈할 지역을 함께 봐야 합니다. 보통 전세금을 올려주지 못해 이사하는 경우 상위 지역이 아닌 하위 지역으로 이동하기 때문입니다.

호갱노노의 '인구' 메뉴를 누르면 각 지역의 전출·전입 경로가 보기 쉽게 나옵니다. 이때 빨간색은 전출, 파란색은 전입입니다. 은평구를 예로 살펴볼까요? 나가는 사람들은 서울이 아닌 고양시, 파주시, 양주시 등의 하위 지역으로 이동합니다. 그럼 은평구에서 가장 많은 전출이 있는 고양시, 양주시의 수요/입주 물량을 호갱노노나 부동산지인 홈페이지에서 다시 확인해보면 됩니다.

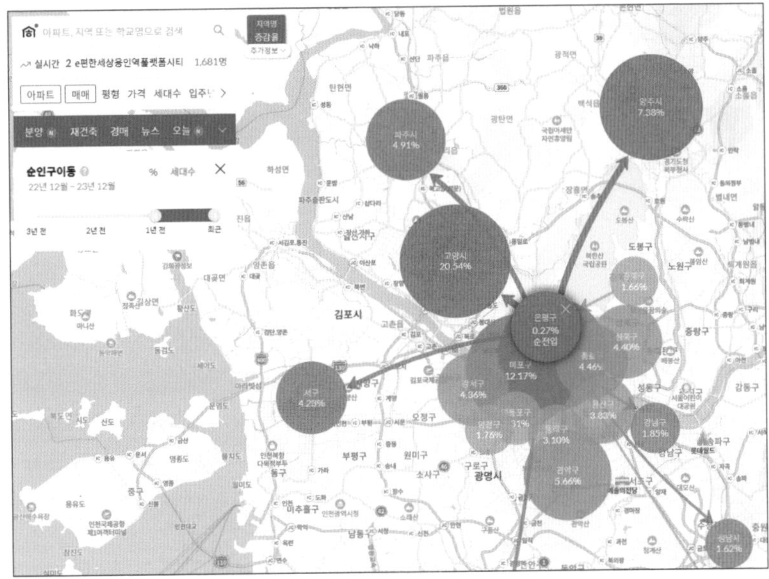

⑥ 상권

지역의 주요 상가 규모를 보여주는 기능입니다. 상권의 규모를 파악하여 주변 생활 인프라가 얼마나 갖추어졌는지를 확인할 수 있습니다. 또한 아파트 단지를 클릭하면 해당 단지를 감싸고 있는 인프라를 한눈에 확인할 수 있습니다.

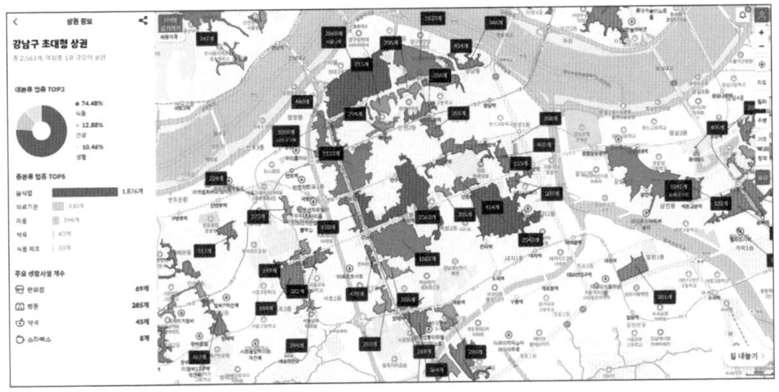

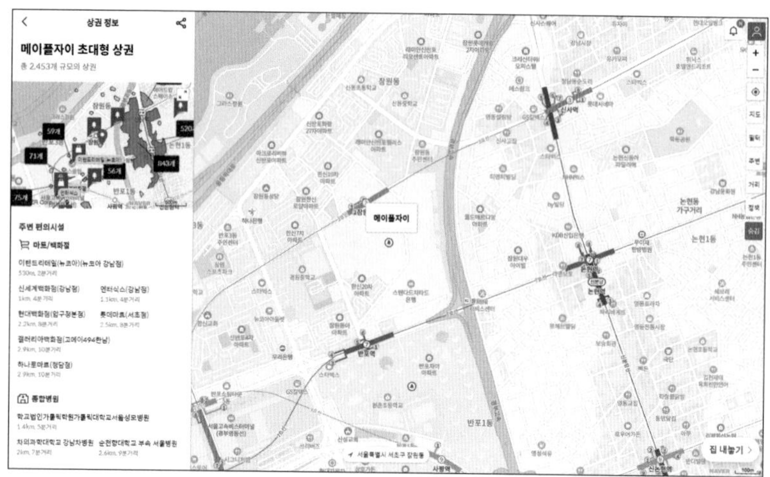

⑦ 직장인 연봉

앞서 부동산 투자에서 가장 중요한 황금열쇠 1번은 일자리라고 이야기했습니다. 단순히 일자리 수가 많다고 좋은 것은 아닙니다. 고소득 일자리가 많은 것이 중요하죠. '직장인 연봉'을 선택하면 해당 지역에 속한 기업의 연평균 급여액과 근로자 수를 한눈에 확인할 수 있습니다.

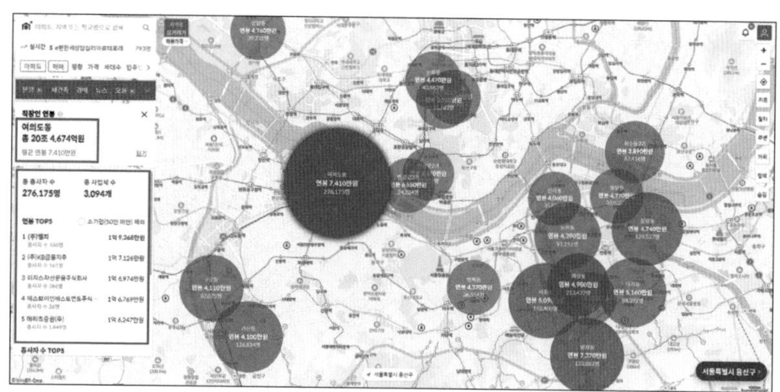

52

200%
지도 활용법

빅데이터를 활용하는 것은 물론이고, 지도에서 다양한 정보를 확인할 줄 아는 것도 기술입니다. 네이버 지도와 다음 카카오맵을 사용해 지역의 거리, 면적, 용도 등을 확인하는 방법을 소개하겠습니다.

① 거리 측정

네이버 지도 오른쪽 메뉴 탭에 있는 '거리' 메뉴를 활용하면 지도의 한 지점부터 다른 지점까지의 거리를 정확하게 알 수 있습니다. 예를 들어 역에서 내가 가려는 단지까지 도보로 얼마나 걸리는지 알고 싶을 때 유용하게 사용할 수 있죠. '거리' 메뉴를 클릭한 뒤 출발할 곳, 도착할 곳을 각각 클릭하면 두 점 사이의 총거리와 도보 및 자전거 이동 시간이 나옵니다. 경유 지점을 추가로 지정해 측정할 수도 있습니다.

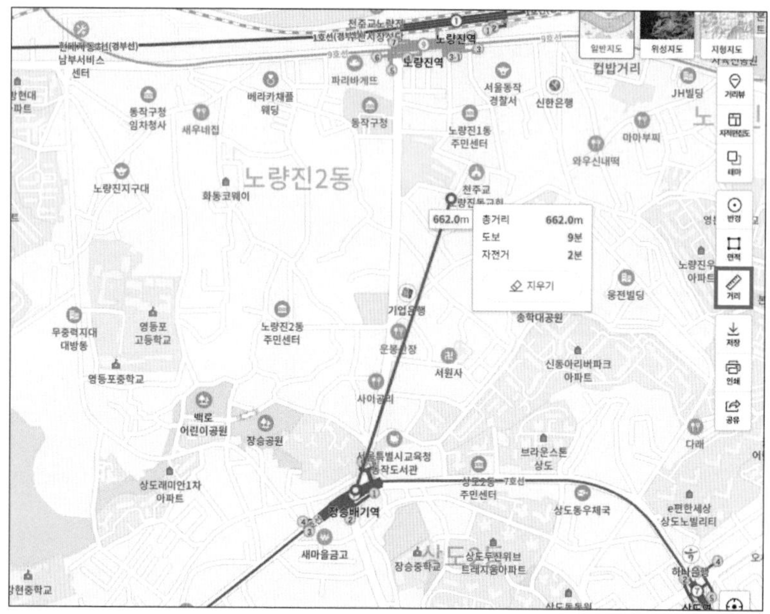

② 면적 측정

한 단지 또는 신도시의 면적을 알고 싶을 때 자주 사용하는 기능입니다. 오른쪽 메뉴 탭에서 '면적' 메뉴를 누르고 원하는 지역의 4개 모서리를 지정하면 해당 지역의 총면적이 나옵니다.

3기 신도시의 경우 대규모 택지개발지구, 즉 면적이 100만m^2 이상일 경우 투기과열지구는 해당 지역에 2년, 조정대상지역은 1년 거주해야 1순위 자격이 주어집니다. 이때 지도를 통해 미리 면적을 계산해볼 수 있겠죠?

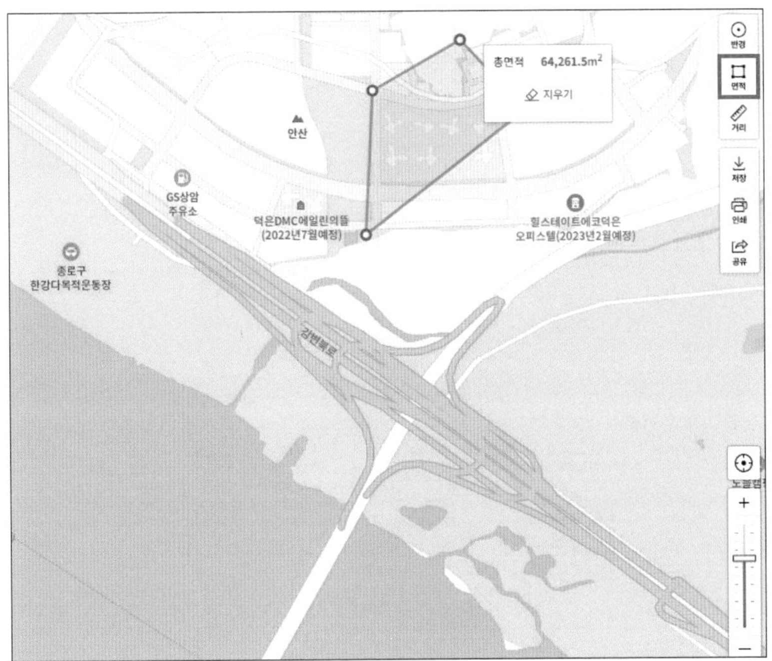

③ 반경 측정

'반경' 메뉴는 원하는 지점에서 일정 반경 내 구역을 표시할 때 사용합니다. 아파트 임장을 갈 때 해당 단지에서 도보로 10분 거리인 반경 1km, 자동차로 10분 거리인 반경 4km 안에 어떤 인프라가 있는지 궁금할 때 지도 위에 표시해보면 좋은 기능입니다.

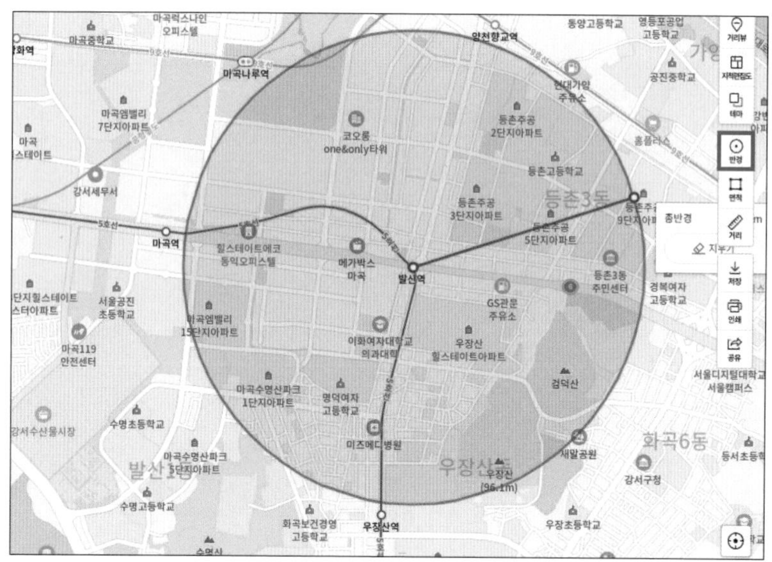

④ 지적편집도

제가 가장 좋아하는 지도는 바로 지적편집도입니다. 저는 지적편집도를 보면서 부동산 공부를 많이 했습니다. 네이버 지도 상단에 있는 '지적편집도'를 누르면 지도에 지번·경계, 개발, 용도, 국토계획 등이 색깔로 구분되어 표시됩니다. 여기서 눈여겨봐야 하는 것은 핑크색 상업지역과 파란색 준공업지역입니다. 이 두 곳은 일자리입니다. 앞서 집값을 좌우하는 다섯 가지 요건 중 1등은 일자리라고 이야기했습니다.

서울의 뉴타운 지역도 한눈에 볼 수 있습니다. 뉴타운은 천지개벽할 곳들입니다. 뉴타운 지역에서 분양하는 단지들은 눈여겨볼 필요가 있습니다.

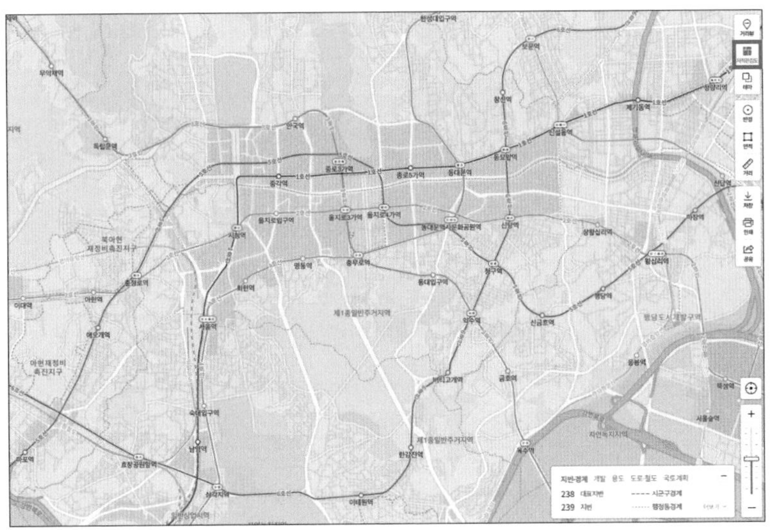

⑤ 다음 카카오맵 지적편집도

다음 카카오맵에도 재미있는 기능이 있습니다. 지도 오른쪽 상단의 '레이어'를 누르면 지형도, 지적편집도, 법정경계, 행정경계 등의 하위 메뉴들이 나옵니다. 먼저 '법정경계'를 누르면 시, 군, 구 그리고 동까지 정확한 경계가 선으로 나타납니다. 잘 몰랐던 구나 동의 구분을 한눈에 볼 수 있죠.

'지적편집도 → 용도·개발'을 누르면 색깔별 지역 구분 설명이 나옵니다. 여기서 상업지구, 공업지역 등을 살펴볼 수 있습니다. 이런 지역별 구성은 네이버 지도보다 다음 카카오맵이 좀 더 보기 좋게 되어 있으니 양쪽 지도를 모두 참고해 정보를 살펴보는 것이 좋습니다.

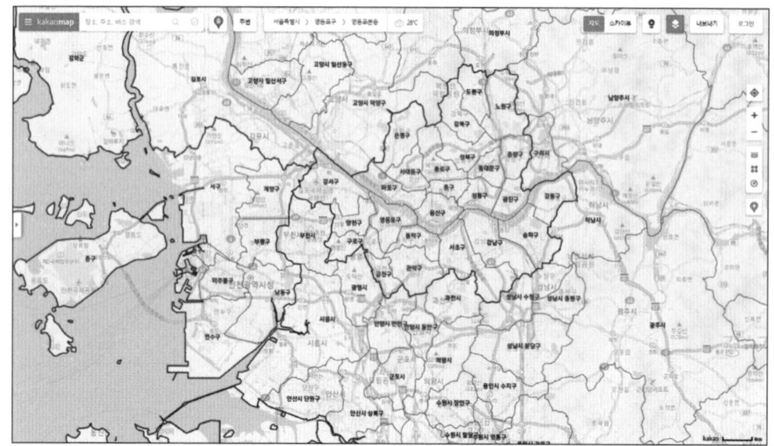

/ 다음 카카오맵 법정경계

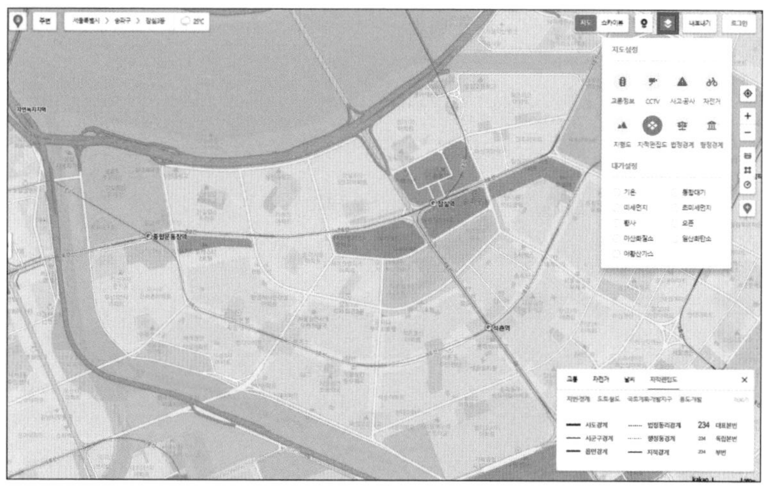

/ 다음 카카오맵 지적편집도

53

신축 아파트 사전점검 꿀팁

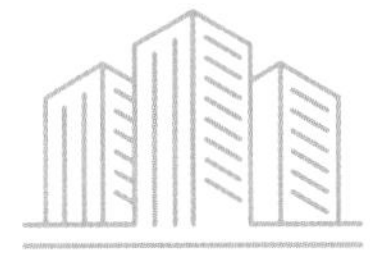

설레는 사전점검, 어떻게 진행될까

내 집 마련의 꿈을 이루신 분들, 정말로 축하합니다. 이번에는 신축 아파트 사전점검 꿀팁을 알려드릴게요. 사전점검이란 입주 전에 방문해 하자는 없는지 살펴보는 점검 과정을 말합니다. 보통 준공 한두 달 전쯤에 시공사에서 당첨자에게 연락해 사전점검 일정과 방법 등을 전달합니다. 제가 알려드리는 내용만 잘 숙지해도 대행업체 도움 없이 혼자서 진행할 수 있습니다. 그럼 지금부터 저와 함께 알아보시죠!

① 진행 절차

먼저 아파트 사전점검 진행 절차를 알려드릴게요. 아파트에 따라 다르지만 보통 입주 1~2개월 전에 주말과 평일을 포함해 3일 정도 사전점검 기간이 주어집니다. 큰 절차는 이렇습니다.

사전점검 진행 절차

사전점검 안내문 발송 → 입주자 방문 및 사전점검 교육 → 점검 및 점검 사항 작성 → 점검표 제출 → 입주 전 하자 보수 → 보수 완료 확인 및 입주

② 사전점검 준비물

기본적으로 사전점검을 위해 방문하면 입주자 지원센터에서 하자를 체크할 수 있는 스티커나 포스트잇을 제공합니다. 이때 수평계나 줄자를 제공하는 곳도 있는데, 그렇지 않은 곳도 있으니 미리 준비해가는 게 좋겠죠? 하자가 많을 경우 포스트잇이 부족할 수 있으니 여유분도 별도로 챙겨가세요. 그리고 요즘에는 모바일 앱을 사용하는 곳도 많습니다. 하자 부위를 촬영해 해당 앱에 업로드하는 방식입니다.

— 사전점검 준비물

입주자 지원센터 제공	개인 지참
• 하자 체크 스티커 • 포스트잇 • 볼펜 • 수평계 • 줄자 • 신발 보호용 덧신	• 마스크 • 목장갑 • 간이의자 • 고무망치 • 휴대폰 충전기 • 물티슈, 휴지 • 쓰레기봉투 • 생수, 바가지 • 돗자리 외

이 외에도 꼭 챙겨가야 할 것들이 있는데요. 먼저 마스크와 목장갑입니다. 공사가 마무리된 상태가 아니어서 마감이 제대로 되지 않은 부분이 있을 수 있어요. 손을 다칠 수 있으므로 목장갑은 필수입니다. 또 먼지가 많아 호흡기 문제가 발생할 수 있으니 마스크도 반드시 챙겨야 합니다.

다음은 간이의자와 고무망치입니다. 간이의자는 밟고 올라서서 천장이나 상부 하자를 확인하는 용도이고, 고무망치는 바닥이나 타일의 빈 공간을 확인하는 용도입니다. 전기 콘센트가 잘 작동하는지 확인하고 싶다면 휴대폰 충전기를 챙겨가세요. 또 더러운 부분을 닦아내고 확인하기 위해 물티슈와 휴지를 챙기고, 이를 버리기 위한 쓰레기봉투도 챙겨주세요. 욕실 배수가 잘되는지도 확인해야겠죠? 이를 위해 생수와 바가지를 챙겨주세요. 점검을 진행하다 잠시 휴식을 취해야 할 수도 있으니 돗자리도 챙겨주세요.

마지막으로 한여름과 한겨울에 사전점검을 할 때는 냉난방이 안 되니 휴대용 선풍기나 난로를 챙겨가는 것이 좋습니다. 그리고 임대를 놓을 계획이라면 사전점검 때 부동산 중개인이나 손님들이 자유롭게 들어와 살펴볼 수 있도록 도어스토퍼를 현관문에 받쳐놓으세요.

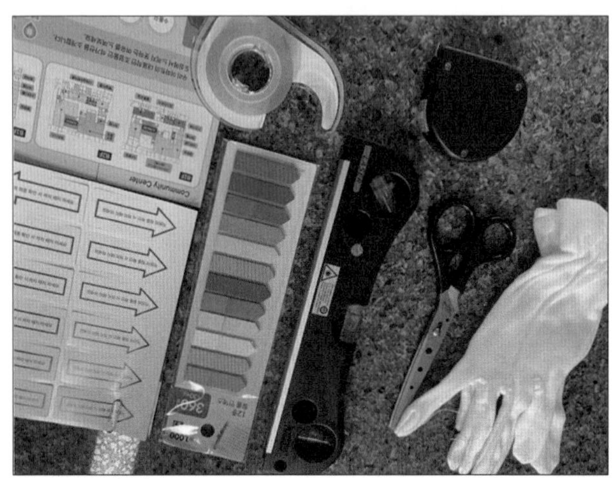

/ 사전점검 준비물

놓치지 말고 꼼꼼히 확인하자!

준비물을 다 챙겼다면 이제 사전점검을 시작해볼까요? 완벽하게 준비했다고 생각했는데 막상 사전점검을 진행하다 보면 놓치는 것들이 많습니다. 그런 분들을 위해 사전점검 체크리스트를 함께 수록해두었으니 꼭 활용해보시기 바랍니다.

① 사전점검 요령

사전점검 부분	점검 요령
문, 창문 관련	□ 모든 문과 창을 4~5회 여닫아 흔들리지 않는지, 틀에 맞는지 확인 □ 문과 창문(창틀, 방충망)의 긁힘 자국, 흠, 구멍 확인 □ 유리창 주위에 실리콘 등의 마감이 균일한지 확인 □ 도어스토퍼 범퍼(문 충격 방지) 설치 여부 확인
벽 마감	□ 벽 페인트 벗겨짐, 벽 갈라짐 확인 □ 각종 콘센트, 스위치, 조명기구 설치 상태 확인
벽지(도배) 마감	□ 벽지가 들뜨거나 색깔이 변한 곳 있는지 확인 □ 벽지가 찢어지거나 불규칙하게 겹쳐져 도배되었는지 확인
바닥 및 대리석	□ 들뜬 곳 있는지 확인(걸어다니다 보면 바닥과 강화마루가 떠서 미세한 소리가 들리거나 마루판이 눌러지는 느낌이 남) □ 찍힘, 긁힘 자국 확인 □ 세대 내부 바닥 및 욕실 바닥(샤워부스 제외) 난방 확인
수납가구 및 붙박이장	□ 수납가구 및 붙박이장 4~5회 여닫아 흔들리지 않는지 확인 □ 수납가구 및 선반 불량 및 파손 여부 확인
현관	□ 현관 바닥재 및 석재 등 마감재 금간 곳 있는지 등 파손 여부 확인 □ 현관문 4~5회 여닫아 흔들리지 않는지 확인 □ 현관 입구 신발장 4~5회 여닫아 흔들리지 않는지 확인하고, 파손 여부 확인
화장대	□ 화장대 서랍 4~5회 여닫아 불량 여부 확인 □ 화장대 및 하부 서랍장 선반 파손 여부 확인
거실, 베란다	□ 마룻바닥 하단 걸레받이 파손 여부 확인 □ 기둥 모서리 찍힘 및 파손 여부 확인 □ 발코니 문 4~5회 여닫아 밀착 여부 확인 □ 베란다 난간대 흔들리는지 확인 및 녹슨 부분 확인
침실	□ 방문 4~5회 여닫아 흔들리지 않는지 확인 □ 개폐 잠금 장치 확인 □ 각종 콘센트, 스위치, 조명기구 설치 상태 확인

욕실	□ 타일 파손 여부, 줄눈 오염(변색) 및 파손 여부 확인 □ 배수가 잘되는지 확인 □ 양변기 설치 상태 확인 □ 도어가 부드럽게 잘 열리고 닫히는지 확인 □ 욕조 상태 및 주위 실리콘 등 코킹 마감 확인 □ 문턱 높이 미달 확인
부엌	□ 싱크대 파손 여부 확인 □ 부엌 수납가구 문짝 및 선반 설치 상태 확인 □ 부엌 상판 파손(긁힘) 여부 및 변색(오염) 여부 확인 □ 가스레인지 및 가스레인지 후드 상태, 배기구 연결 상태 확인
다용도실 (세탁실)	□ 원활한 배수구배 확보 여부 확인 □ 페인트 마감 상태 및 벽면 균열 여부 확인 □ 수도꼭지 설치 상태 확인 □ 바닥 및 천장 모서리 누수로 인한 변색 여부 확인
팬트리 (저장 공간)	□ 수납 선반 파손 여부 및 정상 설치 확인 □ 선반이 단단히 고정되었는지 확인
전기/전자기기	□ 현관 디지털 도어락, 월패드, 도어폰 등 정상 작동 유무 확인 □ 각종 스위치 평행 상태 확인 □ 월패드 외부 통화 시 통화 품질 확인

② 사전점검 체크리스트

항목	점검 사항	체크		지적 사항
		적합	부적합	
현관	○ 현관문 열림, 닫힘 상태(도어록 작동)			
	○ 현관문 도장 등 마감 상태			
	○ 현관문 틀 주위 도배 상태			
	○ 신발장 설치 상태(고정, 문짝 서랍 등 개폐)			
	○ 바닥 마감 상태			

현관	○ 조명기구, 스위치 부착 및 위치 상태			
	○ 기타 지적 사항			
침실1	○ 온도조절기 부착 상태			
	○ 장판지 이음 마무리			
	○ 도배지 색상 및 이음 부분 마감 상태			
	○ 천장 테두리 마감 상태			
	○ 문틀, 문짝 규격 및 벽쪽 코킹 시공 상태			
	○ 창문 개폐 및 밀폐 상태			
	○ 문짝 손잡이 품질 상태			
	○ 콘센트 및 전화선 단자 설치 상태			
	○ 기타 지적 사항			
발코니1 (거실)	○ 난간 고정 상태 및 높이, 용접시공 상태			
	○ 수전 설치 상태			
	○ 바닥구배, 난간턱 미장 및 도장 상태(균열, 수평)			
	○ 홈통 연결 및 배수구 주위 마감 상태			
	○ 조명기구 설치 및 전원 확인			
	○ 배수구 시공 상태			
	○ 난간 설치 및 시공 상태			
	○ 기타 지적 사항			
거실	○ 바닥재 색상, 코너 부위 맞춤 마감 상태			
	○ 걸레받이 시공 상태			
	○ 벽지 색상, 도배 마감 상태			
	○ 천장 테두리 마감 상태			
	○ 거실문 수직, 수평 상태(개폐)			
	○ 천장 테두리 마감 상태			

거실	○ 문짝 개폐 및 밀폐 상태			
	○ 거실 유리창 열림, 닫힘 상태			
	○ 온도조절기 설치 상태			
	○ 거실장, 가구 설치 및 파손 여부 등 마감 상태			
	○ 기타 지적 사항			
주방	○ 씽크대 서랍 및 찬장문 개폐 상태			
	○ 씽크배수구 주위 코킹 처리 상태			
	○ 가스레인지 후드 설치 상태 및 작동 상태			
	○ 가스(GAS) 배관 상태 및 도장 상태			
	○ 조명기구 설치 및 전원 확인			
	○ 주방기구(음식물처리기,식기세척기 등) 상태			
	○ 기타 지적 사항			
발코니2 (주방)	○ 난간 고정 상태 및 높이, 용접시공 상태			
	○ 수전 설치 상태			
	○ 바닥구배, 난간턱 미장 및 도장 상태(균열, 수평)			
	○ 홈통 연결 및 배수구 주위 마감 상태			
	○ 조명기구 설치 및 전원 확인			
	○ 배수구 시공 상태			
	○ 난간 설치 및 시공 상태			
침실2	○ 온도조절기 부착 상태			
	○ 장판지 이음 마무리			
	○ 도배지 색상 및 이음 부분 마감 상태			
	○ 천장 테두리 마감 상태			

침실2	○ 문틀, 문짝의 규격 및 벽쪽 코킹 시공 상태			
	○ 창문 개폐 및 밀폐 상태			
	○ 문짝 손잡이 품질 상태			
	○ 콘센트 및 전화선 단자 설치 상태			
	○ 기타 지적 사항			
발코니3 (침실)	○ 난간 고정 상태 및 높이, 용접시공 상태			
	○ 수전 설치 상태(세탁기 배수구 상태)			
	○ 바닥구배, 난간턱 미장 및 도장 상태(균열, 수평)			
	○ 홈통 연결 및 배수구 주위 마감 상태			
	○ 조명기구 설치 및 전원 확인			
	○ 배수구 시공 상태			
	○ 난간 설치 및 시공 상태			
	○ 기타 지적 사항			
안방	○ 온도조절기 부착 상태			
	○ 장판지 이음 마무리			
	○ 도배지 색상 및 이음 부분 마감 상태			
	○ 천장 테두리 마감 상태			
	○ 문틀, 문짝 규격 및 벽쪽 코킹 시공 상태			
	○ 창문 개폐 및 밀폐 상태			
	○ 문짝 손잡이 품질 상태			
	○ 콘센트 및 전화선 단자 설치 상태			
	○ 기타 지적 사항			
드레스룸	○ 출입문 틀 고정 상태 및 파손 여부			
	○ 바닥 상태 및 천장 마감 상태			

드레스룸	ㅇ 벽 도배 마감 상태			
	ㅇ 화장대, 가구 설치 및 파손 여부 등 마감 상태			
	ㅇ 기타 지적 사항			
공용 욕실	ㅇ 출입문 틀 고정 상태 및 파손 여부			
	ㅇ 바닥타일 및 벽타일 마감 상태			
	ㅇ 양변기, 세면기 등 설치 상태			
	ㅇ 휴지걸이 등 액세사리 상태			
	ㅇ 샤워부스 설치 상태			
	ㅇ 기타 지적 사항			
부부 욕실	ㅇ 출입문 틀 고정 상태 및 파손 여부			
	ㅇ 바닥타일 및 벽타일 마감 상태			
	ㅇ 양변기, 세면기 등 설치 상태			
	ㅇ 휴지걸이 등 액세사리 상태			
	ㅇ 샤워부스 설치 상태			
	ㅇ 기타 지적 사항			

③ 사전점검 꿀팁

이번에는 사전점검 시 활용할 수 있는 몇 가지 꿀팁을 알려드릴게요. 첫 번째는 지인, 가족과 함께 가기입니다. 주변에 최근에 이사한 지인이 있다면 꼭 함께 갈 것을 추천합니다. 처음 사전점검을 해보거나 하자가 많을 경우 혼자 갔을 때와 다르게 더 세세하게 살펴볼 수 있어요. 한정된 시간 안에 모든 하자를 찾아내기 위해서는 여럿이 함께 가는 것이 좋겠죠?

두 번째는 하자 사진을 가까이서 하나, 멀리서 하나 찍는 것입니다.

사전점검 앱을 사용하면 이렇게 하라고 안내합니다. 하자를 가까운 거리에서만 찍어 두면 나중에 어디에 있었던 하자인지 제대로 확인하기 어렵기 때문입니다. 어느 부분 하자인지 확인할 수 있는 사진 한 장과 디테일한 사진 한 장을 남겨두는 것이 중요해요.

마지막은 하자 리스트를 보관해두는 것입니다. 기록해서 제출한 후에 어떤 하자가 있었는지 잊어버리면 안 되겠죠? 하자 리스트를 작성한 뒤 이를 사진으로 찍거나 따로 기록해두면 보수가 완료된 뒤에 확인해 볼 수 있어 좋습니다.

셀프 사전점검 vs. 대행업체 사전점검

마지막으로 셀프 사전점검과 대행업체 사전점검을 비교해보겠습니다. 요즘에는 대행업체를 이용하는 분들이 꽤 많은데요. 둘은 어떤 차이가 있을까요?

— 셀프 사전점검과 대행업체 사전점검 비교

구분	셀프 사전점검	대행업체 사전점검
장점	• 비용이 들지 않는다. • 시간에 구애받지 않는다.	• 시간과 체력이 절약된다. • 확실한 사전점검이 가능하다.
단점	• 놓치는 하자가 있을 수 있다. • 챙겨야 할 준비물과 확인해야 할 부분이 많다.	• 비용이 많이 든다. 보통 평당 계산한 비용을 받기 때문에 기본적으로 30~40만 원이 발생한다.

셀프 사전점검과 대행업체 사전점검 모두 장단점을 가지고 있습니다. 충분한 시간이 있고 꼼꼼하게 확인해 비용을 절감하고 싶으신 분들

에게는 셀프 사전점검을, 비용이 좀 들더라도 편하고 확실하게 사전점검을 진행하고 싶으신 분들에게는 대행업체 사전점검을 추천합니다.

54

교통망을 보면 투자 유망지역이 보인다

"부동산은 어렵다", "부동산 공부를 하려고 하는데 어디서부터 시작해야 할지 모르겠다"라고 말씀하시는 분들이 많습니다. 부동산 투자를 잘하려면 다른 건 잘 몰라도 교통망 공부는 반드시 해두어야 합니다. 수도권에서 역세권 신축은 불패이기 때문이죠. 교통망을 한눈에 볼 수 있는 지도와 함께 역세권 유망지역을 살펴보겠습니다.

— 수도권 광역급행철도(GTX) 노선도

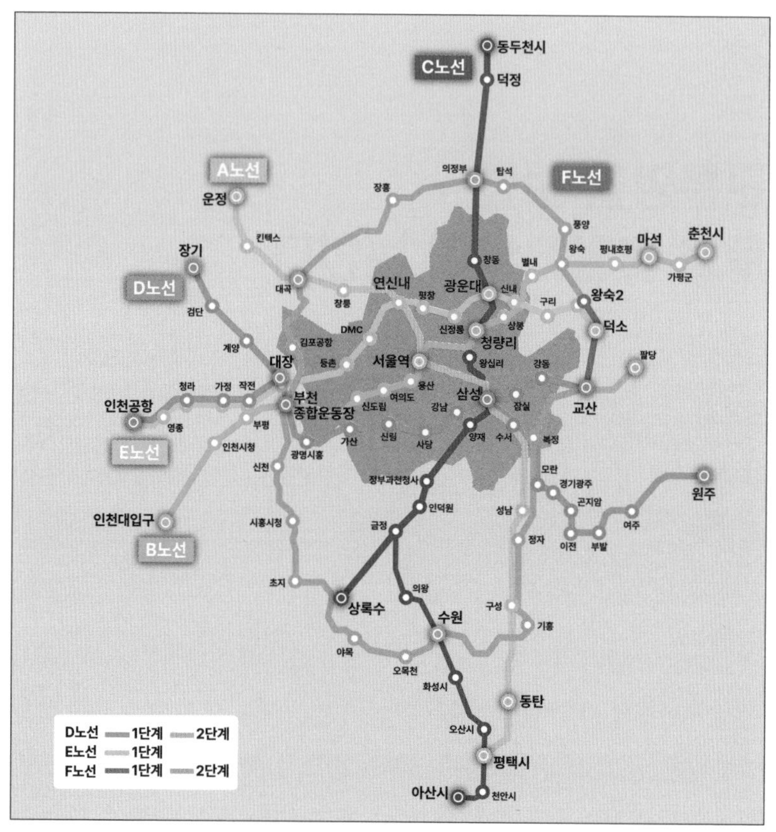

전국 GTX 시대를 통한 초연결 광역경제생활권 실현

2024년 1월 25일 국토교통부는 '수도권 GTX 본격화를 통한 출퇴근 30분대를 구현한다'라고 발표했습니다. 2024년 3월 GTX 사업 최초로 A노선 수서~동탄 구간이 개통되었습니다. 그로 인해 수서~동탄 소요 시간이 79분에서 19분으로 줄어들었습니다. 또한 지방에는 광역급행철도(x-TX)를 도입해 메가시티 1시간 생활권으로 조성할 계획입니다.

① 수도권 30분 출퇴근 시대!

2024년 3월 GTX 사업 최초로 A노선 수서~동탄 구간 개통을 시작으로, 2024년 이내에 운정~서울역 구간이 개통되는 등 2028년까지 순차적으로 개통이 완료될 예정입니다. 국토교통부는 2024년 초에 B·C노선을 착공했고, 적기 개통(B노선 2030년, C노선 2028년)을 위해 차질 없이 공정을 관리하는 등 1기 GTX 성과를 가시화하여 본격적으로 수도권 GTX 시대를 열 계획이라고 발표했습니다.

또한 A·B·C 기존 노선을 연장하고, D·E·F 신규 노선을 신설하여 2기 GTX 시대를 빠르게 준비할 계획입니다. A·B·C노선 연장은 지자체 비용 부담 방식을 협의한 뒤 예비타당성조사 등 절차를 하나씩 밟아 사업을 추진하되, 지자체 비용 부담이 합의되는 경우 현 정부 임기 내 착공을 목표로 속도감 있게 사업을 추진할 예정입니다.

전국 GTX 시대를 통한 초연결 광역경제생활권 실현

- GTX-A: 2024년 3월부터 단계별 개통 예정
- GTX-B: 2024년 1월 25일 착공/2028년 개통 예정
- GTX-C: 2024년 3월 7일 착공/2030년 개통 예정

— GTX-A·B·C노선

A노선(파주 운정~동탄)	B노선(인천대입구~마석)	C노선(덕정~수원)
일 27만 명 이용(완전 개통 시)	일 27만 명 이용	일 32만 명 이용
• 수서~동탄: 75~79분 → 19분 • 운정~서울역: 54~70분 → 20분	• 인천~서울역: 80~95분 → 20분 • 마석~청량리: 45~75분 → 20분	• 덕정~삼성역: 75분 → 29분 • 수원~삼성역: 70~80분 → 20분

② GTX-D·E·F도 있다!

신규 D·E·F노선은 제5차 국가철도망계획에 전체 노선을 함께 반영하고, 빠른 진행을 위해 구간별(1~2단계) 개통을 추진할 예정입니다. 또한 1단계 노선은 현 정부 임기 내에 예비타당성조사 동시 통과를 추진할 예정입니다.

GTX-D·E·F 실행 계획

- 2025년 하반기 예비타당성조사 신청
- 2027년 상반기 착공 준비

— GTX-D·E·F노선

D노선	E노선	F노선
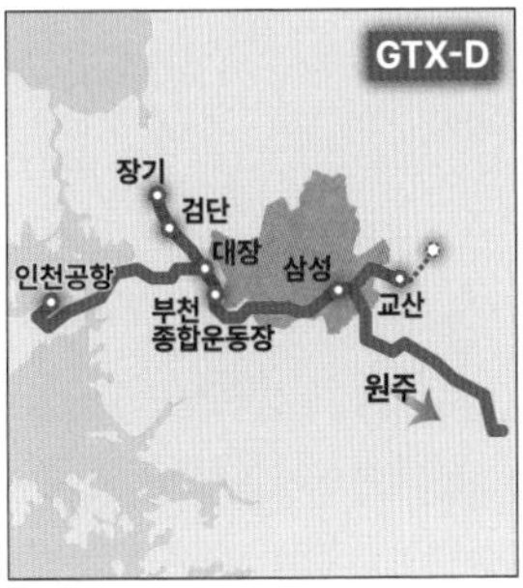	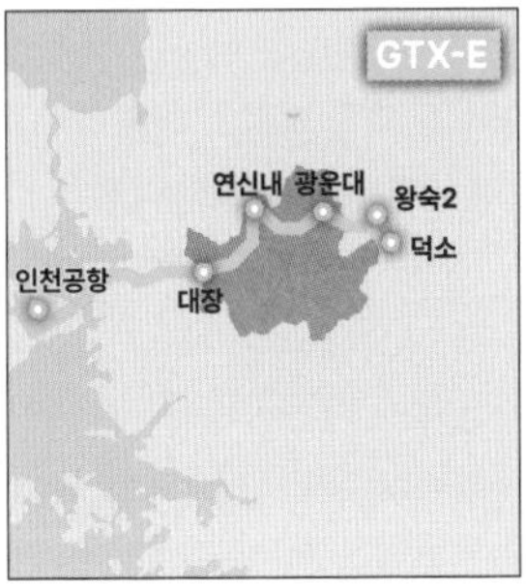	
김포/인천~팔당/원주 +광명·시흥, 강동구	인천~대장(D노선 공용)~덕소 +연신내	교산~왕숙2 우선 추진 D노선 직결

③ 지방엔 광역급행철도 x-TX!

수도권과 지방의 교통 격차를 해소하기 위해 지방 대도시권에서도 GTX 같은 수준의 우수한 서비스를 누릴 수 있도록 광역급행철도(x-TX)를 도입할 예정입니다. 특히 대전~세종~충북 광역철도는 광역급행철도 선도사업(가칭 'CTX')으로 선정·추진하며, 민간이 투자하고 정부가 지원하는 광역급행철도로 개선하여 더 빠르게 서비스를 제공할 계획입니다.

부산·울산·경남, 대구·경북, 광주·전남 등 다른 권역도 지자체와 협의하여 급행철도로 추진 가능한 노선을 적극적으로 발굴해나갈 예정이므로 관심을 갖고 지켜볼 필요가 있습니다.

지방권도 180km/h로 이동하는 'x-TX'

- 대전~세종~충북 광역철도(CTX): 2023년 말 착공, 2026년 지방권 최초 개통 예정
- 대구권 광역철도: 2023년 말 지방권 최초 개통
- 이외 부울경, 광주·전남 등 4개 권역도 추진 예정

— 지방권 x-TX

대구·경북권	• 광역철도: 지방권 최초로 대구권 1단계 개통(2024년 12월, 구미~경산) • 광역철도: 대구·경북 예비타당성조사 신청(2024년 2월), 대구권 2단계(김천~구미) 사전타당성조사 완료(2024년 12월) • 광역철도: 대구 1호선 연장 개통(2024년 12월, 대구 안심~경산 하양) • 도시철도: 대구 4호선(엑스코선) 기본계획 승인(2024년 상반기)

부산·울산·경남권	• 광역철도: 태화강~송정 착공(2024년 6월) 및 부산~양산~울산 예비타당성조사 완료 추진 • 광역철도: 진영~울산 예비타당성조사 신청(2024년 하반기) • 도시철도: 부산 하단~녹산선 기본계획 승인(2024년 상반기) • 도시철도: 양산 도시철도(2025년), 부산 사상~하단선(2026년) 개통*
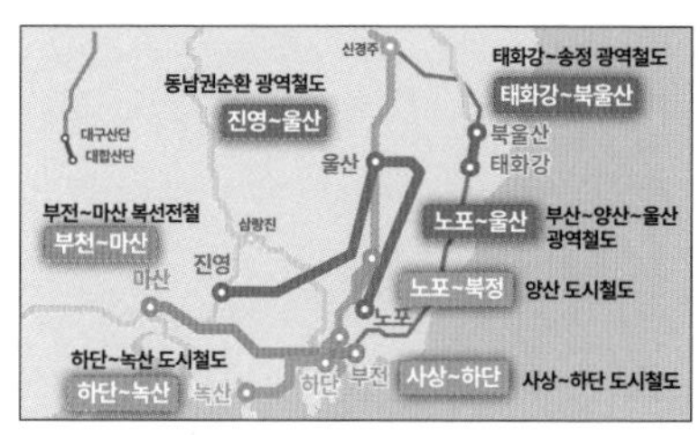	

대전·세종·충청권	
	• 광역철도: 충청권 1단계 개통(2026년 계룡~신탄진), 대전~옥천 착공(2024년 하반기) • 광역철도: 충청권 2단계(신탄진~조치원), 3단계(강경~계룡) 사전타당성조사 완료(2024년 12월) • 도시철도: 대전 2호선 기본계획 승인 (2024년 상반기)
광주·전남권	
	• 광역철도: 광주~나주 예비타당성조사 완료 추진(지자체 합의 전제) • 도시철도: 광주 2호선 1단계(2026년), 2단계(2030년) 개통**
강원권	
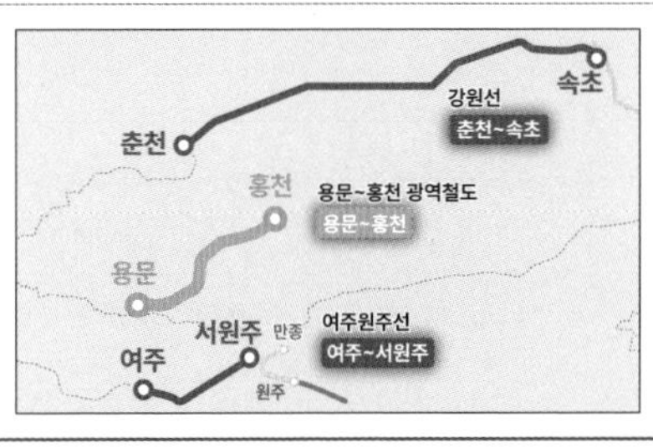	• 광역철도: 용문~홍천 예비타당성조사 착수(2024년 2월)***

* 부전~마산 개통 추진(2024년 하반기 목표)

** 보성~임성리 개통(2025년), 광주 송정~순천 착공(2025년)

*** 춘천~속초 개통(2027년), 여주~원주 개통(2028년)

GTX, 더블역세권을 주목하라

먼저 가장 중요한 수도권 광역급행철도(GTX), 그중에서도 GTX 더블역세권이 있습니다. GTX 더블역세권 인근의 아파트 청약은 늘 관심을 갖고 지켜볼 필요가 있습니다.

먼저 삼성역입니다. 이제 강남의 일자리 중심지는 삼성역이 될 것입니다. GBC(Global Bussiness Center) 개발에 따른 경제 효과는 265조 원에 달하고 122만 명의 일자리가 생겨나며, 6개 노선이 삼성역에 들어설 예정입니다. 무엇보다 GTX 중에서도 사업 속도가 가장 빠른 A와 C노선의 더블역세권이죠.

두 번째는 서울역입니다. GTX-A와 B노선이 동시에 지나갑니다. 앞으로 4개 노선이 추가로 생기면서 총 10개 노선이 지나가는 복합환승센터가 들어설 예정입니다.

남은 하나는 어디일까요? 바로 청량리역입니다. GTX-A와 C노선을 비롯해 앞으로 10개 노선이 지나가는 동북권 최대의 교통 호재가 있는 곳입니다. 앞으로도 GTX-A·B·C노선과 친해져야 합니다.

경기도에서는 서울 주요 일자리와 물리적 거리는 멀지만 GTX로 출퇴근 시간이 획기적으로 단축되는 지역들을 살펴보는 것이 좋습니다. 대표적인 곳이 동탄과 파주입니다. 파주 운정신도시는 분양가상한제 적용으로 분양가도 저렴하니 분양하는 단지가 있다면 청약에 도전해 보세요. 인천 역시 GTX 라인의 신축과 분양권을 주목해야 합니다. 부평역, 인천시청역, 송도(인천대입구역) 인근의 아파트 청약은 눈여겨보시기 바랍니다.

좋은 일자리로 가는 2, 3, 7, 9호선

서울 지하철 노선 중 주목해야 할 노선은 바로 2, 3, 7, 9호선입니다. 좋은 노선이란 직주근접, 즉 좋은 일자리로 가는 노선입니다. 2호선은 순환노선이죠. 서울 3대 일자리인 강남, 서울 도심 그리고 여의도 근처까지 모두 지나갑니다. 3호선은 서울을 종단하는 노선입니다. 강남 일대부터 도심을 지나 은평구와 고양까지 이어집니다. 7호선은 노원, 중계, 상봉 등 서울 동북권부터 강남구까지 연결합니다. 9호선 골드라인은 그동안 소외되어 있던 서울의 끝과 끝, 강동과 강서를 연결하면서 삼성역, 여의도 등을 지나 마곡까지 갑니다. 좋은 일자리를 모두 지나가는 데다 급행열차까지 있죠.

요즘 가장 핫한 수도권 라인

수도권 라인 중 그동안 집값이 많이 오른 라인이 있습니다. 어디일까요? 바로 신분당선 라인입니다. 특히 분당, 광교, 수지 부근이 지난 상승장에 정말 많이 올랐습니다. 신분당선 신사~용산 구간은 2032년 개통 예정이며, 강남~신사 구간은 2022년 5월에 개통했습니다.

이와 함께 주목해야 할 라인들이 있습니다. 첫 번째는 2025년 4월 개통 예정인 '신안산선'입니다. 신안산선은 '서쪽 지역의 신분당선'이라 불립니다. 여의도, 영등포, 광명, 시흥을 지나 안산까지 양질의 일자리를 지나가는 노선입니다. 장래(국제테마파크)역에는 신세계 기업이 사활을 걸고 만들겠다는 아시아 최대 규모의 화성 국제 테마파크가 들어설 예정입니다. 신안산선 개통 이후 서울과의 접근성이 좋아지는 지역의 유망 청약 단지는 더욱 세밀하게 살펴볼 것을 추천합니다.

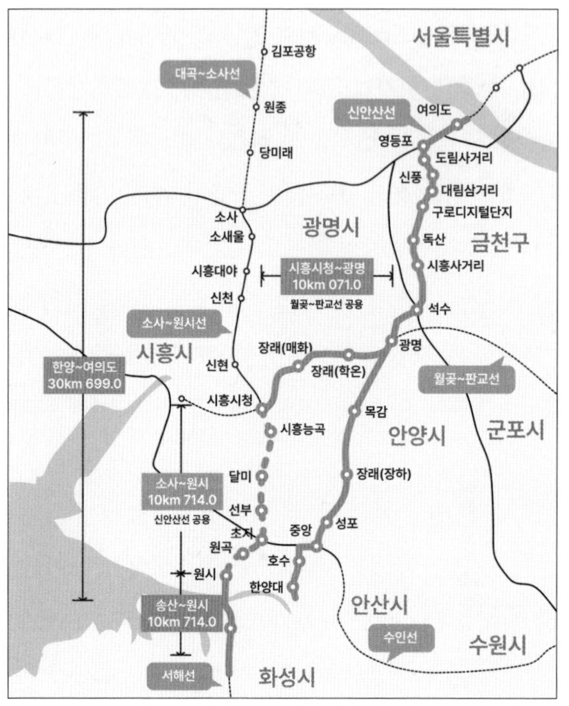

두 번째는 월곶판교선, 일명 '월판선'입니다. 이는 경기도의 9호선으로, 서울의 9호선보다 속도가 빠르다고 합니다. 정말 놀랍지 않나요? 월판선은 중요한 일자리를 모두 지나갑니다. 일단 판교를 거치니 두말할 필요가 없죠. 안양, 광명, 인덕원역 인근 분양단지는 반드시 눈여겨보세요.

세 번째는 '동탄인덕원선'입니다. 2021년 12개 공구 중 2개 공구만 착공을 시작해 사업을 진행했지만 2년 동안 사업비 상승 등을 이유로 10개 공구에 대한 사업자 선정도 연기되었는데요. 2024년 내 착공에 성공한다면 2029년에 개통될 예정입니다. 인덕원역(GTX-C)과 동탄역(GTX-A)을 연결하는 인동선이 개통되면 경기 서남부 지역 주민들의 교통난이 크게 해소될 것입니다. 신분당선, 신안산선, 월곶판교선과 함께 경기 남부 곳곳에서 '출퇴근 30분 시대'를 체감할 수 있을 것으로 보입니다.

네 번째는 수도권 지하철 8호선 연장 '별내선'입니다. 8호선 암사역에서 경춘선 별내역까지 연결되는 노선으로, 2024년 6월에 개통될 예정입니다. 개통 후에는 별내에서 잠실까지 27분, 구리에서 잠실까지 20분 정도 소요될 것으로 보입니다. 별내선 개통으로 수혜를 받을 지역은 남양주시 별내, 다산지구, 구리시 인창동, 수택동 단지들입니다. 그동안은 광역버스를 이용해 잠실이나 강동으로 이동했는데 별내선이 개통되면 더욱 편리하게 이동할 수 있습니다.

새롭게 개통 예정인 노선의 인근 지역에서 분양하는 단지들은 늘 눈여겨보고 청약에 도전하세요.

권말 부록

2024년 수도권& 지방 광역시 분양 예정 단지

※ 일반분양에는 임대 가구도 포함되어 있습니다.

열정로즈의 한마디

권말 부록에는 2024년 수도권과 지방 광역시의 분양 예정 단지를 한눈에 볼 수 있게 정리했습니다. 분양 예정 시기는 상황에 따라 변동될 수 있으니 대략적인 시기를 파악한 후 계속해서 확인할 필요가 있습니다. 여기서 소개하는 분양 예정 단지의 기준일은 2024년 1월입니다. 이후 변동될 수도 있으니 관심 단지에 대한 정보는 한 번 더 검색해보세요.

2024 분양 예정 단지

지역	사업(단지)명	총가구 수	일반분양	건설사
강남구	청담르엘	1,261	176	롯데건설
	대치동디에이치에델루이	282	79	현대건설
	래미안레벤투스	308	133	삼성물산
서초구	신반포메이플자이	3,307	162	GS건설
	신반포21차재건축	275	108	포스코건설
	신반포22차재건축	160	28	현대엔지니어링
	래미안원펜타스	641	292	삼성물산
	래미안트리니원	2,091	506	삼성물산
	반포디에이치클래스트	5,002	미정	현대건설
	아크로드서초	1,157	53	DL이앤씨
	디에이치방배	3,080	1,686	현대건설
	래미안원페를라	1,097	497	삼성물산
	아크로리츠카운티	721	166	대림산업
	방배포레스트자이	2,322	547	GS건설
	방배14구역재건축	487	195	롯데건설
	방배7재건축	276	179	
송파구	잠실래미안아이파크	2,678	578	삼성물산, 현대산업개발
	잠실르엘	1,910	241	롯데건설
용산구	이촌동제1구역재건축	895	111	
	아세아	969	819	부영주택
	한강맨션재건축	1,441	미정	GS건설
	르엘이촌	750	97	롯데건설
	더파크사이드서울	420	420	현대건설

강동구	더샵둔촌포레	572	74	포스코건설
	e편한세상강동한강그란츠	407	327	DL이앤씨
	서울명일동주상복합	546	546	포스코건설
동작구	흑석9재개발(디에이치)	1,536	432	현대건설
	흑석11구역(푸르지오써밋)	1,509	422	대우건설
	노량진2구역재개발(SK드파인)	421	196	SK에코플랜트
	노량진6구역재개발(자이&SK)	1,499	380	GS건설, SK에코플랜트
	노량진8구역재개발(아크로)	1,007	309	DL이앤씨
	노량진4구역재개발(디에이치)	844	270	현대건설
	노량진5구역재개발(푸르지오써밋)	727	284	대우건설
영등포구	영등포센트럴푸르지오위브	659	216	대우건설, 두산건설
	영등포1-2구역재개발	290		계룡건설
	더샵르프리베	324		포스코이앤씨
	신길5동힐스테이트	2,030		현대건설
양천구	신정뉴타운1-3지구	211	175	HDC현대산업개발
강서구	힐스테이트등촌역	517		현대건설
	강서센트럴아이파크	557		HDC현대산업개발
	이마트가양점재개발	493		현대건설
구로구	고척4구역재개발	983	576	대우건설, 현대건설
성동구	라체르보푸르지오써밋	958	135	대우건설
마포구	마포자이힐스테이트	1,101	456	현대건설, GS건설
	마포로3-1지구재개발	176	35	현대엔지니어링
서대문구	서대문영천반도유보라	199	108	반도건설
	서대문센트럴아이파크	827	409	HDC현대산업개발
	연희1구역재개발	1,002	322	SK건설
	북가좌6구역재건축	1,970	645	DL이앤씨
은평구	힐스테이트메디알레	2,083	502	현대건설
동대문구	제기4구역재개발	909	362	현대건설
성북구	라디우스파크푸르지오	1,637	760	대우건설
	장위10구역재개발	2,004	1,175	대우건설

성북구	삼선5구역	1,223	522	롯데건설
	동선2구역재개발	334	116	계룡건설산업
	돈암6구역주택재개발	889		롯데건설
	신길음1구역재개발정비사업	444	304	DL이앤씨, 고려개발
	신월곡1구역재개발	2,244		
강북구	미아4재건축	493		HDC현대산업개발
노원구	월계동중흥S클래스	355	133	중흥건설
	월계동신재건축	1,070		HDC현대산업개발
	중계본동주택재개발	1,953		GS건설
	상계1구역주택재개발	1,388		HDC현대산업개발
중랑구	중화3재정비촉진구역	296	237	라온건설

2024 분양 예정 단지

* 지역주택조합과 100세대 이하 가로주택정비사업, 소규모 재건축은 제외

지역	사업(단지)명	총가구 수	일반분양	건설사
과천	과천센트럴자이	1,437	289	GS건설
	과천지식정보타운S2블록	783	783	대방건설
광명	광명제9R구역재개발	1,509	607	롯데건설
	광명11R구역	4,291	618	HDC현대산업개발, 현대건설
	광명제12R구역재개발	2,045	818	GS건설
성남	분당느티마을3단지리모델링	873		포스코이앤씨
	분당느티마을4단지리모델링	1,149		포스코이앤씨
	분당한솔마을5단지아파트리모델링	1,271		쌍용건설, 포스코건설
	무지개마을4단지리모델링	647		포스코건설
	판교대장연립주택B2,B3	215	215	금강주택
	산성구역재개발	3,487	1,095	대우건설, GS건설, SK에코플랜트
	중1구역도시환경정비	1,972	1,322	효성중공업
	상대원2구역재개발	5,090	2,082	DL이앤씨
안양	대동아재건축	222	10	한신공영
	안양역세권지구재개발	853	400	HDC현대산업개발
	상록지구주택재개발정비사업	1,713	1,426	GS건설
	뉴타운맨션삼호재건축	2,723		GS건설
	아크로베스티뉴	1,011	865	DL이앤씨
	미륭재건축	702	110	호반건설
	관양동현대아파트지구 재건축정비사업	1,313		HDC현대산업개발
	관양그리니티시티	1,317		경기주택공사, 안양도시공사

의왕	오전다구역재개발	3,209		동부건설, 대우건설
	고천나구역재개발	1,913		SK에코플랜트, HDC현대산업개발
	의왕고천지구디에트르	533	533	대방건설
	의왕부곡가구역주택재개발	1,719	696	SK에코플랜트
	의왕월암1차디에트르B2BL	731	731	대방건설
군포	군포벌터마벨지구B1BL	1,072	1,072	대우건설
수원	영통2구역재건축	4,002	1,528	HDC현대산업개발, GS건설
	영통자이센트럴파크	580	580	GS건설
	수원115-12구역재건축	1,305	298	롯데건설
	수원이목2차(A4BL)	768	768	대방건설
	수원이목1차(A3BL)	1,744	1,744	대방건설
화성	동탄2신도시동탄역대방엘리움 더시그니처	464	464	대방산업개발
	봉담해모로에듀파크	259	259	HJ중공업
	화성비봉공공주택지구B1블록예미지	530	530	금성백조
	화성남양뉴타운모아미래도	328	328	모아건설
	화성남양뉴타운(B16)우미린	600	600	우미건설
오산	오산세교2지구A-88블럭	762	762	금강주택
	세교2지구A16BL한신더휴	844	844	한신공영
	오산세교2A20BL힐데스하임	715	715	원건설
안산	포레나안산고잔2차	472	178	한화건설
	힐스테이트라치엘로	1,026		현대건설
	선부연립1구역주택재건축	922		GS건설
시흥	대야1지구	430	430	현대엔지니어링
용인	더샵센터마크원 (용인수지초입마을리모델링)	1,721		포스코건설
	용인신봉2구역	4,200		GS건설
	두산위브더제니스센트럴용인	568		두산건설
	고림지구5블록	941	941	에스지고려
	용인양지1블럭공동주택사업	1,053	1,053	서해종합건설

용인	용인은화삼지구A2BL	1,984	1,984	대우건설
	용인푸르지오원클러스터	1,681	1,681	대우건설
평택	평택고덕국제신도시A48블록예미지	431	431	금성백조
	평택브레인시티대광로제비앙 그랜드센텀	1,182	1,182	대광건영
	세교1재개발	1,573	784	SK건설
	평택통복동주상복합	784	784	쌍용건설
	평택더파크파이브	996	504	지주택
	합정주공재건축	1,918	599	현대건설
	평택화양지구동문디이스트(6-2BL)	753	753	동문건설주식회사
	평택푸르지오센터파인	851	851	대우건설
안성	안성건지지구B1BL	825	825	모아주택산업
	안성공도서해그랑블2차	1,066	1,066	서해종합건설
	안성아양택지개발지구B-2블록 예미지	657	657	금성백조
부천	괴안3D구역재개발	759	237	쌍용건설
	송내역푸르지오센트비엔1단지	504	108	대우건설
	송내역푸르지오센트비엔2단지	541	117	대우건설
김포	북변3구역	1,200	876	우미건설
	북변4구역	3,058	2,904	한양
	김포고촌역양우내안애	399		서희건설
고양	고양장항S1	869	825	
	능곡5구역주택재개발정비사업	2,560		DL이앤씨, HDC현대산업개발
	행신한신더휴	272		한신공영
	원당1구역주택재개발정비사업	2,601	635	포스코건설, 한화건설
	고양성사동e편한세상	218	100	DL이앤씨
파주	파주운정3지구주상복합1블록 (본청약)	458	392	
	파주운정3지구주상복합2블록 (본청약)	292	250	
	파주운정3지구주상복합3블록 (본청약)	472	402	

파주	파주운정3지구주상복합4블록 (본청약)	472	402	
	파주운정3지구주상복합5블록 (본청약)	386	332	
	파주운정3지구주상복합6블록 (본청약)	396	340	
	파주금촌새말지구재개발	2,583	1,785	롯데건설, 중흥토건
	파주1-3구역재개발	3,278	2,627	대우건설
	문산1-5구역재개발	668	279	KCC건설
	파주문산역3차동문디이스트	940	940	동문건설
양주	양주회천A3BL	876	876	동부건설
	양주회천A8BL	375	375	모아주택산업
	덕정역서희스타힐스에듀포레3단지	931		서희건설
	양주고읍지구대방엘리움A12BL	138	138	대방산업개발
	양주역푸르지오센터파크	1,172	1,172	대우건설
의정부	의정부센트럴아이파크	413	413	HDC현대산업개발
	의정부동주상복합라온프라이빗	200	200	라온건설
	e편한세상신곡시그니처뷰	815	407	DL건설
남양주	도농1-1재개발	400		
	남양주덕소2구역라온프라이빗	999	173	라온건설
	덕소4구역재개발	492		신동아건설
	평내1구역재건축	1,843	695	
	센트럴N49	540	540	금호건설
구리	수택e구역재개발	3,050		DL건설, GS건설, SK에코플랜트
광주	경안2지구도시개발사업	674	674	대우건설
	광주역태전경남아너스빌2단지	361	361	SM경남기업
	곤지암금호어울림	685	685	금호건설
	경기광주궁평민간공원특례사업	1,071	1,071	모아주택산업
이천	이천중리택지개발지구B-3블록 예미지	1,009	1,009	금성백조
	중리신도시1힐스테이트	847	847	현대건설

이천	중리신도시2힐스테이트	814	814	현대건설
	이천송정자이	635	635	GS건설
	이천금호어울림	994	994	금호산업개발
	안흥지구2BL주상복합	936	936	안흥동지역주택조합
	이천롯데캐슬센트럴페라즈스카이	801	801	롯데건설
	부발읍한라비발디	774	774	한라
여주	여주역자이헤리티지	769	769	GS건설
양평	양평공흥4지구휴먼빌	307	307	일신건영
	양평공흥리라온프라이빗	200	200	라온건설
가평	가평설악엘크루	260	260	대우조선해양건설

인천 2024 분양 예정 단지

지역	사업(단지)명	총가구 수	일반분양	건설사
서구	인천검단신도시AB20-1블록 제일풍경채검단3	610	610	제일건설
	검단AB21-1BL자이	709	709	GS건설
	인천검단AA32	672	672	계룡건설, 신동아건설
	e편한세상검단에코비스타	732	732	DL이앤씨
	인천검단16호공원센트레빌	878	878	동부건설
계양구	효성구역3BL	1,964	1,964	제이케이이엔지
	효성구역4BL	1,102	1,102	제이케이이엔지
부평구	부개4구역재개발사업	1,299		DL이앤씨
	인천부평파라곤	808	465	동양건설
	갈산1구역주택재개발정비사업	1,137	594	HDC현대산업개발
	중앙하이츠갈산	126	49	중앙건설
	삼산대보재건축	500	141	두산건설
	산곡6재개발	2,706	1,289	GS건설, 현대건설, 코오롱글로벌
	산곡구역재개발	2,475	1,227	효성, 진흥건설
남동구	상인천초교주변재개발	2,568	713	포스코건설, 한화건설
미추홀구	도화4구역재개발	713	456	일성건설
	미추8구역재개발	2,825		포스코건설, 한화건설
	도화1구역주택재개발	2,280		DL이앤씨
	학익3구역재개발	1,425	689	대우건설
	시티오씨엘6단지	1,734	1,734	HDC현대산업개발, 현대건설, 포스코건설
	시티오씨엘7단지	1,478	1,478	

동구	송림6구역재개발	378	331	파인건설
	송림1,2동구역재개발정비사업	3,564	2,243	현대엔지니어링
중구	영종하늘도시센트레빌	1,296	1,296	동부건설
	제일풍경채영종국제도시A16BL	1,457	1,457	제일건설
	인천영종국제도시대방엘리움A21BL	298	298	대방산업개발
	영종A11유승한내들	243	243	유승종합건설
연수구	래미안송도역센트리폴	2,549	2,549	삼성물산
	힐스테이트레이크송도5차	734	734	현대건설
	송도더샵(G5)	1,544	1,544	포스코건설
	송도자이풍경채그라노블RM4	597	597	GS건설, 제일건설
	송도자이풍경채그라노블RM5	504	504	GS건설, 제일건설
	송도자이풍경채그라노블RM6	610	610	GS건설, 제일건설
	송도자이풍경채그라노블RC10	548	548	GS건설, 제일건설
	송도자이풍경채그라노블RM11	469	469	GS건설, 제일건설

2024 분양 예정 단지

* 지역주택조합과 100세대 이하 가로주택정비사업, 소규모 재건축은 제외

지역	사업(단지)명	총가구 수	일반분양	DL이앤씨
해운대구	해운대삼성콘도맨션재건축	240	240	동부건설
	우동2구역재개발	660	629	삼환건설
	해운대중동동원로얄듀크	480	480	동원개발
	e편한세상센텀하이베뉴	924	166	DL이앤씨
	반여3구역주택재건축정비사업	937		DL이앤씨
수영구	부산광안반도유보라	525		반도건설
	광안SK뷰드파인	1,237	578	SK에코플랜트
	부산MBC민락사옥개발사업	547	547	금강주택
	테넌바움294(민락동협성휴포레)	294	294	협성건설
	한화포레나부산대연	367	104	한화건설
	그랑자이더비치	3,200	140	GS건설
남구	부산대연2가로주택정비사업	230		코오롱글로벌
	용호2구역주택재개발	1,041	472	
	용호유림노르웨이숲오션파크	414		유림이앤씨
	문현3구역재개발	2,772	1,657	
연제구	디엠포드in법조타운양우내안에	168	168	양우건설
	부산센텀하우스디	253	253	대보건설
	거제역동원로얄듀크	440	440	동원개발
동래구	부산온천동쌍용더플래티넘	448	273	쌍용건설
	사직1-6지구재건축	1,090	323	현대건설
	안락1재건축	1,481	474	대우건설
	동래사적공원공동주택신축공사	1,025	1,025	디앤파크
	동래사적공원민간공원조성특례사업	1,003	1,003	라온건설

금정구	구서동e편한세상	415		DL이앤씨
	e편한세상금정메종카운티	415	121	DL이앤씨
	더샵금정위버시티	994	308	포스코건설
부산진구	두산위브더제니스센트럴양정	244	244	두산건설
	범천1-1구역	1,323	855	현대건설
	부산부전동주상복합	378	378	쌍용건설
	서면어반센트데시앙	762	762	태영건설
	부전동지원더뷰드림	352	352	지원건설
	부산당감1-1구역재건축정비사업	1,439		GS건설
	부산가야역주상복합	725		DL이앤씨
	가야1구역재개발정비사업	1,943	1,840	HDC현대산업개발, 대우건설
동구	부산범일동푸르지오	1,363	1,363	대우건설
	e편한세상범일	856	388	DL이앤씨
	범일3-1구역재개발	368	214	우미건설
	부산범일동주상복합	274	224	쌍용건설
	초량3구역재개발	443	419	호반건설
서구	서대신4구역재개발	512	260	HJ중공업
	e편한세상송도더퍼스트비치	1,302		DL이앤씨
사하구	당리2구역재개발	542	209	한화건설
	괴정3구역재건축	757	228	
	사하감천동경남아너스빌	385		티케이케미칼
사상구	엄궁더샵에코리버	1,313	954	포스코건설
	부산엄궁1구역재개발	1,777	1,147	코오롱글로벌
강서구	에코델타시티금강펜테리움6BL	380	380	금강주택
	명지지원더뷰리버	950		지원건설
북구	포레나부산덕천3차	429	116	한화건설
	금곡2-1구역	313	218	신동아건설
기장군	일광지구4BL	1,134		

2024 분양 예정 단지

지역	사업(단지)명	총가구 수	일반분양	건설사
수성구	범어아이파크	418	143	HDC현대산업개발
	우방범어타운2차재건축	490	92	HDC현대산업개발
	힐스테이트황금역1차	152	152	현대엔지니어링
	힐스테이트황금역2차	181	181	현대엔지니어링
	수성1지구재개발	1,901		DL이앤씨
	대구MBC부지주거복합	604	604	포스코건설, 모아종합건설
	범어동주거복합신축사업	105		자이S&D
	삼일맨션소규모재건축사업	138		화성산업
	광명재건축	158	47	화성산업
	수성지구2차우방타운재건축	705		HDC현대산업개발
	호반써밋골든스카이	677	677	호반건설
	두산동96번지주상복합	190	190	호반건설
동구	대구신천동주상복합(롯데)	243	243	롯데건설
	대구신천동데시앙	419	419	태영건설
	동구43재개발	1,944		대우건설
	대구신천동푸르지오	540	540	대우건설
	대구신천동주상복합(현대)	172	172	현대엔지니어링
	동양·동부맨션소규모재건축사업	150		진흥기업
	e편한세상동대구역센텀스퀘어	322		DL이앤씨
	동대구역하늘채	1,542	823	코오롱글로벌
	신암10재건축	824		
북구	침산1소규모재건축	220		화성산업
	협진소규모재건축사업	171	36	화성산업

북구	더샵엘리체	1,558	1,130	우미건설, 포스코건설
	대구팔달동재건축	724	616	진흥기업
	대구노곡한신더휴	937	937	한신공영
	대구대현2동강변주택재건축정비사업	1,106	미정	GS건설
	럭키5차재건축	130	미정	아이에스동서
	침산동아이파크	198	198	HDC현대산업개발
	대구칠성동주상복합2차힐스테이트	630	630	현대엔지니어링
	학정역도시개발사업조합	984	984	DL이앤씨
	대구금호지구1차디에트르[F1블록]	637	637	대방건설
	대구금호워터폴리스대방엘리움 F2BL	765	765	대방건설
	대구금호워터폴리스D2BL제일풍경채	1,428	1,428	제일건설
중구	대봉1-2지구재건축	732	408	대림산업
	대구태평재건축	419	363	DL이앤씨
	대구동인동더샵	250	250	포스코건설
	대구서문로1가주상복합	324	324	한라홀딩스
	대구동인동2차주상복합	390	390	현대엔지니어링
	태평2가가로주택정비사업	164	105	
	대구사일동더샵	299	299	포스코건설
	희도재건축	120	120	화성산업
	대구남산동주상복합	119	119	반도건설
	호반써밋더센트럴	457	457	호반건설
남구	e편한세상명덕역퍼스트마크	1,758		DL이앤씨
	명덕역동원시티비스타	218		동원개발
	힐스테이트영대병원역	296	296	현대엔지니어링
	서봉덕재개발	538	334	아이에스동서
	대명6동44구역재건축	1,002	미정	SK건설, 포스코건설
	대명4동양지가로주택	159	미정	화성산업
서구	반고개역푸르지오엘리비엔	239	239	대우건설
	평리4구역재개발	1,151	미정	HL디앤아이한라

서구	**대구내당내서재건축**	362	273	호반건설
	내당동재건축	380	300	호반건설
달서구	**상인센트럴자이 (송현주공3단지재건축)**	1,498	미정	GS건설
	상인푸르지오센터파크	990	990	대우건설
	대구본리sk뷰	1,622	미정	SK에코플랜트
	월암우미린	401	401	우미건설
	해링턴플레이스감삼	299	미정	효성건설
	두류센트레빌더파크	433	미정	동부건설
	대구감삼동죽전역주상복합	415	415	현대엔지니어링

2024 분양 예정 단지

지역	사업(단지)명	총가구 수	일반분양	건설사
서구	힐스테이트가장퍼스트	1,779	1,366	현대건설
	대전관저3차더샵(관저4지구28BL)	950	950	포스코건설
유성구	장대디에이치비아트	2,900		현대건설
	대전유성하늘채	562		코오롱글로벌
	대전도안2-2지구	5,290	5,290	대우건설
중구	대흥2구역재개발	1,278	849	KCC건설
	유천태영데시앙	978	978	태영건설
	대전대둔산로1BL가로주택	417		DL이앤씨
	대전대둔산로2BL가로주택	445		DL이앤씨
	대전유천주상복합1BL	718		태영건설
	대전유천주상복합2BL	913		태영건설
	태평동2구역재개발정비사업	654		코오롱글로벌
	대전문화동8구역주택재개발	1,746		GS건설
	용두동2구역재개발	794		DL이앤씨
	선화동코오롱하늘채	998	998	코오롱글로벌
	대전대흥동비스타동원	582	582	동원개발
	대전옥계동2구역재개발	1,492		중구 옥계동 170-84
동구	대전성남동1구역재개발	1,213	775	우미건설
	대전산내이안	898		대우산업개발
	가오동1구역재건축	714		코오롱글로벌
	대전가오동2구역재건축	952		롯데건설
	대전성남동3구역재개발	3,003		GS건설, 대우건설
대덕구	쌍용더플래티넘대덕	745	257	쌍용건설

광주 2024 분양 예정 단지

지역	사업(단지)명	총가구 수	일반분양	건설사
광산구	**아크로트라몬트**	4,718	2,629	롯데건설, DL이앤씨, GS건설, SK건설, 한양건설
	월봉산제일풍경채	1,265	1,265	제일건설
	어등산진아리채리버필드	598	142	진아건설
북구	**운암자이포레나퍼스티체**	3,214	1,192	GS건설, HDC현대산업개발
	위파크일곡공원	1,004	903	라인건설, 호반건설
	중외근린공원특례사업1BL	994	994	
	중외근린공원특례사업2BL	785	785	현대엔지니어링, 범양건영
	중외근린공원특례사업3BL	681	681	현대엔지니어링, 범양건영
	용봉동17-2일원소규모재건축사업	233		
	광주누문재개발	3,096		한양건설
	전방일신방직개발	4,236		
서구	**상무지구스위첸**	266	266	KCC건설
	디에이치루체도르	5,006	2,271	현대건설
	풍암엘리체	2,092	2,902	포스코이앤씨
	양동3재개발	1,218	1,114	
남구	**광주송암공원중흥S클래스**	1,575	1,575	중흥건설
	광주구KBC부지공동주택	71	71	현대건설
	광주에너지밸리D2블록중흥S클래스	1,032	1,032	중흥건설
동구	**현대노블시티**	2,314	1,353	HDC현대산업개발
	계림1재개발(도시환경정비)	1,110		호반건설
	계림3재개발(도시환경정비)	1,349		한화건설

2024 분양 예정 단지

지역	사업(단지)명	총가구 수	일반분양	건설사
남구	e편한세상번영로리더스포레	192	192	대림산업
	울산e편한세상신정스카이하임	158	158	DL이앤씨
	울산달동더리브	207	207	에스지씨이테크건설
	울산남구B-07재개발	1,391		HDC현대산업개발
	울산남구B-08재개발	2,033	1,069	롯데건설, SK에코플랜트
	더폴울산신정	168	168	우성종합건설
	울산야음동주상복합1,2차	756	756	현대건설
	울산호수공원에일린의뜰1단지	310	310	아이에스동서
	울산호수공원에일린의뜰2단지	210	210	아이에스동서
	남구B-14구역재개발	1,529	1,161	아이에스동서
	울산야음동코오롱하늘채	838	838	코오롱글로벌
	무거비스타동원	481	481	동원개발
	무거동공동주택신축	816	816	한화솔루션
중구	울산복산동대광로제비앙	441	441	대광건영
	태화강에코리버데시앙	675	675	태영건설
	우정동한라비발디	533		HL디앤아이한라
	울산우정동주상복합	416	356	쌍용건설
	우정동한양립스더센트럴	526		한양건설
북구	중산동105-1공동주택	939	939	
울주군	울산태화강변공공주택지구S-1BL	315	315	
	울산태화강변공공주택지구A-2BL	436	277	
	울산다운2B1BL유승한내들	507		유승종합건설
	울산역KTX역세권힐스테이트	436	436	현대엔지니어링
	울산KTX신도시동문디이스트	1,342	1,342	동문건설

한 통의 편지를 받았습니다

강연을 하고, 책을 쓰면서 제가 가진 지식을 많은 사람에게 전달하고 있지만 제대로 길을 가고 있는 건지 의문이 들 때가 있습니다. 하지만 최근 받은 한 통의 편지를 통해 제가 지금 하고 있는 일이 얼마나 많은 사람에게 희망을 주고 있는지 깨달을 수 있었고, 말로 다 할 수 없는 가슴 벅참과 뭉클함을 느꼈습니다.

열정로즈님!

감사합니다. 감사하다는 말로는 너무 부족하네요. 그동안 고구마 질문으로 많이 답답하게 해드렸고, 입공 때마다 문의하여 로즈님의 일을 보탰는데 저의 당첨에 이어 이번엔 아들까지 예당에 당첨되었습니다. 너무나 기쁩니다. 모두 로즈님 덕분이에요.

현 상황에서 할 수 있는 최선의 노력이 무엇인지 고민하며 여기저기 기웃거리던 중 운명처럼 로즈님을 만나 여기까지 달려왔습니다. 로즈님의 조언대로 가지고 있던 구축 아파트를 매도하고 여러 차례 시도한 끝에 기관 특공에 당첨되었고, 이후 시간차 청약으로 비규제지역까지 당첨되었습니다. 물려줄 재산이 없는 대신 아들에게 청약이라도 당첨되게 해주고 싶어 로즈님을 믿고 열심히 공부하고 청약했더니 저가점인 아들까지 청약 당첨이라는 기적을 경험했네요. 이게 불과 몇 개월 사이에 일어난 일이라니, 꿈만 같습니다. 로즈님은 저에게 희망을 주셨고, 저의 집안을 살려주셨습니다. 수많은 내꿈사 회원들을 포함해 그들의 가족들, 집안까지도 일으켜주셨습니다. 로즈님이 점지해주신 소중한 아가들(아파트)을 잘 키우고 불려나가겠습니다. 이 감사함을 꼭 편지로 전해드리고 싶었습니다. 늘 건강하시고 앞으로도 로즈님의 재능 기부로 많은 분들이 내 집 마련의 꿈을 이루었으면 좋겠습니다. 정말 감사합니다.

점프 올림

이 편지를 읽고 제가 가진 재능을 지금보다 더 많은 사람에게 나누어주어야겠다는 생각이 들었습니다. 그리고 앞으로도 내 집 마련의 멘토로 활동하며 많은 이들의 청약 당첨을 위해 노력해야겠다고 다짐했습니다.

여러분, 내 집 마련에 너무 늦은 때란 없습니다. 저는 준비된 자에게는 반드시 기회가 온다고 생각합니다. 그러니 지금 부동산 시장에 들어왔더라도 너무 늦게 관심을 가진 것은 아닌지 초조해할 필요가 없습니다. 부동산 재테크 공부를 꾸준히 하는 사람에게 기회는 언제든 찾아오는 법이니까요. 눈앞에 기회가 왔을 때 잡을 수 있도록 꾸준히 공부해나가시길 바랍니다.

저는 무주택자 혹은 유주택자에서 새 아파트로 갈아타기를 희망하는 모든 분들을 도와드리고 싶습니다. 여러분, 지치지 마세요. 새집은 남의 것이라고 쉽게 단정짓지 마세요. 분양은 의미 없는 확률 게임이라고 포기하지 마세요.

2022년부터 이어진 집값 하락과 조정장으로 내 집 마련의 기회가 많아졌습니다. 2020~2021년 너무 오른 집값에 상대적으로 박탈감이 들고, 분양가상한제 시절 치열한 경쟁으로 매번 청약에 낙첨되어 많이 힘드셨나요? 자, 이제 무주택자에게 청약에 당첨될 수 있는 기회의 문이 크게 열렸습니다. 이 기회를 잡고 싶다면 지금 당장 청약 공부를 시작해야 합니다.

청약, 분양권은 공부를 하면 할수록 돈이 되는 길이 보입니다. 내 집 마련이 목표든, 투자가 목표든 평생 관심을 갖고 꾸준히 공부해야 하죠. 한때 서울 새 아파트에 어머니와 함께 살고 싶었던 저의 간절한 마음을 늘 되새기며 여러분의 내 집 마련을 돕고 싶습니다. 이 책과 함께 내 집 마련의 꿈을 꼭 이루어보세요.

New
아는 만큼
당첨되는
청약의 기술

New
아는 만큼
당첨되는
청약의 기술